영원한
권력은
없다

대통령들의 지략가 김종인 회고록

영원한 권력은 없다

김종인 지음

시공사

신의 발자국 소리

1.

정치인이 회고록을 쓰는 일은 기나긴 반성문을 쓰는 일과도 같다. 이루어 놓은 성과에 자부심을 갖는 반면 이루지 못한 일들에 대한 회한과 반성의 마음이 더 크다.

최근에 사람들이 나를 '여의도의 포레스트 검프'라는 별명으로 부른다고 한다. 영화 〈포레스트 검프〉의 주인공(톰 행크스)은 선천적인 장애를 갖고 태어났지만 따뜻한 마음을 지닌 청년으로, 어쩌다 달리기를 시작해 부지런히 뛰고 또 뛰었을 뿐인데 알고 보니 그가 지나간 곳이 모두 역사적 현장이었다. 나는 1963년 할아버지 곁에서 비서 역할을 하며 정치를 배운 때로부터 시작해 반세기를 훌쩍 넘는 시간 동안 우리나라 정치의 깊은 내면을 가까운 곳에서 지켜보며 살았다. 나는 그저 나의 길을 꾸준히 간다는 생각으로 걸어왔을 뿐인데 세월이 쌓여 오늘에 이르렀다. 이제 어떤 사건에 대해서는 유일한 생존자로 남았고, 나만 알고 있는 비밀로 간직하는 사실들이 있으며, 어떤 일에 대해서는 왜곡과 오해를 풀어야겠구나 하는 작은 사명감 또한 느낀다.

대학교수 시절 교재로 사용할 재정학 교과서를 쓴 적이 있고, '경제민주화'에 대한 책을 낸 것 말고 나는 책을 쓰지 않았다. 세상에 좋은 책이 많은데 굳이 내가 거기에 무엇을 보탤 필요 있을까 생각하고 충실한 독자로만 살아왔다. 선거철이 다가오면 정치인들이 으레 펴내는 에세이나 자서전도 일절 쓰지 않았다. 2017년 대선이 끝나고 정치 일선에서 완전히 물러난 이후로 회고록을 쓰는 것이 어떻겠느냐 제의를 받았지만 내 인생에 섣부른 일이라 여겼다. 누구의 인생에도 희비는 함께 한다. 영광을 자랑해 무엇하겠으며 억울함을 토로한들 또 무슨 소용 있겠나. 죽고 나면 역사에 묻힐 이야기를 굳이 설명하고 변호하는 것보다 그것과 함께 묻히길 바랐다.

2.

프랑스혁명 당시 루이16세는 단두대에 오르면서 이렇게 중얼거렸다고 한다. "나는 10년 전에 이미 오늘과 같은 사태가 올 것이라 예상하고 있었다. 이런 일이 일어나지 않았으면 했는데 어쩌다 이렇게 되어버렸다."

10년 전부터 알고 있었던들 무슨 소용 있을까. 그런 사태가 벌어져 버렸는데……. 사람의 인생을 돌아보아도 그렇고, 정치, 경제, 사회, 거창하게 역사를 살펴보아도 그렇다. 미리 준비해야겠다는 생각은 누구든 가슴에 품고 있지만 그것을 실천하는 일이 어렵다. 항상 뒤늦게 후회한다.

준비에 게으르고 되돌아 후회하는 일은 그렇다 치자. 문제는 그렇게 잘못을 겪고도 똑같은 잘못을 자꾸 되풀이한다는 사실이다. '한번 실수는 병가지상사'라고 병법서에서도 위로하고 있지만, 그런 실수를 자꾸 되풀이하고 또 되풀이한다면 그건 상사常事. 흔한 일로 그칠 일이 아니라 고쳐야 할 병폐로 바라봐야 하지 않을까.

반세기 한국 정치를 현장에서 바라본 내 소감도 그렇다. 그동안 내가 보고 듣고 겪었던 일들을 한마디로 정리하자면 '반복'이다. 1960년대에 이미 겪은 일을 2000년대에 다시 겪는 기시감을 느꼈던 적이 한두 번 아니다. 공명심에 사로잡혀 어설픈 정책을 내놓았다가 정권을 잃고도, 뒤이어 정권을 잡은 집단이 똑같은 유형의 잘못을 똑같이 되풀이하는 모습을 보면서 인간이란 원래 저렇게 우둔한 존재인가, 안타까움에 현기증을 느낀 적도 한두 번이 아니다.

3.

이 책은 일반적인 회고록이 아니다. 그저 내 인생을 웅변하려는 목적이 아니라, 하고 싶은 이야기가 있어 내 인생을 소재로 삼은 것이라 말할 수 있겠다. 후대들에게 '이것만은 알아야 한다'고 전하고픈 이야기가 있어 거기에 내 인생을 빌어 적었다.

책을 읽고서 독자들은 그런 의문을 품을 것이다. 혹은 신기하게 여길 것이다. 분명 1960년대에 벌어진 일이라고 소개하는 사건인데 지금 현실에 갖다 놓아도 전혀 어색하지 않을 것 같은 내용에 놀랄 것이다. 분명 1970년대나 1980년대에 실시한 정책이라고 그 도입 과정을 설명하고 있는데 지금 어떤 정책을 강행하는 과정과 너무도 유사해서 '정책의 이름만 바꿔놓은 것 아니냐'라고 물을 수도 있겠다. 내가 느껴온 기시감이 바로 그런 것이다. 되풀이되는 역사의 자취를 살피면서 앞으로 어떻게 해야 이런 잘못을 겪지 않을지, 그것을 함께 생각해보자는 뜻에서 펜을 들게 되었다.

이 책에는 특정인의 이름이 언급되는 것은 가급적 피했다. 공인으로서 대통령, 에둘러 이야기하면 오히려 가독성을 떨어뜨릴 수 있는 몇 명의 이름을 제외하고는 그가 누구인지 직접 거론하지 않고 직위나 직함으로 대신했다. 특정인을 비난하거나 모욕을 주려는 의도로 쓴 책이 아니기 때문이다. 물론 조금만 주의를 기울이면 누구를 지칭하는지 금방 알 수 있겠지만, 이름 자체에 너무 연연하지 않았으면 하는 바람으로 일부러 그렇게 했다. 익명으로 처리된 그 자리에 누구 이름을 갖다 넣어도 된다는 뜻이기도 하다. 시대의 한복판에서 그 사람이 수행한 역할과 흔적 가운데 우리가 어떤 교훈을 발견할 수 있을지, 그것에 주목해야 한다.

생략하듯 넘어가 버린 시대도 있다. 내가 현직에 있지 않아 구체적인 현장의 이야기로써 전할 수 없는 탓도 있지만 반복되는 역사의 교훈을 굳이 다시 언급할 필요가 없을 것 같아 그런 시대는 과감히 뛰어넘었다. 어떤 시대에는 정치에, 어떤 시대는 경제에 초점을 맞춰 이야기했다. 어떤 시대에 어떤 초점을 맞추든 지금도 되풀이되는 역사라는 사실을 쉽게 확인할 수 있을 것이다.

4.

"인생에 홀로 할 수 있는 일이란 아무것도 없다. 신의 발자국 소리에 조용히 귀를 기울이고 있다가 그가 지나갈 적에 기회를 놓치지 않고 외투자락을 잡아채는 것이 정치인의 임무다." 독일 통일을 이룩한 철혈 재상 비스마르크는 이렇게 말했다.

노벨경제학상을 받은 미국의 경제학자 로버트 윌리엄 포겔Robert William Fogel, 1926~2013은 《네 번째 각성The fourth great awakening》이라는 책에서, 미국인이 독립전쟁을 통해 미국이라는 나라를 세운 것이 첫 번째 각성, 노예제도를 둘러싼 갈등으로 나라가 분열하려 할 때 남북전쟁을 통해 다시 하나를 이룬 것이 두 번째 각성, 평등주의를 기반으로 사회복지의 기틀을 다진 것이 세 번째 각성이라고 말했다. 대통령으로 따지면 조지 워싱턴, 에이브러햄 링컨, 시오도어 루스벨트가 해당한다.

시어도어 루스벨트는 원래 부통령이었다. 그런데 대통령 윌리엄 맥킨리가 무정부주의자의 총격에 사망하면서 대통령직을 승계하게 된다. 취임 당시 42세, 미국 역사상 최연소 대통령이다.

대통령이 된 루스벨트는 여러 개혁정책을 불도저처럼 밀어붙였다. 가장 유명한 업적은 재벌과 독과점을 규제한 것으로, 독점금지법을 부활시켜 수십 개 독점 기업을 법원에 제소하고, 록펠러, 카네기, JP모건 같은 쟁쟁한 재벌을 법정에 세웠으며, 통상위원회를 강화하여 담합이나 독과점에 대한 대대적인 단속을 시행했다. 이것이 미국의 건전한 시장경제를 강화시켜 오늘날 미국을 세계 제일 강대국으로 만든 '세 번째 각성'의 출발점이다.

루스벨트가 단순히 행운아여서 이런 업적을 이룬 것이 아니다. 스물네 살 젊은 나이에 뉴욕주 하원의원에 당선된 때부터 꾸준히 실력을 쌓고 부패와 파벌정치에 대항하여 치열하게 자신의 길을 걸어온 오랜 준비 과정을 거쳤다. 비스마르크의 표현을 빌자면 '신의 발자국 소리'에 귀를 기울여왔던 것이다. 뉴욕주지사로 있을 때 자본가들과 맹렬하게 싸웠는데, 친자본적인 맥킨리와 일부러 러닝메이트를 이뤄 부통령을 거쳐 대통령까지 올랐다. 대통령이 되자마자 거침없는 개혁정책을 단행했다. 역시 비스마르크의 표현을 빌리자면 '기회를 놓치지 않고 외투자락을 잡아챈' 격이다.

개인도 그렇고 국가도 그렇다. 잘 준비하고 있다가 기회를 놓치지 않고 신의 외투자락을 잡아채는 '각성의 전환점'이 필요한 시점이 있다. 그런데 우리는 잘 준비하고 있는가? "이런 사태가 벌어질지 10년 전부터 알고 있었다"는 자조 섞인 변명만 계속하며 살고 있지는 않은가. 지금껏 우리는 제대로 된 '각성'을 이룬 적 있었던가. 이 책을 통해 독자들과 생각을 나누는 계기가 되었으면 한다.

영화 〈포레스트 검프〉에 이런 대사가 있다. "인생은 한 상자의 초콜릿과 같단다. 거기서 무엇을 얻게 될지 결코 알 수 없지." 무엇을 얻게 될지 알 수는 없었지만 꾸준히 내가 갈 길을 간다는 생각으로 달려왔던 반세기 정치 인생을 이제 되돌아보려고 한다.

1

1960~1970년대, 정치와 인연을 맺고

01 정치인의 욕심에 대하여
|윤보선의 각서

1963년 새해가 밝았다. 새해 첫날 아침 떠오르는 태양을 바라보며 올해는 기나긴 혼란과 어둠이 드디어 걷힐 수 있으리라 기대했다. 그해 1월 1일부터 정치 활동 금지 조치가 풀릴 예정이었다. 현대 정치사에 관심이 많거나 그것을 전공한 사람이 아닌 이상 '정치 활동이 금지됐다'는 말이 무엇인지, 그것이 '풀렸다'는 말은 대체 또 무엇인지 어리둥절할 것이다.

1960년 4.19혁명이 일어났다. 뒤이어 5.16쿠데타를 일으키며 등장한 군부 세력은 국가의 입법, 사법, 행정을 모두 장악하고 일체의 정치 활동을 금지했다. 군인들은 이른바 '정치활동정화법(약칭 정정법)'이라는 것을 만들어 발표했는데, 정치인과 언론인, 재야인사 등 4천여 명의 명단을 작성해 '이 사람들은 당분간 정치 활동을 해서는 안 된다'며 자유를 옭아맸다. 현재 우리나라 국회의원, 지방 자치단체장, 광역의원, 기초의원을 모두 합쳐야 4천 명가량이다. 그에 견주어 인구가 절반밖에 되지 않던 1960년대 초반에 4천 명이 넘는 사람의 정치 활동을 금지했으니 그 규모를 짐작하고 남을 것이다. 모든 정당은 해산되었고 언론도 제 역할을 못 했다. 깜깜한 시대였다. 그런 금지 조치를 해제하기로 약속한 날짜가 바로 1963년 1월 1일이었다.

그동안은 하릴없이 총칼 앞에 숨죽이고 있었지만 일단 정치 활동이 재개되면 합법적인 공간을 통해 무언가 변화를 모색해야 하지 않겠는가. 1962년 12월경부터 새로운 정당을 만들기 위한 움직임이 물밑에서 진행됐다. (사실은 사전에 이렇게 창당 작업을 준비하는 것조차 금지되어 있었다.) 재야의 정치 지도자들이 우리 집에 속속 모여들기 시작했다. 스물네 살의 나는 그런 역사의 순간들을 바로 현장에서 지켜봤다. 당시 정치인들이 거의 모두 사망했으니 지금은 내가 유일한 증언자가 아닐까 싶다.

현관 가득했던 구두짝

지금이야 '정당'하면 모두 높은 빌딩에 번지르르한 당사黨舍를 갖고 있지만 그 당시 정당은 변변한 건물조차 없는 경우가 많았다. 이른바 '안방 정치'라고 하여, 지도자 역할을 하는 정치인의 집에 삼삼오오 모여 당파를 형성하고 국정을 논의했다.* 그래서 유명 정치인들

---

* 1950~1960년대 우리나라 정당은 명확한 조직 체계조차 갖추지 못한 경우가 많았다. 몇몇이 모여 '우리는 무슨 당'이라고 선언하고 조그만 사무실 하나에 현판만 내건 지사志士형 정당이 대부분이었다. 오늘과 같은 현대식 정당 체계는 1970년대 이후 서서히 형성됐다.

의 안방과 거실은 늘 손님으로 붐볐다. 우리 집 현관에도 수많은 구두가 하루종일 빽빽이 가득 차 있던 기억이 생생하다.

당시 우리 집이 왜 그렇게 '정치 1번가'처럼 분주했는지 독자들은 의아할 것이다. 나의 할아버지는 가인街人 김병로 선생으로, 당시 재야 정치권의 중심적 인물이셨다. 할아버지는 일제강점기에 독립운동가들을 도맡아 변론한 대표적인 민족 변호인으로, 제국주의 일본의 최후 몸부림이 극에 달하던 시절에는 서울 외곽으로 거처를 옮겨 살아야 했을 정도로 요시찰인이었다. 해방이 되고나서는 초대 대법원장을 맡아 우리나라 사법제도의 기틀을 만드신 분이다. '가인'이라는 호는 '거리街의 사람人'이란 뜻이다. 나라 잃은 백성은 모두가 집 없는 존재들이나 다름없다는 의미로, 일제강점기에 스스로 그렇게 이름으로 삼으셨는데, 해방이 되고 나서도 "통일이 이루어지기 전까지는 여전히 가인"이라며 호를 바꾸지 않으셨다. '거리의 사람'으로 나앉기를 주저하지 않는 강직한 성품으로 평생 살아오셨다. 1963년에는 이미 77세의 나이로 연로하셨지만, 나라의 원로 가운데 원로로 존경받았고, 이승만 정권에 맞서 싸운 민주화운동 경력 때문에 새로운 야당을 만드는 일에도 자연스레 중추적인 역할을 맡게 되셨다.

당신은 이제 연세가 드셨으니 정치와 관련된 일은 되도록 피하고 싶어 하셨지만 어쩔 수 없는 일이었다. 그즈음 국민들은 군사 쿠데타 세력에게만 불만을 갖는 것이 아니었다. 4.19의 좋은 기회를 정치권의 분열로 인해 놓쳐버리고 군사 쿠데타까지 일어나게 되었다는 양비론의 원성과 질타가 높던 시절이었다. 민주 세력을 통합하는 구심점이 필요한 시기였다. 할아버지께서는 일제강점기에 신간회 창립과 운영을 주도하셨고 해방 직후에는 한국민주당을 창당하고 이끈 경험도 있으셔서 새로운 야당을 만드는 구심으로 그만한 분이 없다고 모두가 입을 모았다. 본인의 의지와 상관없이 받아들이지 않을 수 없는 운명과도 같은 역할이었다.

정치 활동 금지 조치가 해제되고 단 사흘이 지난 1963년 1월 4일, 드디어 새로운 정당의 창당이 선언됐다. 명칭은 민정당民政黨—국민民을 위한 정政치를 하겠다는 뜻에서 그렇게 이름 지었다. 군부 세력은 깜짝 놀랐다. 그토록 짧은 시간에 야권이 통합을 이루어낼 것이라 미처 예상하지 못했기 때문이다. 군부 세력은 사전에 비밀리에 오랫동안, 막대한 자금을 배경으로 공화당 창당을 준비하였다.* 그런데 아직 창당을 선언하지도 못한 상황이었다. 민주 세력에게 선수를 뺏긴 셈이다.

1월 4일 그날 오후를 기억한다. 당시 야권을 대표하는 지도자 4명이 우리 집 2층 거실에 둘러앉았다. 윤보선, 이인, 전진한, 그리고 우리 할아버지. 윤보선은 4.19혁명 이후 수립된 제2공화국 정부에서, 비록 1년 7개월의 짧은 기간이었지만, 대통령을 맡았던 인물이다. 이인 변호사는 일제강점기에 우리 할아버지와 함께 민족 변호인으로 활약하다 해방 이후 초대 법무부 장관을 지낸 분이다. 전진한 선

---

* 박정희와 함께 쿠데타를 일으킨 김종필의 증언에 따르면 군사 세력은 중앙정보부(현 국가정보원) 등을 동원해 1962년 1월 경부터 이미 공화당 창당을 준비하고 있었다. 심각한 반칙 행위로, 나중에 상당한 정치적 이슈가 되었다.

생 역시 독립운동가로 초대 사회부 장관을 지냈다. 군사정권에 맞서 통합 정당을 만들겠다는 역사적인 선언의 순간에 나는 연로하신 할아버지를 보필하는 비서 역할로 자리를 함께 하게 되었다.

'큰 어른' 김병로

창당 선언과 관련해 기억에 남는 두 가지 경험이 있다.

첫째 기억. 회의에 앞서 내가 할아버지께 여쭸다. "연세도 많으신데 왜 굳이 이번 일을 하려고 하십니까. 성과도 불분명하고 할아버지의 명성과 이력에도 하등 도움이 되지 않을 것 같습니다." 그랬더니 할아버지께서 "내가 앞장서지 않으면 지금 우리나라에 야당이 태동하는 것 자체가 어려울 상황이야. 정치인은 자기 의지와 상관없이 숙명처럼 맡게 되는 일도 있기 마련이지"하고 말씀하셨다. 조용히 창밖을 바라보며 담담히 말씀하시던 그날의 표정이 아직 눈앞에 선하다.

당시 우리나라 정치는 4.19 이후 지리멸렬한 분열과 혼란이 계속되는 상황이었다. 군부 쿠데타를 겪고도 교훈을 찾지 못한 채 서로 책임을 떠넘기며 싸우느라 바빴고, 정치인들은 겉으로 저마다 통합과 단결을 이야기했지만 서로 한 치도 양보하지 않으면서 속으로 정치적 욕심만 가득했다. 재야 정치 당파를 아우르는 '큰 어른' 역할을 맡을 지도자, 능력 있고 경험 많은 지도자가 절실한 시점이었다.

할아버지는 신간회와 한민당 창당에 참여한 경험이 있었다. 신간회는 역사책에서 배웠지만 한민당에 대해서는 자세히 모르는 사람이 많을 것이다. 한민당은 해방 한 달 후에 생겨난 정당으로, 우리나라 민주당 계열 정당의 시조始祖격에 해당하는 정당이다. 계급적 토대를 따지자면 한민당은 지주地主 정당이다. 해방 무렵 우리나라에 돈을 가진 사람은 대부분 친일파나 지주들뿐이었다. 정치를 하려면 자금이 필요하기 마련인데, 그러다 보니 우선 이들을 주축으로 정당이 만들어졌다. 할아버지는 한민당 창당준비위원장으로 창당을 주도하셨지만, '친일은 반드시 청산해야 한다'는 생각을 강하게 지니고 계시던 할아버지의 입장과 애초에 거리가 있는 정당이었다. 한민당과 할아버지는 점차 멀어졌다. 토지개혁 노선에 있어서도 의견이 대립했다. 일제강점기에 소작쟁의가 벌어지면 변론을 전담하다시피 했던 할아버지는 먹고 살 땅이 없는 민초들의 설움과 고통을 누구보다 잘 알고 계셨고, 이제 해방이 되어 새로운 국가를 만드는 과제 앞에 '토지'라는 첫 단추를 잘 꿰는 일이 얼마나 중요한지 또렷이 내다보고 계셨다. 할아버지는 줄곧 '유상몰수, 무상분배'* 원칙을 강조하셨다. 그것이 지주 계급 출신이 주류를 이루는 한민당의 기본 입장과 일치할 리 없었다. (우리나라 민주당의 뿌리를 더듬어 올라가자면 사실 이렇다.) 미 군정이 시작되자 할아버지는 결국 한민당을 나와 군정청 사법부장을 맡으셨다.

미 군정 시기 사법부장이라면 지금의 법원과 검찰을 모두 아우르

---

* 반면 한민당은 '유상몰수(매수) 유상분배'를 당론으로 정했다.

는 대단히 중요한 역할을 담당했던 직위다. 말 그대로 사법 분야를 통괄하는 자리였다. 한민당에 실망하여 정치보다는 다른 분야에서 대한민국의 기틀을 다지는 편이 낫겠다 판단하셨던 것일까. 지금 우리나라 민법, 형법, 형사소송법 등 기본 법전뿐 아니라 3심제도, 수사지휘권, 구속 수사 기간, 인권 존중의 원칙, 법관이 입는 복장에 이르기까지 할아버지의 손을 거치지 않고 만들어진 사법 분야가 없을 정도다. 할아버지는 그렇게 사법제도의 초석을 닦으셨고, 정부 수립 이후에는 초대 대법원장을 맡아 입법·사법·행정 전권을 장악하려는 이승만의 전횡과 독주를 견제하며 사법독립의 원칙을 지켜내셨다. 오늘 우리나라 법조인들에게 가장 존경하는 법조인이 누구냐 물으면 가인 김병로 선생이 언제나 손에 꼽힌다.**

   그런 분이셨으니, 지금도 그렇지만 당시에는 더욱, 정파를 초월하여 많은 정치인들의 지지와 존경을 받고 계셨다. 정치 활동 금지 조치가 풀리면서 야권이 통합 정당을 만드는데 우리 할아버지가 중심 역할을 맡게 된 것은 이러한 경력과 인품, 일관된 진보적 노선과 입장에 따른 자연스러운 결과였다. 나는 할아버지가 존경스러운 한편 걱정이 되기도 했다. 연로하신 나이에 다시 정치 한복판에 뛰어들었다가 어지러운 시국에 휩쓸려 혹시라도 오점을 남기게 되시지는 않을까 노심초사했다. 게다가 할아버지는 다리 한쪽을 의족을 하고 계셔서 거동이 불편하고 건강 상태도 썩 좋지 않으셨다. 그래서 '우리

** 서울 서초동 대법원 대법정 입구에 가인 김병로 선생 흉상이 있다.

할아버지는 내가 지킨다'는 생각으로 언제나 당신 곁에 있어 드렸다. 할아버지는 내게 걱정하지 말라며, 당신에게 주어진 시대적 사명을 낮은 목소리로 말씀하시곤 하셨다.

TV가 극히 드물던 시대

민정당 창당과 관련한 둘째 기억. 1963년 1월 4일 창당 선언이 이루어진 과정이 그리 순탄하지만은 않았다. 가장 큰 문제는 윤보선이 참여하는 문제였다. "윤보선이 참여하면 나는 통합 정당에서 빠지겠다"고 말하는 사람이 한둘이 아니었다.

사람들이 윤보선을 꺼려한 이유는 어쩌면 당연했다. 1961년 5.16 쿠데타가 일어나자 당시 대통령이었던 윤보선이 "올 것이 왔구나"하고 탄식했다는 이야기는 유명하다. 군인들의 쿠데타가 성공한 것에는 여러 배경이 있지만, 대통령과 총리가 상식 이하로 대처한 것에도 큰 원인이 있었다. 일단 대통령과 총리가 서로 사이가 좋지 않았다. 4.19 이후 우리나라 정치체제는 대통령 중심제에서 내각책임제로 바뀌었다. 윤보선이 지명한 총리 후보자가 국회에서 인준이 부결되는 우여곡절을 겪은 뒤 장면이 총리로 당선됐다. 윤보선은 민주당 구파舊派, 장면은 민주당 신파新派를 대표하는 인물이다. 쿠데타가 일어나자 두 사람은 서로 책임을 떠넘겼다. 쿠데타 직후 장면은 수녀원으로 도망가 54시간 동안 연락이 두절됐다. 윤보선은 군대를 동원해 쿠데타 세력을 응징하자는 주한미군 사령관의 제안에도 꿈쩍

하지 않았다. 군통수권자였던 윤보선이 미국과 보조를 맞추면서 원칙대로 대응했더라면 쿠데타 세력을 일망타진했거나 적어도 그렇게 일사천리로 쿠데타 세력이 정권을 장악해 나가지는 못했을 것이다.* (당시 우리나라 군대는 60만 명이었고, 주한미군은 6만 명가량이었다. 5.16 쿠데타에 가담한 군인들은 고작 3천 명 정도였다.) 그래서 사람들은 윤보선을 무능한 대통령이라고 두고두고 원망하고 욕했다.

정치 활동을 금지한 '정정법'에 서명한 장본인도 바로 윤보선이었다. 윤보선은 정정법을 "천하에 둘도 없는 악법"이라 평가했는데, 그러면서도 그 법에 스스로 도장을 찍어줬다. "내가 아니라 누구라도 거기에 서명할 수밖에 없었을 것"이라고 변명했다. 게다가 정정법이 지목한 정치 활동 금지 대상에 윤보선 본인은 제외되어 있었다. 승객은 침몰하는 선박에 내버려 두고 자신만 홀로 빠져나온 선장과도 같은 격이니 정말 터무니없는 사람이 아닐 수 없다. 그래서 야권 통합 정당을 만드는 일에 윤보선은 빼자고, 아니 '윤보선은 참여할 자격이 없다'고, 성난 목소리로 이야기하는 사람들이 많았다.

상황이 그러하다면 윤보선은 그냥 제외하는 편이 낫지 않을까, 나도 그렇게 생각하고 있었는데, 할아버지 생각은 달랐다. "윤보선 같은 사람이 들어와 줘야 한다"는 것이다. 그런 할아버지의 발상이 나는 좀 의아했다. "윤보선이 겉으로 보면 별것 아닌 사람으로 보이지

---

* 군대를 동원해서 쿠데타를 진압했다가 그것이 내전으로 확산될까 걱정되어 그랬다고 윤보선은 나중에 변명했다.

만 그래도 대통령을 해봤잖아. 국민들에게 이름은 널리 알려져 있는 사람이야. 당을 만들려면 그런 사람들의 '이름'도 필요한 법이야. 정치를 하다보면 이런 일도 제법 많아." 할아버지는 이렇게 말씀하셨다.

TV가 있긴 했지만 극히 드물었던 시대였고(우리나라 최초 텔레비전 방송은 1956년 시작됐다) 라디오조차 흔치 않던 시절이었다. 미디어가 발달하지 않은 시대에 전국 규모로 정당을 만들고 유권자들에게 인지도를 확보하려면 어쨌든 유명한 사람의 이름값 흥행수표 하나가 필요한 시점이었다. 윤보선은 대통령을 맡은 적이 있어 전 국민이 알고 있고, 정치권에 적지 않은 세력 또한 확보하고 있었다. 곧 대통령 선거가 실시될 예정이었다. 선거는 무엇보다 이기는 것이 우선이다. 그런 상황을 종합해보면, 단시간에 통합 정당을 만들고 인지도를 높이기 위해 윤보선 같은 인물을 포용하는 것이 현실적이라고 할아버지는 판단하셨던 것이다. 할아버지 곁에서 이런 정치 감각을 배워나갔다.

정치인의 각서

사실은 윤보선 측에서 먼저 연락이 왔다. 통합 정당을 만드는 일에 꼭 참여시켜 달라고 여러 경로를 통해 할아버지께 의사를 전했다. 그렇다면 윤보선을 어떻게 참여시킬 것인가. 윤보선을 싫어하는 정치 지도자들을 과연 어떻게 설득할 것인가.

윤보선 측에서 각서를 한 장 보내왔다. 컴퓨터나 워드프로세서 같은 것이 없을 때이니 한지 위에 붓글씨로 가지런히 내용을 적어 선명하게 도장까지 찍은 그런 각서였다. 반듯하게 접힌 각서를 할아버지께서 받아 펼쳐보시던 모습이 어제 일처럼 그려진다. "나 윤보선은 건전한 야당의 탄생을 위해 물심양면 노력은 하겠지만 대통령 후보자나 당의 요직은 맡지 않겠다." 그런 내용이었다. 당시에 나도 각서를 두 눈으로 똑똑히 확인했다. (이 각서를 할아버지께 전달한 사람이 바로 윤보선이 총리 후보로 지명했다가 국회에서 인준을 받지 못했던 그 정치인으로, 독립운동가 김도연 선생이다.) 윤보선이 그런 각서를 썼다는 사실을 통지하고 나서야 이인, 전진한 선생 등이 통합 정당 창당 선언에 참여하게 되었던 것이다. 윤보선이 대통령 후보가 되지 않겠다는데, 당의 요직도 맡지 않겠다는데, 정치권에서 적지 않은 세력을 확보하고 있는 그의 참여를 군이 거절할 이유가 더이상 없었다.

하지만 결과적으로 그 각서 역시 나중에 의미가 없어졌다. 1963년 10월 15일 대통령 선거가 열렸다. 후보자는 박정희와 윤보선. 대통령 후보가 되지 않겠다는 각서를 어기고 거의 단일후보로 나섰는데도 윤보선은 박정희에게 15만 표 차이로 졌다. 당시로서는 정치 신인이나 다름없던 박정희에게 충격적으로 패배한 것이다. 선거가 끝나고 윤보선은 군부 세력이 엄청난 부정 선거를 자행했다며 "투표에는 이기고 개표에는 졌다"는 말로 대한민국의 '정신적 대통령'을 자임했지만, 정치인으로서 의미 없고 무책임한 발언일 뿐이다. 정치인은 선거의 결과로 국민에게 증명하고 인정받아야 하는 직업이다. 정신적 대통령이라는 언어유희는 아무런 소용이 없다. (미리 이야기하자면, 그로부터 4년 뒤인 1967년 열린 대통령 선거에 윤보선은 다시 후보로 나섰다. 역시 단일 후보나 다름없었지만 그때에는 116만 표라는 압도적인 차이로 패했다. 박정희는 과반 이상 득표했다. 4년 동안 과연 어떤 일이 있었기에 이렇게 격차가 벌어진 것인지, 당시 민심의 의미는 무엇이었는지, 그것도 생각해볼 지점이다.)

윤보선이 각서를 어기고 대통령 후보로 나서자 할아버지께 여쭀다. "안 하겠다고 각서까지 쓴 사람을 왜 순순히 내버려 두고 계십니까?" 한참 혈기 왕성할 때라 이렇게 단도직입적으로 여쭤봤던 것 같다. 그랬더니 할아버지께서 "정치인이 쓰는 각서는 법률적인 효력이 없어"라고 말씀하시며 씁쓸히 웃으셨다. "그렇다고 소송을 할 거야, 뭘 할 거야. 정치인의 각서라는 것은 순간적으로 상황을 호도하기 위해 사용하는 수단일 뿐이야." 처음부터 각서의 진정성 따위는 믿지 않고 계셨던 것이다.

약속과 야욕

그로부터 30년 시간이 흘러, 내게도 비슷한 일이 생겼다. 1990년 노태우 대통령이 3당 합당*을 할 적에 이른바 '내각제 각서'를 받아

---

* 1990년 1월 22일, 당시 여당이던 민주정의당과 야당인 통일민주당, 신민주공화당이 통합하여 국회 의석의 3분의 2가량을 차지하는 거대 여당을 만들어낸 사건. 통합의 조건으로 노태우, 김영삼, 김종필이 내각제를 실시할 것을 비밀리에 약속했다.

놓은 것에 대해 나는 여러 차례 믿지 말라고 충고했다. '그 사람들'이 안 한다고 고개를 돌려버리면 그만인 것을 왜 그렇게 맹신하느냐고 탓했다. 결국 김영삼이 합의를 깨버렸지 않은가.

정치적인 결단을 할 때마다 누군가 각서나 합의서 같은 것을 써준 다고 말하면 나는 언제나 손사래를 쳤다. 할아버지 곁에서 일찍이 보고 들은 이런 경험이 있기 때문이다. 내가 의지를 갖고 힘을 보태 야겠다고 생각한 일에는 사심 없이 참여하면 되는 것이지 한낱 종잇 조각에 불과한 다른 사람의 약속이나 보증 같은 것은 믿지 않는다.

그동안 반세기 넘도록 대한민국의 정치 일선에 있으면서 정치인 들이 스스로 했던 말을 스스로 부정하는 모습을 바로 눈앞에서 목격 하곤 했다. 약속한다, 다짐한다, 각서를 써주겠다……. 앞에서는 그 렇게 말하고 뒤돌아 술수를 꾸미는 이중적인 행태를 숱하게 경험했 다. 사람들이 '배신'이라고 말하는 행위를 연거푸 당하기도 했다. 이 제는 활용 가치가 없으니 나가라는 식으로 몰아세우는 일도 겪었고, 자기 입으로 했던 말을 내가 한 것처럼 뒤바꿔서 조롱당하는 수모를 겪기도 했다. 그래도 일단은 내가 스스로 선택한 결정들이었기 때문 에, 내 나름대로 그 순간에는 '대의를 위한 일'이라고 판단했기 때문 에, 어떤 일이 되었건 크게 후회하지는 않는다. 다만 역사 앞에 미안 한 마음이 들 따름이다.

정치인들의 약속을 믿어도 되는 걸까? 이젠 내가 1963년 할아버 지의 나이를 훌쩍 뛰어넘는 나이가 되어버린 시점에서, 불신 풍토를 부추긴다고 비난할지 모르지만, 50년간 한국 정치를 겪어온 나로서는 짙은 회의가 앞선다. 약속의 이면에는 언제나 야욕이 있었다. 분수와 능력에 맞지 않는 자리를 꿈꾸는 정치인들의 욕심 앞에 국민의 삶은 제물로 바쳐졌다. 권력은 그들의 전리품이 되었다. 이 책에서 나는 그런 약속이나 신념, 능력, 진실에 대한 이야기를 많이 하게 될 것이다.

02 무엇 때문에 정치를 하십니까?
|5.16쿠데타와 야권 분열

   강연이나 인터뷰에서 1960년대를 회고할 때, "4.19때 뭘 하셨습니까?"라거나 "5.16쿠데타가 일어났을 때 국민들은 왜 격렬하게 저항하지 않았습니까?"라는 질문을 듣곤 한다. 젊은이들이 주로 그런 질문을 많이 한다. 그 시대를 살지 않았고 깊은 사연과 내막을 알지 못하니 그 시대를 경험한 사람에게 그런 의문을 갖는 일은 당연하다.

   개인적으로 말하자면 4.19때 나는 군대에 있었다. 논산 훈련소에서 한참 군사훈련을 받고 있었다. 나는 외아들인데다 아버지께서 일제강점기에 일찍 돌아가셔서(그래서 할아버지 밑에서 교육을 받으며 자라게 된 것이다) 당시 사회상으로 보면 군대에 가지 않을 수도 있었지만 "남자로서 국가의 의무를 다해야 한다"는 할아버지 말씀에 따라 군대에 갔다. 징병 신체검사를 받기도 전에 자원입대했다. 그곳에 이승만 정권이 무너진 소식을 들었다.

   그에 앞서 1956년 대통령 선거 때 이야기를 해보자. 4.19혁명 4년 전 있었던 그 선거 운동 기간 중에 신익희 선생이 돌아가셨다. 신익희는 민주당 대통령 후보였는데, 당시 민주당이 내건 '못 살겠다, 갈아보자'는 선거 구호는 지금도 사람들 입에 회자된다. 시대정신을 정확히 포착해 간결하게 잘 만든 문구였다. 그해 5월, 인산인해를 이루었던 한강 백사장 유세의 열기는 대단했다. 선거를 통해 정권을 교체할 수 있겠다는 희망이 가득한 시절이었다. 그런 분위기가 있던 때에, 멀쩡히 선거 운동을 하고 다니던 신익희 후보가 선거 열흘 전 갑자기 죽는 사건이 벌어진 것이다. 이승만 정권이 패배가 두려워 신익희를 독살했다는 소문이 빠르게 퍼졌다.* 선생의 유해가 서울역에 도착하던 날, 대규모 학생시위가 열렸다. 그때 나는 고등학교 2학년이었는데, 대열에 끼어 경무대**까지 행진하다가 경찰이 진압에 나서자 아무 집에나 뛰어 들어가 숨어 있었다. 날이 어둑해지자 귀가했더니 집안 어른들께서 크게 걱정했다며 얼마나 혼났는지 모른다. 4.19때 군대에 있지 않았다면 나는 어떻게 되었을까. 대학생으로 시위 대열에 참여했을 것이고, 지금 이 자리에 없을 수도 있겠다는 생각마저 들기도 한다.

5.16은 간단히 툭 잘라 이야기할 수 있는 사건이 아니다. 워낙 복잡한 배경이 뒤섞여 있다. 그 시대를 지금의 잣대로 바라보면서 "왜 저항하지 않았느냐"고 말하는 것은, 전화조차 없던 시절의 사람들에

---

* 신익희는 지방 유세를 하러 열차로 이동하던 중 심장마비로 사망했다.
** 당시에는 대통령 관저를 '경무대景武臺'라고 불렀다. 오늘의 '청와대青瓦臺'라는 이름은 4.19 이후 윤보선이 지었다.

게 "휴대폰으로 연락하면 되는데 바보처럼 왜 그랬느냐"고 꾸짖는 격이나 크게 다를 것 없다. 역사의 이면을 깊이 있게 들여다보지 못 하는 사람은 세상 모든 일을 간단히 흑과 백으로만 구분 짓는다.

5.16은 가만히 있다가 뒤통수를 맞은 사건이었다. 말 그대로 '군사 쿠데타'다. 총칼을 든 강도에게 맨주먹으로 맞서는 일은 생명을 담 보로 하는 행위인데, "왜 목숨을 걸지 않았냐"고 누군가 탓한다면 사 건의 피해자나 당사자로서는 할 말이 없다. 역사의 특정한 시대에는 나름의 조건과 배경이 존재하는 법이다. 사람은 대체로 그러한 조 건과 배경에 따라 사고하고 행동하기 마련이며 후대의 시선에 그것 은 한계로 보일 수도 있다. 그렇다고 그 시대의 전모를 살펴보지 않 고 비난하는 태도는 역사를 대하는 또 하나의 독선이다. 지금 우리 가 살아가는 시대의 부조리에 대해 먼 훗날 자손들이 "왜 가만히 있 었냐"라고 묻는다면 당신은 또 뭐라고 대답할 것인가. "그때 내가 처 한 환경에서 나름대로 판단하고 최선을 다했다"고 말할 것 아닌가. 1960년대를 살았던 우리도 그랬다.

5.16쿠데타는 한국전쟁의 포성이 멈춘 지 10년이 채 되지 않은 때 일어났다. 전쟁에 대한 공포, 북한에 대한 적개심이 이루 말할 수 없 이 높을 때였다. 누가 교육을 통해 주입하거나 일부러 분위기를 조 장한 것이 아니라 전 사회적인 분위기가 자연스레 그랬다. 4.19이후 우리나라는 극심한 혼란을 겪었다. 매일 같이 시위가 들끓었고 정 치는 불안정했다. 심지어 '데모를 하지 말자는 데모'가 있을 정도였 다. 그런 혼란 가운데 북한이 다시 쳐들어오는 것은 아닌가, 나라가

무너지는 것은 아닌가 하는 걱정과 절망마저 횡행하던 때였다. 그렇다고 쿠데타라는 방법이 절대 합리화될 수는 없지만, 쿠데타 세력은 국민의 그런 불안감을 기회로 삼아 정치적 공백 상태를 뚫고 들어왔다. 국민들은 멍하니 앉아 있다 그 순간을 맞이했다. 쿠데타가 일어나면서 기존에 떠들썩했던 것들이 일시에 잠잠해지니까 그런 점에서는 일단 마음을 놓았다.

박정희가 쿠데타를 일으킨 직후 신문과 방송을 통해 발표한 혁명공약은 모두 여섯 개 조항으로 되어 있다. 그중 하나가 "절망과 기아 선상에서 허덕이는 민생고를 시급히 해결하고, 국가 자주경제 재건에 총력을 경주한다"(혁명공약 4조)는 내용이다. 1956년 신익희 후보가 내세운 '못 살겠다, 갈아보자'는 구호를 연상케 하지 않는가? "반공을 제일의 국시로 삼는다"(혁명공약 1조)거나 "미국을 위시한 자유우방과의 유대를 더욱 공고히 할 것"(혁명공약 2조), "사회의 모든 부패와 구악을 일소할 것"(혁명공약 3조)이라는 내용도, 박정희가 한때 좌익 활동을 했던 콤플렉스를 의식했거나 쿠데타에 대한 미국의 지지를 얻기 위한 이유도 있겠지만, 당시 국민이 무엇을 바라는지 나름대로 꿰뚫고 있던 내용이었다.

하지만 그 시대의 가장 큰 문제는 역시 '대안'이 없었다는 점이다. 쿠데타까지 겪는 상황에서도 우리나라 정치인들은 희망을 보여주지 못했다. 쿠데타 세력은 정정법으로 일체의 정당과 사회단체 활동을 금지시켰다. 그러면서 자기들은 공화당을 사전 조직하는 작업을 계속해 왔다는 사실이 나중에 밝혀졌다. 그런 상황이라면 정치 활동 금지 조치가 해제된 후에 민주 세력은 더욱 단결해서 선거를 통해 확실히 군부를 제압했어야 하는데, 민주당 구파니 신파니 하면서 하루가 멀다 하고 갈라져 싸우고, 지도자들은 서로 대통령 후보가 되겠다고 이전투구를 벌였다. 예나 지금이나 분열의 정치, 이기심의 정치라는 것은 이토록 어리석게 반복된다. 쿠데타 세력도 문제지만 헌법 질서를 어지럽힌 폭거 앞에서도 자기 욕심만 챙기면서 국민에게 대안을 보여주지 못한 정치인들 역시 분명 역사 앞에 죄인이다. 정치인의 욕심과 무능은 결국 국민을 불행하게 만든다.

생계형 정치인들

통합정당을 만들고 대통령 선거를 준비하던 시기에 우리 집에 많은 정치인이 오갔다. 민정당 대표 최고위원이시니 할아버지께는 비서실장이 있었는데, 그 비서실장이라는 분은 본인의 정치적인 야망 때문에 늘 밖으로만 돌아다녔다. "도대체 누구를 위해서 여기에 계시는 거냐, 자꾸 그러실 거면 할아버지를 직접 모시겠다"고 하면서 내가 비서 역할을 맡았다. 여러 정치인들과 약속을 잡고, 일정을 수행하고, 회의에 배석하면서 정치권의 깊숙한 내막을 가까이에서 지켜보게 되었다. 그때 내 나이가 스물네 살이었다. 지금은 스물네 살이면 아직 어린 나이로 여기지만 당시만 하여도 벌써 결혼하고 일가를 책임지는 어엿한 성인으로 대했다. 게다가 내가 겉으로 나이가 좀 들어 보여 누구든 삼십대 정도 연령으로 보았다. 스물넷이라고 하면 깜짝 놀랐다. 할아버지의 뒤를 이어 정치를 하려고 저러나 보다, 수군거리는 사람도 있었다. 이런저런 정파에서 나를 끌어들이려고 유혹도 많이 했다.

내가 할아버지를 도우며 비서 역할을 했던 것은 정치와 권력에 대한 욕심이 있어 그런 것이 아니었다. 그런 생각은 털끝만큼도 없었다. 이미 유학이 결정되어, 향후 몇 년간 국내를 떠날 예정이었다. 오로지 '우리 할아버지를 지켜드려야 한다'는 생각뿐이었다. 할아버지는 일제강점기에 독립운동을 하셨고, 해방 후에는 나라의 사법 제도를 만드셨고, 이승만 정권 때에는 또 그에 맞서 싸우셨다. 아버지가 일찍 돌아가셔서 나는 할아버지를 아버지처럼 여기며 모든 측면에서 그분에게 직접적인 영향을 받고 자랐다. 꼿꼿하게 살아가시는 할아버지의 인품과 태도를 바로 옆에서 지켜보면서 어렸을 적부터 진심으로 존경하며 흠모했다. 그런 흠결 없는 이력을 가진 분이 인생 말년에 격동의 시대를 만나 혹시 상처를 입으실까 마음이 조마조마했다. 그것이 솔직한 내 마음이었다.

할아버지가 대법원장에 재야 정치인으로 명망이 높다보니 나도 어렸을 때부터 그런 환경 속에서 정치에 관심이 많긴 했다. 친구들이 구슬치기하고 놀 때에 나는 유세장에 뛰어가 후보자 연설을 듣는 일이 재밌고 좋았다. 어린 나이에도 내 나름대로 '저 사람은 말하는 것이나 청중들의 반응을 보니 이번에 당선될 것 같다', '저 사람은 안 될 것 같다' 하면서 가늠하는 것을 하나의 취미처럼 여겼다. 그러는 과정에 될 것과 안 될 것을 판단하는 일정한 정치적 감각도 생겨난 것 같다. 요즘 젊은 사람들의 표현을 빌자면 '정치 덕후'였다고 말할 수 있을까. 그러면서 늘 궁금했던 의문이 있었다. 정치인들은 왜 정치를 하려고 하는 걸까?

우리 집에는 언제나 많은 정치인들이 오갔다. 신문과 라디오를 통해 숱하게 이름을 듣던 유명 정치인은 물론이고 그를 추종하는 사람들과 정치지망생들도 분주히 우리 집을 들락거렸다. 할아버지를 만나기 위해 사랑방과 거실에 대기하고 있는 사람들과 나란히 앉아 있다 넌지시 "무엇때문에 정치를 하려고 하십니까?"하고 물어보곤 했다. 나름의 이상을 갖고 정치인을 따라다니는 사람도 있었지만, 정말 건달처럼 보이는 사람인데 정치권을 기웃거리는 자들도 적잖았다. 도대체 어떤 생각을 갖고 있는 것인지 궁금했다.

그들의 대답인즉 "이렇게라도 해야 주머니에 용돈이 생긴다"는 것이다. 특별히 다른 일에 재주가 없고, 무언가를 새로 시작하기엔 나이가 들어버렸고, 그래서 계속 정치권 주변이나 어슬렁거리면서 자잘한 권력을 탐하는 정치 낭인들! 반세기 넘는 세월이 흘렀지만 아직도 우리 정치는 이런 측면에서 본질상 크게 달라진 점이 없는 것 같다. 뚜렷한 목적이나 능력도 없으면서 생계형으로 정치판을 기웃거리는 그런 사람들의 존재 말이다.

누구 사람, 어느 계파

당시 정치 상황은 정말 말이 아니었다. 4.19의 열매인 제2공화국이 무너진 직접적인 이유는 군부의 쿠데타이지만, 사실 제2공화국은 안으로부터 썩어가고 있었다. 당시 집권당인 민주당은 구파와 신파로 나뉘어 서로 주도권을 장악하려 밤낮 싸움만 계속했다. 쿠데타가 일어나고, 정치 활동이 금지되고, 그것이 간신히 풀리고 대통령 선거가 실시됐는데, 그때에도 대통령 후보직을 놓고 양보 없이 싸웠다. 그렇게 선거에 지고 나서도 파벌이 갈라져 서로 패배의 책임을 떠넘기며 당직을 독식하려 난장판이 따로 없었다. 해만 뜨면 싸우기 시작해 해가 질 때까지 싸웠다. 지금 정치 상황도 그때와 크게 다르지 않다. 반세기 내내 달라진 점이 별로 없다. 과연 이것이 정치의 속성이었나 싶을 정도다.

1960년대 정당에서 가장 중요한 직책은 조직부장과 정책부장이었다. 지금처럼 당 업무를 총괄하는 사무총장이 없던 시절이라 각 계파가 그 자리를 차지하려고 치열한 암투를 벌였다. 한심하게도, 윤보선이 이끄는 '민주당 구파'는 거기서 또 유진산 계열과 김도연 계열로 나뉘어 있었다. 그런데 유진산 계열에서 지원하던 사람이 조직부장 인선에서 떨어지고 김도연 계열 사람이 임명되었다. 그러자 유진산 계열에서 '누군가 뒤에서 영향력을 행사한 것 같다'며 이리저리 알아보다가 새파란 청년인 나를 지목하였다. 조직부장은 당 대표가 임명하는 자리다. 내가 배후에서 할아버지를 움직여 그렇게 했다고 짐작한 것이다.

유진산은 국회의원을 7번이나 지낸 사람이다. 당시에는 윤보선 측 총참모장을 맡고 있었고 구파의 거두로 꼽혔다. 모두가 그 사람에게 줄을 대지 못해 안달인 시절이었다. 그런 그가 갑자기 나에게 저녁 식사를 함께 하자고 불렀다. 식사하는 도중에 유진산이, 내가 젊은 나이에 할아버지 곁에서 일하는 이유가 정치를 하고 싶어 그러는 줄 알고, "앞으로 정치를 하려면 나에게 잘 보여야 해"하고 근엄한 목소리로 말하는 것 아닌가. 나를 자기 사람으로 만들어 보려는 회유이자 일종의 협박이었다.

당시 정치판에 이른바 '3총사'라고 불리는 청년들이 있었다. 독립운동가이자 대통령 후보로까지 나섰던 모 씨의 아들, 역시 대통령 후보였던 모 씨의 아들, 유력 정치인이자 기업인이었던 모 씨의 아들⋯⋯. 요즘 말로 소위 정치권 '금수저' 자녀들이다. 그들이 모두 유진산의 수하에 있었다. 유진산이 나를 회유하려 들자 나는 그 사람들의 이름부터 하나씩 거명했다. 그리고 "저는 그런 사람들을 가장 경멸합니다"라고 당돌하게 말했던 것이 기억난다. 스스로 정치를 할 능력이 되지 않으면 정치를 할 생각이 없다, 할아버지의 이름을 팔아 정치하고 싶은 생각은 추호도 없다고 딱 잘라 말했다. "곧 있으면 독일로 유학을 떠날 예정이니 엉뚱한 추측은 하지 마시라"고 말했다. 그 뒤로 유진산이 나를 만나자는 말은 없어졌다.

정치인으로 반세기를 살아오면서 내가 후배 정치인들에게 늘 당부했던 이야기도 그런 것이다. 2016년 민주당 비상대책위 대표 시절 초선 의원들을 대상으로 강연할 때도 "누구 계파의 사람이라는 말을 듣지 않도록 하라"는 말을 다른 무엇보다 강조했다. 정치를 하려는 사람이라면 분명히 명심해야 한다. 정치인뿐이겠는가. '누구의 사람'이라는 말을 들으려거든 차라리 그것을 하지 말라. 만약 그런 말을 들었다면 수치스럽게 여겨야 한다. 뚜렷한 자기 생각을 갖고 줏대 있게 행동해야 한다. 당론에 따라, 계파에 따라, 혹은 인기와 시류에 따라 여기저기 기웃거리는 인생에 대체 무슨 의미가 있을까.

지난 한국 정치를 보면 '누구 사람', '어느 계파'라는 말을 듣기 위해 오히려 부득부득 노력하는 사람들이 더 많은 것 같다. 그런 사람들의 인생은 스스로 돌아보면 처량하지 않을까? 자기 힘으로 정치를 할 수 있는 능력이 되지 않는 사람들, 어디에 줄을 댈 것인지 항상 고민하는 사람들, 요행수로 공직이나 하나 얻어 보려고 기웃거리는 사람들, 다른 실력이 없으니 패거리를 지어 몰려다니는 사람들, 광적인 패거리를 부추기는 사람들, 언론에 이름 석 자 알리고 방송에 얼굴 한번 내밀려 애쓰는 사람들……. 매스미디어와 인터넷이 발달함에 따라 그런 정치인이 더욱 늘어나는 것 같아 안타깝다. 국민으로서는 더욱 불행한 일이다.

03 교수를 믿지 않은 박정희
|2차 화폐개혁의 실패

1963년 그즈음을 돌아보면 내 기억에 빠질 수 없는 인물이 내각수
반 송요찬이다.

5.16 이후 군부 세력이 입법·사법·행정 모든 기능을 정지시키고
만든 기구가 이른바 '국가재건최고회의'라는 헌법에도 없는 기구다.
일종의 혁명 수뇌부, 비상위원회처럼 전권을 행사하는 통치기구로
만들었는데, 의장을 곧바로 박정희가 차지한 것이 아니라 처음엔 장
도영이 맡았다. 장도영은 박정희보다 6살 아래지만 군대에 먼저 들
어가 출세가 빨랐다. 여순사건 때 박정희가 좌익으로 몰려 죽을 위
기에 처했을 때 구해준 생명의 은인이기도 하다. 5.16이 일어났을
당시 장도영은 육군참모총장이었으니 잠시 얼굴마담 역할로 내세우
기에는 적격이었다. 하지만 효용 가치가 없어지자 40일 만에 최고회
의 의장 자리에서 끌어내렸다. (장도영은 그 뒤 반反혁명 혐의로 체포되
어 무기징역을 선고받았다가 미국으로 건너가 2012년 사망했다.)

장도영을 제거하자 박정희가 최고회의 의장이 됐다. 그때 내각 수반을 맡은 인물이 바로 송요찬이다. 송요찬은 4.19때 계엄사령관이었는데, 시위 학생들에 대한 발포를 자제하도록 명령하여 대규모 유혈사태를 막고 결국 이승만 대통령을 물러나도록 만든 인물로 평가받는다. 5.16 쿠데타가 일어나자 송요찬은 지지 성명을 발표했지만 쿠데타 준비 과정에 주도적으로 참여하지는 않았다. 그러다 보니 내각 수반이 되었어도 허수아비일 뿐이고 내내 감시받는 처지에 놓여 있었다. 내가 할아버지 비서 역할을 하다보니 여러 루트를 통해 "송요찬이 김병로 어르신을 뵙고 싶어 한다"는 메시지가 전해졌지만 그렇다고 대낮에 대뜸 만나게 할 수는 없었다. 군사정부 내각수반을 역임했던 송요찬이 야권통합을 이끄는 지도자인 우리 할아버지를 만나는 일은 자칫 정치적 오해를 받을 수도 있는 행위였기 때문이다.

"내가 그 사람을 만나 뭐하게?"

낮에는 우리 집 거실에 항상 기자들이 대기하고 있었다. 그래서 택한 방법이 새벽에 몰래 만나는 것이었다. 당시에는 통행금지 시간이 있었는데, 밤 12시부터 새벽 4시까지는 아무도 바깥으로 돌아다니지 못했다. 통금 시간이 끝나자마자 우리 집에 찾아오면 문을 열어주겠다고 소식을 전했다. 송요찬은 그렇게 찾아왔다.

송요찬의 집은 장충동이었고 우리 집은 인현동이었다. 당시에는 자동차가 많지 않을 때인데다 새벽 시간이니 15분 정도면 도착할 수 있었다. 내가 문앞에서 송요찬을 맞아 할아버지가 계시는 안방으로 안내했다. 할아버지께서 대법원장을 역임하던 시절 송요찬은 군 장성으로 여러 차례 안면이 있다 보니 방에 들어서자마자 공손하게 절부터 드리던 모습이 기억에 생생하다. 이야기를 나눌 때도 송요찬은 내내 단정히 무릎을 꿇고 있었다.

두 분이 말씀을 나누는 동안 나는 문밖에 대기하고 있었는데, 새벽에 아무도 없을 때이니 두런두런 나누는 대화 소리를 모두 들을 수 있었다. 송요찬은 예상했던 대로 완전히 허수아비였다. 내각에서 그가 결정할 수 있는 일이란 아무것도 없는 듯했다. 어쩌면 군인들은 좀 순진한 구석이 있는데, 아무리 허울뿐인 자리라지만 어쨌든 형식적으로는 자기가 이끄는 내각에서 벌어졌던 모든 악행을 할아버지께 모두 소상히 말했다. 군사정권 초기에 이른바 '4대 사건'이라고 불린 사건들이 있었다. 새나라자동차 사건, 증권파동, 빠칭코 사건, 워커힐 사건 등으로, 모두 군사정권이 통치 자금 확보를 위해 벌인 거액의 부정부패 사건이다. 그런 것들에 대해 줄줄 말했다. 정치활동이 금지되었던 시기에 공화당이 사전 조직되었던 내용에 대해서도 구체적으로 들을 수 있었다. 언론에 보도되지 않은 이야기, 일반인들은 쉽게 접할 수 없는 깊은 속사정까지 송요찬의 입을 통해 속속들이 알게 되었다. 군인들이 권력을 잡자마자 했던 일 가운데 하나가 화폐개혁이었는데, 대실패로 기록된 사건이었다. 그걸 내각수반인 자신도 모르게 했다고 송요찬은 울분을 터트렸다. 1시간 30분 정도 그렇게 대화를 나누다 돌아갔던 것 같다. 대화라기보다는 송요찬의 기나긴 하소연에 가까웠다.

송요찬이 돌아가자마자 중앙정보부 사람들이 내게 접근해 무슨 이야기를 나눴는지 물었다. 중앙정보부가 막 생겨나 송요찬의 일거수일투족을 감시하고 있을 때이니 그가 우리 집으로 향한 것은 파악하고 있었는데, 그렇다고 우리 할아버지에게 대화 내용을 직접 물어볼 수도 없고, 결국 유일한 배석자인 나에게 내용을 물은 것이다. 나는 밖에 있어 아무런 이야기도 듣지 못했다고 입을 다물었다.

여하튼 송요찬이 우리 할아버지를 만난 것이 보통 문제가 아니라고 생각했던 것 같다. 얼마 지나지 않아 박정희 쪽에서 만나고 싶다는 제의가 왔다. 할아버지께 그런 소식을 전했더니 "내가 그 사람을 만나 뭐하게?"라고 무뚝뚝하게 말씀하셨다. 송요찬은 새벽에 조용히 만날 수라도 있는 인물이지만 박정희를 대면하는 일은 성격이 한참 다른 사건이기 때문이다. 박정희 쪽에서는 나라의 큰 어른이고 야당의 지도자 역할을 하고 있는 우리 할아버지를 직접 만나 회유하거나, 그러지는 못하더라도 박정희의 포용적인 이미지를 만드는 기회로 삼으려 했을 것이다. 이런저런 핑계를 대며 차일피일 만남을 미뤘는데 그렇다면 전화 연결이라도 시켜달라고 박정희 측에서 연락이 왔다.

'검은 자금'은 나오지 않았다

할아버지와 박정희가 전화 통화를 할 때도 내가 옆에 있었다. 할아버지가 박정희에게 "화폐개혁은 도대체 왜 했냐"고 물었다. 박정희의 답변인즉 "1962년부터 1차 경제개발계획을 시작했는데 그러려면 많은 자금이 필요했다. 내자를 조달하기 위해 화폐개혁을 실시했다"고 말했다. 할아버지는 당연히 "내자 조달이랑 화폐개혁이 대체 무슨 상관이 있소?"라고 따져 물으셨다.

지금껏 우리나라는 두 번의 화폐개혁이 있었다. 1950년 한국전쟁 중에 일제히 새로운 화폐를 발행한 것을 1차 화폐개혁이라고 말하는 사람들도 있으나 그때는 북한군이 한국은행을 장악하는 바람에 어쩔 수 없이 화폐의 외형만 바꾼 조치다. 액면가 변경 등의 조치가 따르지 않았으니 진정한 의미에서 화폐개혁이라 말할 수 없다. 1953년에 기존 원圜 단위 화폐를 환圜 단위로 바꾸고, 기존 화폐와 새로운 화폐를 100대 1로 리디노미네이션(통화의 숫자를 낮게 변경)한 개혁이 우리나라의 1차 화폐개혁이다. 이때의 개혁은 전쟁으로 막대한 전비가 풀리다 보니 악성 인플레이션에 빠져 있어 이를 조속히 수습할 필요 가운데 실시되었다. 우여곡절은 있었지만 철저히 비밀을 유지하고 부작용을 최소화하는 조치를 마련해두고 전격 실시함으로써 인플레도 잡고 통화 가치도 회복하여 1차 화폐개혁은 대체로 성공한 개혁으로 평가받는다. 하지만 군사정권이 집권하고 1962년에 실시한 화폐개혁 - 이른바 '2차 개혁'이라 불리는 조치는 완전히 실패한 사례로 꼽힌다. 화폐 단위만 환에서 원으로 바뀌고 리디노미네이션되었을 뿐 경제적 성과는 전혀 나타나지 않았다. 국민의 혼란만 가중됐다. (당시 정해진 '원' 단위가 지금까지 통용되고 있는 것이다.)

박정희가 하는 말을 들으니 서울대 교수 한 명이 자신의 경제고문으로 있었는데 그가 화폐개혁을 건의했다고 한다. 경제개발 5개년 계획을 시작하며 군사정부는 막대한 자금이 필요하던 때였다. 그러던 차에 그 교수가 "경제개발에 필요한 자금 조달은 걱정하지 말라"고 했다는 것이다. 그것이 어떻게 가능하냐고 물으니 화폐개혁을 하자고 하면서, "통화 가치를 조정하게 되면 부패한 자유당 관료들의 집에 쌓여있는 돈이 자발적으로 쏟아져 나오고, 중국 화교 장사꾼들이 쌓아놓은 돈도 그런 방식으로 모두 끄집어내면 간단하다"라고 그랬다나. 그래서 화폐개혁을 단행했다고 박정희는 말했다.

막상 화폐개혁을 해보니 그런 '검은 자금'이라는 것은 한 푼도 나오지 않았다. 어느 중국요릿집에서 동전만 두 가마니 나왔다고 비아냥거리는 소문이 돌며 사람들은 허탈하게 웃었다. 아무리 부자라고 해도 돈은 밖에서 순환되는 것이지 가만히 쌓아두고 있지는 않는다. 이른바 '검은 돈'이라는 것은 어디 비밀 금고에 넣어두거나 창고에 보관하고 있는 돈이 아니다. 그런 기본적인 상식조차 없는 사람들이 주관적 추측이나 선입견만 갖고 이런저런 일을 벌이다 경제를 망치게 된다. 나중에 나는 정치인들의 이런 어리석은 판단과 공명심이 낳은 황당한 정책 사례(예를 들어 금융실명제나 토지공개념)를 숱하게 경험했다. 그에 대해서는 이 책을 통해 계속 소개하게 될 것이다. 아무튼 그렇게 화폐개혁이 실시된 1962년은 흉년까지 겹치면서 경제개발 5개년 계획의 첫 해가 굉장히 초라하게 시작됐다.

그래서인지 박정희는 재임 기간 내내 교수들을 믿지 않았다. 화폐개혁 사건을 계기로 '교수들은 이론만 알고 현실에 동떨어진 사람들'이라는 인식을 강하게 갖게 되었던 것 같다. 박정희가 18년 집권하는 동안 교수 출신에게 실질적인 결정권을 갖는 자리를 맡긴 사례가 없다. 경제학과 교수 출신이 재무장관, 부총리까지 하기도 했지만 그저 '나팔 부는 사람' 정도로 앞세울 필요가 있어 데려다 놓았다는 인상 정도다. 나중에 그런 사람들을 만나 소감을 물었더니 "재무장관으로 임명되어 관직에 들어와 보니 아무것도 모르겠더라" 하면서 한숨을 쉬었다. 군인이나 실무 관료들이 갖다 주는 대로 따라가기만 하다가 일 년쯤 되니까 겨우 업무 파악 정도 되었다고 한다. 그런 분위기 속에서 자기가 무언가 주장할 수 있는 여력조차 없더라는 것이다.

그러니까 박정희 시대에 관료로 발탁된 교수들은 군사정권의 경제정책을 그냥 '설명'만 하는 역할로 등용된 셈이다. 자세히 살펴보면, 10년 가까이 군사정권에서 일했다는 교수 출신 경제 관료라 할지라도 자기 이름을 내걸고 소신 있게 추진한 일이 없다. 이런 내막을 잘 모르는 후대의 역사가들은 그런 교수들에게 '경제 사령탑'이라는 다소 거창한 이름을 붙여 역사책에 기록하고 있는데, 속내를 알고 있는 사람은 조용히 웃을 수밖에 없다. 내가 나중에 정치 참여를 하면서도 '저런 사람은 절대로 되지 말아야겠다'고 다짐하게 만든 반면교사의 사례도 모두 그런 교수들이었다.

04 세금은 뚝딱 만들어지지 않는다
|부가가치세 시찰단

나는 독일에서 경제학, 그중에서 재정학을 공부했고, 한국에 돌아와 대학에서도 재정학을 주로 가르쳤다. 재정학은 말 그대로 국가의 재정財政을 다루는 학문이다. 나아가 정부의 경제적 역할을 포괄적 연구 대상으로 삼는다.

재정은 쉽게 말하면 '나라의 살림'을 뜻하는데, 가정 살림이 윤택하려면 수입과 지출을 균형 있게 유지하고 관리해야 하는 것처럼 나라의 살림 또한 그렇다. 국가가 수입을 얻는 방법이라면 세금, 발행(국채 등), 차관 등을 들 수 있다. 그 가운데 큰 몫을 차지하는 부분은 역시 세금으로, 국가를 유지하는 가장 중요한 경제적 원천이다. 세금을 내면서 '하나도 아깝지 않다'고 생각할 사람이 솔직히 몇이나 될까. 그렇더라도 '세금이 좋은 일에 쓰일 것'이라는 믿음을 갖고 납세자로서 긍지와 보람을 느끼도록 만드는 일이 궁극적으로 좋은 정치가 아닐까 싶다. 한편 제대로 된 정치인이라면 국민이 내는 세금에 담겨있는 땀방울의 무게를 가늠하고 이를 허투루 낭비하지 않으려는 각오와 자세를 지녀야 할 것이다.

세금을 다루는 일은 국가를 운영하는 자의 기본이다. 세금을 모르고 정치를 잘할 수 없다. 나는 기회가 있을 때마다 "세금의 역사는 정치혁명의 역사"라고 강조해왔다. 영국의 명예혁명, 프랑스혁명, 그리고 미국의 독립전쟁까지 알고 보면 모두 '세금'이라는 도화선으로 촉발했다. 명예혁명은 종교적 갈등도 있었지만 의회 승인 없이 세금을 징수하려는 국왕의 행위에 반발한 것이 정치 개혁으로 이어졌고, 프랑스혁명은 과도한 세금에 대한 국민의 원성으로부터 발발했으며, 독립전쟁의 시발점이 된 '보스턴 차 사건' 역시 문제는 세금이었다. 세금을 왜 걷고, 누가 걷고, 어떻게 걷고, 어디에 쓰고, 무슨 근거로, 무엇을 위해 걷고 쓰는가. 그런 시시비비를 따지는 과정을 통해 근현대 정치가 태동하였다고 말해도 그리 지나친 주장이 아닐 것이다.

내가 정치와 인연을 맺게 된 것도 다름 아닌 세금, 1970년대 우리나라에 논란이 된 '부가가치세' 때문이다. 그 인연을 이야기하기 전에 먼저 유학 얘길 꺼내보려 한다.

나라를 위한 인생

1964년 1월 13일 할아버지께서 돌아가셨다. 인생의 마지막 몇 년이라도 좀 편안하게 살다 가시지 않고 돌아가시기 바로 직전까지 일만 하셨다. 오직 나라를 위해 당신의 모든 것을 다 바친 삶이라고 말해도 조금도 틀림이 없을 것이다.

할아버지는 다리가 불편하셨다. 그냥 불편하신 정도가 아니라 다리 한쪽이 없는 장애인이셨다. 대법원장으로 계실 때 밤새 앉은뱅이 책상에 앉아 민법, 형법, 형사소송법, 법원조직법 모든 조항을 직접 손으로 쓰며 만드시다가 골수염이 악화되어 왼쪽 다리를 무릎 아래로 절단할 수밖에 없게 되었다. 그렇게 불편한 몸으로 부산 피난 시절을 견디셨다. 할아버지를 눈엣가시처럼 여겼던 이승만은 그런 와중에도 '신체가 불편하면 사표를 쓰라'고 종용했는데, 의족을 하고 지팡이를 짚고 다리를 질질 끌고 다니면서도 꿋꿋하게 일하셨다.

한국전쟁이 일어났을 때 정부 요인 가족들은 정부에서 제공하는 차량 편으로 함께 피난을 갈 수 있었다. 할아버지는 분명 최고위 요인이셨지만 "공직에 있는 사람이 난중에 식솔까지 모두 이끌고 다니는 것은 처신에 맞지 않다"라고 하시며 가족들은 각자 피난길에 오르게 하셨다. 모든 가족이 뿔뿔이 흩어졌는데, 내가 한국전쟁 동안 어머니 고향(전남 담양) 인근인 전남 광주에서 학교를 다녔던 것도 이런 배경 때문이다. 그런데 할머니께서 친정집에 가셨다가 빨치산에게 학살되는 아픔을 겪었다. (시체조차 제대로 수습하지 못했다.) 공산군이 우리 가족을 찾겠다고 돌아다닌다는 소문에 온 가족이 한동안 공포에 떨면서 살아야 했다. 할아버지는 몸과 마음은 물론 가족까지 온전히 내놓은, 그야말로 나라를 위해 모든 것을 다 바친 인생을 사셨다.

그런 할아버지 장례를 치르고 나는 독일행 비행기에 올랐다. 1964년, 내 나이 스물다섯이었다.

지성인이 모독을 느낄 때

당시 출세의 정석처럼 통하는 코스는 미국 유학이었다. 사회지도
층이 모두 미국 유학파로 채워지던 때이니 누가 보아도 그것이 자연
스런 귀결이다. 하지만 나는 독일을 선택했다. 대학에서 독일어를
전공한 탓도 있고, 독일은 대학 학비가 저렴한데다(입학금이나 등록금
이 아예 없고 소정의 생활비까지 지원받는다), '사회과학'을 공부하라고
할아버지께서 생전에 당부하신 영향도 컸다. 사회과학 하면 역시 유
럽의 전통적인 학문 체계를 무시할 수 없었다.

사회과학 중에서도 나는 경제학으로 눈길을 돌렸다. 경제학에서
도 재정학財政學을 전공으로 선택했다. 독일에서 학문을 마치면 언젠
가 한국으로 돌아가게 될 텐데, 내가 한국에 돌아갈 즈음이 되면 우
리나라는 어떻게 바뀌어 있을까, 막연하게 그런 것을 그려봤던 것
같다. 당시 대한민국은 그야말로 세계 최하위 경제력을 가진 나라였
다. 다른 나라에서 원조를 받아 살아가던 극빈국이었다. 하지만 부
지런한 국민의 성품으로 볼 때 언젠가 우리나라 경제도 크게 일어날
것이라 믿었고, 그때가 되면 국가의 재정 문제가 중요하게 대두될
것이라 생각했다. 경제가 성장할수록 조세, 노동, 복지 분야 역시 중
요한 과제가 것이라 내 나름대로 예측하고 그 분야 또한 추가로 공
부해 두었다.

그렇게 8년간 공부에만 몰두하여 독일 뮌스터대학에서 경제학 박
사 학위를 받았다. 모국에서 경제학을 공부한 경험이 전혀 없어 독

일에 와서 학부 과정에서부터 새로 시작한 유학생이 그렇게 빠른 시간 내에 박사 학위까지 끝마친 경우가 드물어 교수들도 좀 놀라는 눈치였다. 1972년 겨울, 학위를 마치고 귀국 인사차 지도교수에게 인사를 드리러 찾아갔는데 교수님이 조용히 나를 맞은편에 앉히시더니 심각한 표정으로 물었다. "그나저나, 그런 나라에 가서 살 수 있겠어?"

'그런 나라'라는 표현이 약간 마음에 걸렸다. 물론 교수님은 걱정하며 건넨 말씀이겠지만 나는 수치스러움을 느꼈다. 내 나라가 외부에 '사람이 살 수 없는 곳' 정도로 비치다니, 누군들 그러지 않겠는가. 교수님이 내게 다시 물으셨다. "지성인이 가장 모독을 느낄 때가 언제인 줄 아느냐?" 갑작스러운 질문을 받고는 약간 당황하여 "개인이 살아가면서 스스로 떳떳하기만 하면 모독을 느낄 일이 뭐가 있겠는가"라고 대답했더니 교수님이 이번에는 이렇게 말씀하셨다. "지성인이 가장 모독을 느낄 때는 자기가 하고 싶은 말을 제대로 할 수 없는 상황이야." 당시 우리나라는 10월 유신*이 막 시작된 즈음이었다. 지성인으로서 모욕적인 상황을 겪으니 차라리 독일에 계속 머무는 것이 어떻겠느냐, 그런 의향을 살짝 내비친 것이다. "내가 독일에서 공부한 것은 어떻게든 우리나라에 도움이 될 수 있는 사람이 되려고 한 것이지 여기서 편안하게 살려고 그런 것이 아닙니다." 이렇게 말

---

* 1972년 10월 17일 박정희가 전국에 비상계엄령을 선포하고, 국회를 해산하고, 헌법의 효력을 중단시킨 사건.

씀드리고 귀국했다. 몇 년 뒤 나는 교수가 되어, '나랏일'을 상의하러 다시 그 교수님을 찾게 되었다.

"우리 수석이 보자고 한다"

한국에 돌아와 보니 역시 암흑기였다. 1973년 3월 1일부터 서강대 강의를 시작했다. 당시 우리나라는 재정학이라는 학문 자체가 낯선 시절이었다. 젊은 교수이고, 게다가 미국이 아닌 유럽에서 경제학을 전공하고 돌아온 교수였으니, 스스로 이렇게 말하기는 멋쩍지만 내 강의는 학생들 사이에 인기가 있었다. 그런데 첫 학기가 지나고 둘째 학기가 되니까 강의를 할 수 없는 지경이 되었다. 데모 때문에 도무지 차분하게 학생들을 가르칠 수 없었다. 대학가는 시위로 몸살을 앓았다. 그런 와중에 1974년, 의아한 소식 하나를 듣게 되었다. 정부에서 곧 '부가가치세'를 도입할 것이라는 소식이었다. 내가 가르치는 학문 분야와 직접 관련된 내용이라 더욱 관심이 갔다.

그즈음 우리나라에 재정학 관련 대학 교재가 스무 권쯤 되었는데, 어떤 교재에도 부가가치세라는 말이 등장하지 않았다. 부가가치세의 원리와 구조, 의미는 물론 그런 용어조차 누구도 들어보지 못한 시절이다. 나는 부가가치세를 독일에서 익히 접하고 공부하여 알고 있어서, 강의 시간 학생들에게 "부가가치세라는 세금은 지금 우리나라에 도입할 수도 없고, 만약 무리하게 도입한다면 상당히 문제가 될 것"이라고 이야기했다. 당시는 10월 유신으로 정국이 어수선하고 정권에 대한 국민의 반감이 높을 때였다. "이런 시국에 급격히 만들어낸 세금은 더욱 저항을 초래할 것이다. 세금이란 존재는 위정자들이 뚝딱 만들어낸다고 되는 일이 아니다. 세금으로 망한 정권과 왕조가 어디 한둘인가. 세금의 역사는 정치혁명의 역사도 같아서 굉장히 조심히 다뤄야 한다." 이런 말도 했던 것 같다.

그때가 어떤 시절인가. 수업 시간에 그런 이야기를 하는 교수가 있다고 청와대까지 보고가 들어갔나 보다. 어느 날 집에 갔더니 문 앞에 어떤 사람이 기다리고 서 있었다. "서강대 김종인 교수 맞냐"고 물어 그렇다고 했더니 자신을 "청와대 경제수석의 보좌관"이라고 소개했다. "당신이 부가가치세를 잘 안다는 소문을 들었다. 내가 바로 그 부가가치세 도입을 준비하는 사람"이라고 부연해 자신을 소개하며, 갑작스레 "부가가치세 도입을 위해 좀 도와줄 수 없겠냐"고 물었다. 그 사람이 나중에 '전두환의 경제 과외교사'로 불리며 5공화국 초기 우리나라 경제정책을 주도한 김재익 씨다.

김재익 씨에게도 학생들에게 했던 말과 똑같이 말했다. 부가가치세는 시기상조라고 말이다. "부가가치세의 이론적인 부분은 차지하고 역사적으로 보아도 국민의 정서에 맞서는 세금은 성공한 적이 없다"고 잘라 말했다. 그는 다소 실망하거나 섭섭해하는 표정이었다. 나아가 "당신이 경제수석 보좌관이라니까 하는 말인데, 당신 위에 있는 높은 사람한테 이 말을 꼭 전하라"면서 "이런 식으로 계속 경제를 이끌고 가면 나중에 문제가 많을 것이다. 지금이라도 경제정책의 방향을 바꿔야 한다"는 말까지 덧붙였다. 젊은 교수가 하는 말이 당돌하기도 하고 일리 있게 느껴지는 부분도 있었나 보다. 며칠 후 그에게서 연락이 왔다. "우리 수석이 당신을 좀 보자고 합니다."

결론을 정해놓은 사람들

그렇게 청와대 경제수석을 만났고 뒤이어 재무장관까지 만나게 되었다. 주무 부처 장관이다 보니 재무장관의 가장 큰 관심사는 역시 부가가치세였다. 그가 원하는바 역시 "부가가치세의 이론적 근거를 만들어 달라"는 것이었다. 유럽에서 공부하고 막 돌아온 젊은 교수가 앞장서서 부가가치세 도입의 필요성을 이야기하면 설득력이 있지 않을까, 그들은 아마도 그런 생각을 했던 것 같다. 나를 나팔수로 삼으려는 것이다.

재무장관이 제안했다. 정부에서 '부가가치세 시찰단'을 만들어 관료와 학자들을 유럽에 견학 보내려고 하는데 나더러 거기에 참여해 달라는 것이다. 나는 "갈 필요가 없을 것 같다"고 말했다. "재정학 교과서에도 등장하지 않는 부가가치세인데, 그렇게 엉뚱한 세금을 만들어 어떻게 국민들을 설득할 수 있겠느냐"고, 학생들에게 강의했던 내용 그대로 재무장관에게도 말했다. 그랬더니 장관이 "그러니까 도와달라는 것 아니냐"며 "국가가 하는 일에 맹목적으로 반대만 하는 것이 능사는 아니다"라고 설득했다. 그때 나는 독일에서 돌아온 지 1년 반쯤 되었을 때였는데, 유럽의 조세 정책을 다시 살펴보는 일도 그리 나쁘지만은 않을 것 같다는 생각에 일단 시찰단 참여를 수락했다.

그런데 문제가 하나 생겼다. 당시 정부 출장비는 공무원이나 공공기관에서 근무하는 사람에게만 지급하도록 되어 있었다. 나처럼 사립대학에 속해있는 사람에게 여비를 지급할 법률적 근거가 마땅치 않았다. 그래서 하루아침에 나는 '평가교수단'에 이름을 올리게 되었다.

당시 국무총리실 산하에 '평가교수단'이라는 기구가 있었다. 박정희 정부는 각계의 저명 학자들을 평가교수단에 포함시켜 국정과 관련한 이런저런 조언을 듣는 기회로 삼았는데, 경제학 분야에서는 조순, 변형윤 같은 이름 있는 교수들이 참여하고 있었다. 거기에 나를 포함시킨 것이다. 기존 평가단 교수는 직책이 모두 총장, 학장, 대학원장 급으로 나처럼 평교수인 사람은 한 명도 없었다. 전체 90명 가운데 나이도 내가 가장 어렸다. 어쩌면 나는 대단히 우연찮은 케이스로 평가교수단에 들어간 셈이다.

일부러 그렇게 평가교수단에 들어가는 조치까지 취하면서 '부가가치세 시찰단'에 참여하게 되었다. 김재익 경제수석실 보좌관, 재무부 세제국장, 직세과장, 간세과장, 관세과장, 국제조세과장, 그리고 나. 이렇게 7명이 해외 출장을 떠났다. 대만, 영국, 독일, 그리고 EC(지금 EU의 전신) 본부가 있던 벨기에 브뤼셀 등을 다녀왔다. 당시에는 유럽 직항편이 없어 일본을 경유했는데, 귀국하는 마지막 날 머문 일본 호텔에서 최종 보고서를 어떻게 쓸 것인지를 놓고 시찰단 일행끼리 토론이 벌어졌다.

시찰단에 참여한 공무원들은 영국의 부가가치세를 인상적으로 받아들여(영국의 부가가치세가 가장 심플하게 보였기 때문이다) 그것을 모범적인 사례로 삼아 보고서를 작성하려고 했다. 나는 적극 반대했다. 당시 영국은 부가가치세를 실시한지 6개월 정도 되었을 무렵인데, 고작 그만큼 시행했으면서도 문제점이 여럿 드러나 그것을 고치느라 분주하던 때였다. 그런데 우리 공무원들은 그런 것은 안중에도 없이 오로지 장점만 눈에 들어왔나 보다. 계속해서 영국을 모델로 삼으려는 거다. "당신들이 '윗사람' 의도에 맞춰 어떻게든 정책을 실현시키려고 노력하는 것은 알겠는데, 그런 장점이 실현되려면 일정한 조건이 충족되어야 한다. 하지만 우리나라는 아직 준비가 안 됐다." 이렇게 설득해도 막무가내였다.

귀국하고 곧바로 재무장관을 찾아갔다. '당신 부하들이 분명 이런 내용의 보고를 할 텐데 그건 이렇게 문제가 있다, 그러니 알고 있어라.' 그렇게 언질을 줬다. 장관은 참고하겠다고 말하고 나를 돌려보냈다. 담당 공무원이든 재무장관이든 어떻게든 설득해보려 했지만 소용없었다. 그들은 이미 결론을 딱 정해놓고 앞으로 나아가는 중이었다. 시찰은 요식에 불과했다.

결국 박정희 정권은 부가가치세 도입을 강행했고, 그것은 박정희 정권이 국민의 저항을 받고 무너지는데 중요한 원인 가운데 하나로 작용했다. 자기 무덤을 스스로 파고 들어간 격이다. 부가가치세 도입 과정은 뒤에 자세히 소개하게 될 것이다.

부가가치세라는 아이디어

　부가가치세는 '소비세'의 일종이다. 국민이 소비를 하는 것에 세금을 내는 것이다. 또한 경제 주체가 시장에서 거래를 하는 것에 세금을 부과하는 '거래세'의 유형이기도 하다. '나는 소득도 많지 않고 변변한 재산도 없어 세금을 일절 내지 않고 있다.' 이렇게 생각하는 사람들이 있을 것이다. 천만에, 모든 국민이 하루에도 수차례 세금을 내고 있다. 본인이 직접 납부하지 않으니 그것을 감지하지 못할 따름이다. 그런 대표적인 세금이 '부가가치세'다. 소득세나 재산세처럼 소득이나 재산을 근거로 당사자가 직접 내는 세금이 아니다 보니, 부가가치세와 같은 간접세는 어쩌면 '알게 모르게 내고 있는' 세금이라 말할 수 있겠다. 그래서 소득세나 재산세보다 조세저항이 적은 세금으로 인식된다.

　부가가치세라는 아이디어는 1919년 독일의 폰 시멘스^{W. Von Siemens}라는 세무전문가에 의해 이론적인 태동을 했다. 독일은 1차 대전 패전국으로 승전국들에게 막대한 금전적 배상을 해줘야 했다. 그러기 위해서는 상당한 재정 지출이 필요했는데, 국가가 갑자기 재정을 마련하려면 세금을 걷는 방법밖에 뾰족한 수가 있겠는가. 국민 저항을 최소화하면서 세수를 크게 늘릴 수 있는 획기적인 방안 – 그것은 바로 시장에서 '거래'를 하는 것에 세금을 받는 방법이었다. A가 B에게 물건을 팔면 세금을 받고, B가 C에게 되팔아도 세금을 받고, C가 D에게 판매해도 또 세금을 받고……. 이런 식으로 거래의 모든 과정에 세금을 부과하는 거래세, 이것을 '다단계 거래세'라고 부른다. 그런데 이런 방식의 거래세에는 몇 가지 심각한 문제점이 있다. 폰 시멘스는 그것을 극복하는 '획기적' 아이디어를 찾아낸 것이다.

다단계 거래세의 문제점은 무엇보다 '세금에 세금이 붙는' 모순인데, 이러한 모순을 극복하려면 어떻게 해야 할까? 앞 단계에서 냈던 세금을 제외하면 된다. A가 B에게 물건을 팔면서 세금이 얼마 붙었다면, B가 C에게 물건을 팔 때는 전前 단계에서의 그 세금을 제외하면 된다. 그리고 A가 B에게 물건을 팔 때는 존재하지 않았으나 B가 C에게 물건을 팔면서 늘어난 가치, 거기에만 세금을 매기면 된다. 그렇게 늘어난 가치, 부가附加된 가치에만 세금을 매긴다고 하여 '부가가치세Value Added Tax' – 우리가 흔히 'VAT'라고 부르는 세금이 탄생했다. 이것이 바로 독일의 폰 시멘스가 처음 고안한 부가가치세의 기본적인 원리다. 다단계 거래세의 핵심적인 문제를 없앤 대단한 아이디어가 아닐 수 없다. 누구도 이런 세금에 이의를 제기할 리 없다. 간단하고도 혁신적이다. 하지만 세상일이 그렇게 쉽기만 할까? 부가가치세라는 세금은 어떤 '조건'이 충족되지 않으면 실현되기 어려운 세금이다.

부가가치세 실행의 가장 큰 조건은 A → B → C → D로 넘어가는 거래의 모든 단계가 투명해야 한다는 사실이다. 납세자가 전 단계 세액을 제하고 세금 신고를 하려면 자신이 어떤 원료나 상품을 매입했다는 사실을 투명하게 증빙할 수 있어야 한다. 아주 단순하게 표현하면 '거래 당사자들이 영수증을 주고받아야 한다'는 말이다. 세무

당국은 그런 거래의 모든 과정을 파악할 수 있어야 하고, 분명한 자료에 근거해 부가가치세를 징수할 수 있어야 한다. 1차 대전 직후 독일에서 그러한 작업이 가능할 수 있었을까?

물론 불가능한 일이다. 독일인들은 알고 있었다. 폰 시멘스의 아이디어가 좋긴 하지만 아직은 실행할 수 없는 '이상'일 뿐이란 사실을 익히 알고 있었다. 하지만 막대한 배상금을 마련하려다 보니 거래세를 도입하지 않을 수는 없고, 진퇴양난의 고민에 빠졌다. 그래서 거래세를 도입은 하되 세율을 0.5%로 굉장히 낮게 잡아 누진적 세금이라는 비난을 피해가도록 만들었다.

영국이 모범이라고?

부가가치세는 일본에서도 시도된 적이 있다. 2차 대전에 패한 일본은 연합군 최고사령부 지시에 따르는 군정 체제에 들어갔는데, 당시 재정 고문으로 있던 미국 콜롬비아대학 재정학 교수 칼 쇼프Carl S. Shoup, 1902~2000가 1952년 일본에 부가가치세를 도입하도록 지시했다. 하지만 연합군 점령이 종결되고 새로운 정부가 들어서자 부가가치세 실시 계획은 폐기되었다.

2차 대전에 패하고 분단된 독일은 1949년 수립된 서독 정부가 1% 세율의 다단계 거래세를 도입했다. 이때까지만 해도 독일의 거래세는 특별한 문제가 없었다. 그런데 1952년 세율을 4%로 올린 것이 화근이 됐다. 0.5~1% 정도였을 때는 불만이 없었는데 4%쯤 되니까 조세저항이 시작된 것이다. 판단은 헌법재판소에 맡겨졌다.

1957년 서독 헌재는 다단계 거래세 징수 방식이 '경쟁의 중립성'을 해친다고 판결했다. 다단계 거래세의 세율이 높아지게 되면 기업은 A → B → C → D로 이어지는 거래 과정을 가급적 단축하려는 유혹에 빠진다. 그래야 누진적인 거래세를 회피하면서 상품 가격을 낮출 수 있는데, 그렇게 되면 다양한 기업이 도태되고 대기업만 살아남게 된다. 독일 헌법은 "세금은 경쟁 중립적이어야 한다"고 명시하고 있다. 다단계 거래세가 지속되면 수직 통합을 이루지 못한 기업은 자꾸 손해를 보는 부당한 결과를 낳는다. 서독 헌재는 그것을 곧 '경쟁 중립을 깨뜨리는 일'로 보았고, 다단계 거래세가 건전한 경쟁을 저해하여 헌법 정신에 위반된다고 합리적으로 판단한 것이다.

하지만 서독 헌재는 그러한 판결을 내리면서도 기존 징수 방식을 곧장 폐지하지 않고 앞으로 10년 안에 바꾸라고 지시했다. 이것 역시 현실적인 판단이다. 그리하여 10년의 준비과정을 거쳐 1968년 독일은 오늘과 같은 형태의 부가가치세를 도입하게 되었다. 독일의 뒤를 이어 EC 회원국들이 잇달아 부가가치세를 도입하였고, 영국은 뒤늦게 EC에 가입한 국가이다보니 1974년부터야 부가세를 도입했다.

여기서 영국의 부가세를 살펴보자. 독일을 비롯한 유럽의 다른 나라들은 이미 오래도록 다양한 형태의 거래세를 유지해왔다. 그것을 부가가치세로 대체한 형태다. 그런데 영국의 경우, 기존에 거래세라는 개념이 아예 존재하지 않다가 완전히 새로운 세금으로 부가가치세를 도입하게 되었다. 당연히 조세저항이 다른 나라들보다 클 것이라 예상했다.

부가가치세를 비롯한 간접세에는 여러 문제가 있다. 가장 많이 거론되는 문제는 역진성逆進性이다. 흔히 하는 말로 부가세는 '재벌 총수나 노숙자나 똑같이 내는 세금'이다. 똑같은 음식을 먹었는데 부자라고 해서 부가세를 더 많이 내라고 하거나, 가난한 사람이라고 부가세를 감면해 가격을 차별화하기 어렵다. 그 점이 부가세의 장점이자 단점이다. 징수가 간편하고 외형상 공평해보이지만 가난한 사람들에게는 상대적인 불리함을 안겨주는 세금이다.* 영국 정부는 부가가치세에 대한 반발이 클 것이라 예상했고, 그래서 서민 경제와 직접 연결되는 식료품을 비롯한 여러 재화를 과세 대상에서 애초에 면제시켜버렸다.

영국의 부가세에는 또 다른 특징이 있다. 유럽 다른 나라는 업종이나 상품에 따라 부가가치세 세율이 다양하게 적용됐는데, 영국은 세무행정 편의를 위해 10% 단일 세율로 부가가치세를 도입했다. 그래야 국민들에게 더욱 단순하게 새로운 세금을 설명할 수 있을 것이라 판단했던 것 같다.

역진성에 대한 비판을 피하기 위해 면세 대상을 넓히다보니 조세 수입은 소기의 목표를 달성하지 못하고, 업종과 상품에 관계없이 단

---

* 그래서 미국 경제학자 조지프 슘페터Joseph A. Schumpeter, 1883~1950는 간접세에 대해 평하기를 "거지가 손에 빵조각을 들고 먹으려고 하는데 눈에 모래를 뿌리고 빼앗아가는 것과 같다"고 했다. 약간 지나친 표현이긴 하지만 부가가치세를 비롯한 간접세의 역진성은 이처럼 오래된 비판의 소재다.

일 세율을 적용하다보니 조세에 대한 불만은 불만대로 쌓이게 되고……. 영국의 부가가치세는 어느 쪽도 만족시키지 못하고 미움을 받는 애물단지 신세가 되었다. 결국 실시 6개월 만에 면세 대상을 축소하고 복수세율을 적용하는 방식으로 개정하게 된다. 그런데 1974년 나와 함께 '부가가치세 시찰단'으로 유럽을 방문했던 우리나라 공무원들은 그런 영국의 방식을 마치 모범의 전형인양 보고서를 작성하고 있었다. 그러니 내가 재무장관을 직접 찾아가 '속지 마시오'라고 말할 수밖에 없었던 것이다.

운명의 물줄기

내가 독일에서 재정학을 공부하던 1960년대 중반에서 1970년대 초반은 다단계 거래세가 헌재에서 불합치 판정을 받고 그것을 부가가치세로 개편하기 위한 조사와 연구를 거듭하던 때였다. 1968년 1월부터 독일에서 부가세가 시행되었으니, 장단점이 슬슬 드러나던 시점이었다. 또한 EC 회원국 모두가 조세 제도를 최대한 일치하도록 조정하는 계획이 진행되고 있었다. '간접세는 부가가치세로 통일하자'고 막 결의한 때였다. 따라서 한국에서는 이름조차 생소한 부가가치세였지만 나는 자연스럽게 부가가치세의 존재를 알게 되었고, 독일에서 대학을 졸업할 때 국가시험 논문 주제를 부가가치세에 대해 쓰기도 했다. 독일이 부가세를 도입하고 실시하는 과정, 유럽 여러 국가에서 시행착오를 겪는 과정을 직접 눈으로 확인했다.

세금에는 나름의 이론적 원리가 있고, 다양한 역사적 배경이 담겨 있다. 그런 것을 모르고 '옆 나라에서 하니까 우리도 하자'는 식으로 덤벼들었다가 큰 화를 자초하게 된다. 독일의 경우에는 최초로 부가 가치세 이론이 제기된 때로부터 40년이 걸려서야, 그것도 헌법재판소의 판결이 있고서야 도입이 결정되었고, 헌재에서 결정을 하고도 10년의 실무 준비 과정이 필요했다. 반세기에 걸친 연구와 시행착오가 있었던 셈이다. 그런데 1970년대 우리나라에 부가가치세를 도입하려던 정치인들은 그것을 뚝딱 몇 년 안에 실현하려고 벼렸던 것이다. 학자의 양심으로 어떻게 이것을 가만히 지켜보고만 있을 수 있겠는가. 정부에서는 국제통화기금IMF의 권고에 따른 조치라고 설명했지만 나는 시기상조라고 보았다. 그래서 재정학 수업 시간에 "지금 한국의 실정에서는 부가가치세 도입을 위한 여건이 충족되지 않는다"라고 설명했던 것이다. 그런 발언이 어떻게 청와대까지 알려져 경제수석실 보좌관이 찾아오게 되었고, 그런 일련의 과정이 운명의 물줄기를 바꾸는 작은 계기가 되었다.

05 모르는 사람이 더 많을 때 벌어지는 일
|1977년 부가가치세 실시

많은 사람이 알지 못하고, 알더라도 종종 잊는 사실인데, 우리나라는 1973년에야 온전한 독립을 이룩한 나라다. 무슨 말인지 의아할 것이다. '대한민국'이라는 나라가 정신적으로 뿌리를 내린 연도는 1919년이고, 법적으로 기둥을 굳건히 다진 연도는 1948년이며, 재정적으로 독립국가로서 면모를 갖춘 연도는 1973년이다.

1973년 이전까지 우리는 정부 재정조차 마음대로 편성할 수 없는 나라였다. '유솜'이라고 부르던 미국 대외원조처USOM ; United States Operations Mission*에서 우리나라에 대한 지원 규모가 확정되면 그때야 비로소 원조자금에서 부족한 부분을 파악하며 예산을 편성할 수 있

---

* 유솜은 결코 작은 기관이 아니었다. 미국인 직원 5백 명, 한국인 직원 1천여 명을 둔 거대 기관이었다. 서울 광화문에 있는 쌍둥이 건물을 사용했는데, 그중 하나가 지금의 주한미국대사관이다. 옆에 있던 건물은 개축되어 지금은 서울역사박물관으로 활용되고 있다.

었다. 사람으로 따지면 이미 성인이 되어 결혼까지 했는데 자체적으로 가계를 이끌어 갈 능력이 되지 않아, 부모에게 계속 용돈을 타다 쓰는 가장과 같다고 할 수 있겠다. 이번 달에 부모가 얼마를 줄 것인지 결정되어야 정확한 수입과 지출 규모를 작성할 수 있었던 것이다. 미국을 부모에 비유하는 것이 조금 자존심이 상하긴 하지만, 어쨌든 그것이 엄연한 우리의 현실이었다.

대한민국은 1945년 광복과 함께 저절로 완성된 나라가 아니다. 서서히 만들어진 나라이고, 전혀 다른 나라로 전락할 수도 있었는데 투철한 건국이념을 지닌 정치 지도자와 국민이 차근차근 쌓아 올려 함께 만든 나라다. 정신적, 법적, 재정적으로 '나라다운 나라'가 된 지 아직 반세기가 되지 않았다. 다른 나라가 100년, 200년 걸려서야 이룬 일들을 우리는 10~20년 안에 뚝딱 만들어냈고, 아직도 그런 압축 성장의 후유증을 겪는 중이다. 압축 성장이 고통스러운 것이 사실이지만 그것이 없었더라면 지금 우리가 어떤 모습으로 살고 있을지도 한번 되돌아볼 일이다.

소득세 85%를 하루 아침에

우리나라가 1973년부터 재정 독립을 하게 되니 세입稅入이 무엇보다 중요해졌다. 국가 재정의 골간을 이루는 자원은 역시 세금이다. '어떻게 세수稅收를 늘릴 것인가' 하는 문제가 초미의 관심사가 되었고, 세제稅制를 전면적으로 개편할 필요성이 대두됐다. 그런데 이게

웬일인가. 1973년 가을, 오일쇼크가 터졌다. (1, 2차 오일쇼크에 대해서는 뒤에 자세히 소개할 것이다.) 한국 경제는 급격한 침체 국면에 빠져들었다. 1962년 시작한 경제개발계획이 10년 연속 성공하며 거침없는 상승 곡선에만 익숙해있던 경제가 낭떠러지를 만난 것처럼 추락했다. 한동안 잘 나가던 사람이 위기를 맞으면 불안감이나 상실감의 낙차가 더욱 크게 느껴지는 법이다.

그러자 1974년 1월 14일, '대통령 긴급조치 제3호'가 발표됐다. 기존 연소득 18,000원이던 소득세 면세점이 50,000원으로 상향됐다. 그 조치로 인해 우리나라에서 소득세를 납부하던 인원의 85%가 하루아침에 세금을 면제받게 되었다. 세금을 크게 늘리는 방안을 강구해도 부족할 시기에 대폭 감축시키는 이런 엉뚱한 조치가 발표된 이유는 대체 무엇일까?

이 지점에서 박정희의 소위 '정치적 감각'이 드러난다. 1972년 박정희는 유신헌법을 공표했다. 대통령을 3번 연임한 것으로도 부족해 '국가 비상사태'라며 계엄령을 내리고 거의 종신 대통령이 가능하도록 헌법을 뜯어고친 것이다. 학생 시위가 계속됐다. 혹여 거기에 직장인과 중산층까지 가세하게 되면 정권이 통째로 흔들릴 수 있으니 민심을 끌어오기 위한 수단으로 소득세 감면 조치를 단행한 것이다. 오일쇼크로 인한 경기침체 때문에 국민의 불만이 높아질 것을 예상하고 선제 대응한 것이라고 볼 수도 있겠다.

이렇게 소득세를 감면한 조치는 정권 안보 차원에서는 적절한 판단이었을지 모르나 경제 전반으로 보아서는 그리 좋은 조치가 아니었다. 1973년부터 재정자립이 시작되어 어떻게든 세수를 늘려야 하는데 직접세(소득세)를 크게 줄여놨으니 정부 입장에서는 결국 간접세 위주로 시선을 돌릴 수밖에 없게 되었다. 박정희 정권이 부가가치세 도입을 서둘렀던 현실적인 이유는 바로 거기에 있었다. 부가가치세는 간접세이다보니 세금이 가격에 전이되어 소비자들이 그러한 세금의 존재를 쉬이 눈치채지 못한다. 국민의 불만은 최소화하면서 세수는 늘릴 수 있는 일석이조의 획기적 방안이라고 생각하였던 것이다.

유럽 여러 나라가 부가가치세를 도입했다는 소식이 들리자 우리나라도 1970년대 초반부터 부가가치세 도입을 논의하기 시작했다. 앞에 소개한 것처럼 나는 그때 부가가치세 시찰단 일원으로 유럽 각국을 돌아보고 '우리나라에는 시기상조'라는 견해를 내놓았다.

"좋은 세금을 왜 도입하지 않느냐"

1975년 1월 우리나라 재무부 장관은 대통령에게 업무 보고를 하면서 기존의 영업세, 물품세, 특별소비세 등을 망라한 간접세로써 부가가치세를 도입하겠다고 보고한다. 당시 보고한 내용에 따르면 부가가치세 도입의 근거와 필요성은 이렇다.

첫째, 세수 증대의 효과를 얻을 수 있다. 잘만 운영된다면 그럴 수 있을 것이다.

둘째, 투자세액 공제로 투자를 촉진한다. 부가가치세는 납세자가 매출세액에서 매입세액을 뺀 나머지 부분을 납부하게 된다. 따라서 매입세액이 많을수록 부가가치세도 적게 내게 되는데, 납세자 입장에서는 그래서 투자에 과감할 수 있게 된다. 투자금액 또한 매입으로 분류되어 부가가치세를 감면받거나 환급받을 수 있기 때문이다.

셋째, 수출상품에 대한 완전한 세액 환급으로 수출을 촉진한다. 수출되는 상품은 외국에서 소비되기 때문에 매출을 파악할 수 없다. 따라서 국내에서 매출세액은 0원으로 잡히고 오로지 매입세액만 남게 된다. 그러한 매입세액을 그대로 환급해 주면 수출 기업으로서는 큰 이득이 남는다. 수출 위주 경제정책을 펼치고 있던 우리로서는 수출을 촉진하는 중요한 인센티브 요인이 되리라 기대했다.

넷째, 근거과세가 확립되고 세무공무원의 부조리를 척결할 수 있다. 세금에는 늘 유착, 비리 같은 단어가 따라붙는다. 누구에게 얼마만큼 세금을 걷어야 하는지 근거가 분명하지 않으면 세무공무원은 주먹구구식으로 세금을 매기게 되고, 그런 공무원을 매수하려는 부정부패의 검은 고리도 끊이지 않는다. 하지만 부가가치세의 경우, 재화와 용역을 주고받은 근거(영수증 또는 회계장부)에 따라 과세를 할 수 있으니 부정이 개입할 여지가 크게 줄어든다.

자, 이렇게 보면 부가가치세는 좋은 점만 가득한 세금이다. 이론으로만 따지면 부가가치세는 단 두 페이지 정도로 설명할 수 있을 만큼 간명한 세금이고 혁신적인 세금이다. 재무장관으로부터 이러한 보고를 받았으니 대통령도 당연히 부가가치세 도입을 결심하게 된다. 언론들 또한 "이렇게 훌륭한 세금을 왜 빨리 도입하지 않는 것이냐"하면서 재촉할 정도였다. 그때 나는 새삼 깨달았다. 아는 사람보다 모르는 사람이 많으면 모르는 사람의 목소리가 아는 사람을 이기게 된다는 사실을! 정치를 하면서 이런 사례를 여러 번 목격했지만 부가가치세 도입이 그 깨달음의 시작이었다.

잘못 베껴 쓴 조세정책

부가가치세 도입 과정을 돌아보면, 처음부터 무리한 계획이었다. 당시 재무부 세제국税制局 안에 부가가치세가 어떠한 세금인지 실질적으로 알고 있고 부가가치세가 도입된다면 세무 행정은 어떠해야 하는지 제대로 이해하는 사람은 한 사람도 없었다. 오죽했으면 청와대 경제수석실 보좌관이 독일에서 부가가치세에 대한 공부를 했다는 소문을 듣고 초임 교수나 다름없던 나를 찾아왔겠는가. 그런 '미지의 제도'를 실시하겠다고 박정희 정부는 그렇게 서둘렀던 것이다.

더구나 당시 재무장관은 금융 관료로 성장한 사람이었다. 금융정책이 일반 국민에게 미치는 결과와 조세정책이 일반 국민에게 미치는 효과를 제대로 식별하지 못하고 있었다. 금융정책은 그 경제적 영향이 일반 국민들에게는 간접적이다. 금리나 환율이 바뀐다고 거기에 직접적인 영향을 받을 국민이 얼마나 되겠나. 경제가 고도화된 지금도 그렇지만 1970년 초반에는 더욱 그랬다. 하지만 세금은 국민의 재산권에 금방 영향을 미친다. 여론도 즉각 반응한다. 금융정책은 말 그대로 '정책'으로, 시장 반응이 나쁘면 즉각 철회할 수라도 있지만, 조세는 정책보다 '제도'에 가깝다. 한번 법제화되면 쉬이 바꾸기 어렵다. 금융과 조세의 성격이 이리 다를진대, 오래도록 금융만 다루어본 관료는 조세의 특성을 좀 가벼이 여기는 경향이 있다.

이번 기회에 이야기하자면 지금껏 우리나라 재무장관은 주로 그렇게 금융을 다루던 관료들이 맡고 있다. 금융을 담당하는 부서는 재무부에서도 엘리트들이 거쳐가는 코스로 통한다. 조세를 담당하는 부서 관료는 성골이 아닌 진골 정도로 여긴다. 특히 세제稅制 담당 부서는 한직 정도로 여기는 분위기다. 평생동안 그렇게 조세 영역을 얕게 보면서 금융 관료 코스만 착착 밟아 온 사람들이 장관이 되다 보니 조세를 다루는 것도 금융을 대하듯 한다. 조세를 금융처럼 '잘못되면 그때 가서 고치면 되지' 하는 식으로 다룬다. 지금껏 우리나라에 누더기 같은 세제가 만들어지고 세제에 대한 국민의 이해와 신뢰도가 높지 않은 것은 이런 이유의 탓이 적지 않다.

부가가치세를 도입하는 과정에 웃기고 슬픈 일이 많았다. 부끄러운 일이지만 우리나라 세법은 대부분 일본 것을 모방했다. 일본 법전을 가져다 베끼다시피 했다. 그런데 우리가 부가가치세 입법을 준비하던 1970년대 초반 일본은 아직 부가가치세를 도입하지 않고 있었다.* 그러다보니 관료들이 참조할만한 대상이 없었다. 재무부 간세과에 부가가치세를 담당하는 사무관이 한 명 임명되었는데, 그가 일

---

* 일본은 1989년에야 부가가치세(소비세)를 도입했다. 우리나라는 아시아에서 가장 먼저 부가가치세를 도입한 국가다.

하는 것을 가만히 보니 영국의 부가가치세에 대한 책자만 열심히 살펴보고 있었다. 자신이 접근할 수 있는 언어가 영어뿐이고, 일본에는 부가세가 없으니, 실패한 영국의 부가가치세 법전을 가져와서 그대로 답습하는 것이다. 잘못된 기출문제 답안지를 빌려와 그것을 달달 외우고 있는 셈이다. 그렇게 하면 안 된다고, 영국은 실패한 부가가치세의 사례라고, 그에게 몇 번을 말해도 소용없었다. (지방 세무서에서 일하다가 부가가치세가 도입되면서 재무부 담당 사무관이 된 그 사람은 나중에 금융 관련 부서로 자리를 옮겨 금융통으로 변신했다. 훗날 기획재정부 장관이 되어 이명박 정부 경제정책을 이끌었다.)

상향 세율 16%의 이유

우리나라의 부가가치세는 기존 영업세, 대부분의 특별소비세, 물품세 등을 대체하는 일반 소비세로써 상당 부분 재화와 용역에 대한 면세를 허용하면서 기본세율 13%, 탄력세율 하향 10%, 상향 16%로 1976년 입법을 마치게 되었다.

여기에 대해서도 자세한 설명이 필요하겠다. 지금 우리 국민들은 부가가치세 하면 무조건 10%라고 알고 있지만 처음부터 그랬던 것이 아니다. 기본 세율은 13%인데 거기에 세금을 약간 '깎아' 10%, 그리고 '올려' 16%까지 탄력적으로 적용할 수 있도록, 원래는 그렇게 만들어놨다. 그런데 도입 초기 국민의 반발을 의식해 일단은 최저 세율인 10%로 시작했던 것인데 40년이 훨씬 지난 오늘까지 그것이 그대로 유지되어 오고 있다. 이제는 여러 여건상 간접세 세수 비율을 늘려야 하는데 지금껏 어느 정권도 부가가치세 세율을 올릴 생각은 엄두조차 내지 못한다. (1988년 세법 개정을 통해 기본세율을 아예 10%로 조정했다.)

사실은 간접세에 탄력 세율을 뒀다는 조건 자체가 세금에 대한 기본적인 상식이 없는 행위다. 세금을 마치 금융 정책처럼 다루는 시각을 그대로 보여주고 있다. 박정희 정권은 경기 조절을 위해 그런 탄력세율을 두었다고 설명했는데, 간접세는 경기정책의 도구로 사용될 수 없다. 호황기에는 물가가 상승하기 때문에 이때 간접세 세율을 인상하면 가격에 쉽게 전이되어 물가 상승을 더욱 부추기게 된다. 그렇다면 불황기에 간접세 세율을 인하하면? 그렇다고 상인들이 가격을 낮출까? 간접세에 세율 탄력성을 두면 긍정적 효과는 알 수 없지만 부정적 효과는 거의 확실하다고 볼 수 있다. 그럼에도 이런 말도 안 되는 탄력성은 대체 왜 부여했던 것일까?

경기 조정을 위해 탄력세율을 도입했다는 주장은 그저 명분이었을 뿐이고 사실 박정희 정권은 증가하는 재정수요를 충당하기 위해 부가세 세율을 16%까지 차근차근 인상하려는 계획을 세워두고 있었다. 일단 10%에서 출발해 1980년대 초까지는 16%로 올릴 생각이었다. (물론 10%마저 감당하지 못해 정권이 무너지고 말았지만.) 그렇다면 16%라는 수치는 대체 무슨 근거로 생겨난 것인지 궁금하게 생각할 독자들이 있을 것이다. 당시 우리나라 조세부담율이 16% 정도였다. 그런 식으로 간접세를 징수해 1980년대 초까지는 조세부담율을 21%까지 끌어올린다는 것이 박정희 정부의 목표였다. (우리나라 조세부담율은 아직 20%에 미치지 못한다. 한편 2020년 현재 OECD 국가들의 평균 조세부담률은 25% 수준이다.)

우리나라의 부가가치세 도입 과정은 이처럼 돌아볼수록 문제로 가득 차 있다. 나는 할 수 있는 모든 방법을 동원해 '부가가치세는 성급하게 도입해서는 안 되는 세금'이라는 의견을 지속적으로 전달했지만 소용없었다. 이미 하겠다는 의지가 확고한 집단의 의지를 되돌리는 일이란 한강의 물결을 거꾸로 돌리는 일만큼이나 어려운 일이다. 그런데 그런 인연 때문에 1980년 이른바 신군부가 생겨나고 그들에게 또다시 불려가게 될 줄 어떻게 알았겠는가. 그에 대한 자세한 이야기는 1980년대를 회고할 적에 하도록 하자.

06 국민은 선거로 마음을 드러낸다

1978년 제10대 국회의원 총선거

새로운 세금이 생겨나면 보통 새해 1월 1일 자로 시행한다. 많은 국가정책이 그렇다. 대중교통 요금을 올리는 것조차 '1월 1일부터 시행합니다'라고 발표한다. 그런데 부가가치세는 특이하게도 1977년 7월 1일 자로 실시됐다. 1976년에 이미 입법 절차를 완료하고도 시행을 늦췄다. 그만큼 준비가 부족했던 탓이다.

시행이 연기된 동안, 시행을 하네 마네 논란도 많았다. 매입공제방식의 부가가치세가 실시되려면 세금계산서 발급과 영수증 거래, 회계장부 작성 등 제반 관행의 개선은 물론 국민 의식과 납세 의지도 함께 제고되어야 한다. 그런데 실무를 담당할 국세청 직원들조차 그에 대해 회의적인 반응이었다. 현장에 있는 사람들이니 그게 안 될 일이란 사실을 경험으로 느끼고 있었을 것이다. 하지만 누구도 감히 '안 된다'고 소신 있게 이야기하지 못했다. 정부 각료들 사이에도 조용한 논쟁이 계속됐다. 1975년 4월부터 나는 정부 자문기구인 조세

제도심의위원회 위원으로 위촉되어 부가가치세를 비롯한 우리나라 조세 제도 전반을 검토하는 작업에 참여하고 있었으니 당시 상황을 비교적 소상히 알고 있다.

부가가치세 시행을 앞두고 대통령이 경제 각료 5명을 청와대로 불렀다. 총리, 부총리, 재무부 장관, 상공부 장관, 농림부 장관. 그들을 앞에 세워놓고 각자의 의견을 물었다. 재무부 장관이야 자기가 만든 법안이니 반대할 리 없고, 재무부 장관이랑 가까웠던 농림부 장관도 부가가치세 시행에 찬성하는 입장이었다. 부총리는 원래 재무부 장관 시절 부가가치세 도입을 준비했던 사람인데 그동안 생각이 바뀌었는지 시행을 보류하자는 견해를 내놨다. 상공부 장관도 그랬다. 총리 역시 반대했다. 결과는 3대 2. 반대가 많은 상황에서 비서실장이 나섰다. "정부가 한번 시행하겠다고 국민에게 약속한 것을 하지 않으면 정책의 일관성에 문제가 있습니다." 박정희는 경제정책에 있어서는 비서실장에게 거의 전권을 맡겨놓은 상황이라 그의 견해에 동의했다. 그래도 걱정이 되었는지 세율을 13%에서 10%로 줄이라고 지시했다. 그렇게 해서 우리나라 부가가치세가 1977년 7월 1일부터 시행된 것이고 세율도 거기에 맞춘 것이다.

1977년 초에 나는 독일에 갔다. 오죽 답답했으면 사비를 들여 독일에 가서 나를 지도했던 재정학 교수님을 만났을까. 그에게 우리나라 부가가치세법을 보여주면서 의견을 구했다. 그 교수님은 독일이 부가세 도입을 준비하던 시기에 재무성 위원장으로, 부가가치세에 대해서는 이론과 실무를 모두 겸비한 세계적 권위자였다. 내가 설명하는 내용을 듣더니 그는 단번에 "당신들 이렇게 했다가는 성공할 수 없을 것"이라고 경고했다. 그렇게까지 하면서 부가세 반대 의견을 정부에 전했지만 소용없었다. 나중에 부가가치세가 시행되고 문제가 생기자 재무부 실무자를 독일에 보내 그제야 부랴부랴 그 교수님께 의견을 구했으나 버스 떠나고 손 흔드는 격이었다.

새마을운동 식으로 추진한 세금

세율을 10%로 낮췄어도, 그동안 이런저런 이름으로 운영되던 자잘한 세금을 하나로 합쳤다고 국민에게 아무리 설명해도, 지금껏 들어보지 못한 세금 하나가 새로 생겨난 격이니 납세자들은 반발할 수밖에 없었다. 그해(1977년) 9월 말 부가가치세 예정 신고가 처음으로 실시됐다. 그때 대한민국 정부는 조세 행정 역사상 처음으로 납세자들의 집단적인 저항에 직면하게 된다.

원래 '이론'에 따르면 부가가치세와 같은 간접세는 조세저항이 없어야 한다. 간접세는 세금이 가격에 전가되고 납세자와 담세자가 서로 다르니, 납세자들은 고분고분 세금을 낼 것으로 예상된다. 그러나 이론은 이론일 뿐이다. 현실에서는 언제나 이론과 다른 일이 벌어지기 마련이다. 정치는 그것을 깨닫는 일이고, 그런 부작용을 최대한 줄이면서 유연하게 정책 목표를 달성해나가는 일이다. 하지만 책으로만 세상을 배운 사람들이 나라를 운영하면 '이론과 다른 일'들이 자꾸 벌어지게 되고 국민을 이론의 실험 대상으로 삼으려 한다.

당시 풍경을 간단히 소개하자. "영수증이 있어야 부가세가 제대로 시행될 것"이라고 하니, 정부 관료들은 "그럼 상점마다 금전출납기를 설치해주면 되겠네" 하는 반응을 보였다. 그래서 금전출납기를 설치하는 업소에 보조금까지 지급해주었다. 2020년 현재 서민 경제가 어렵다고 하니 "그럼 최저임금을 올리면 되겠네"라고 반응하고, 최저임금의 급격한 인상으로 실업률이 높아진다고 하니 "그럼 실업급여를 올려주면 되겠네"라고 반응하는 것과 똑같다. 예나 지금이나 단순하기 이루 말할 데 없는 정책 대응은 여전하다.

부가가치세가 제대로 시행되려면 매출세액과 매입세액을 증명해야 하니 서로 영수증을 주고받는 문화가 정착되어야 하고, 기업의 회계 관리 방식도 투명해야 한다. 하지만 1970년대만 하여도 회계장부를 제대로 작성하지 않는 기업이 태반이었고(영세한 자영업자들은 오죽했겠는가!), 영수증 없이 주고받는 이른바 무無자료 거래가 횡행했다. 세금계산서나 영수증을 주고받는 행위 자체를 '째째하다' 여기고, 그것을 요구하는 행위를 '거래 상대방을 믿지 못하는 불신의 징표'로 기분 나쁘게 생각하는 상인들마저 있었다. 지금 젊은이들은 이해되지 않겠지만 그때는 정말 그런 사람이 많았다. 그런데 우리나라 관료들은 금전출납기만 설치되면 그러한 관행과 사고방식이 모두 해결될 것이라 믿었다. 정부가 앞장서 깃발 들고 '나를 따르라' 구령을 외치면 국민들이 저절로 따라오던 새마을운동 방식에 오래도록 익숙해서 그랬는지, 세금이나 사회 문화마저 그렇게 간단하게 생각했다.

하지만 보조금을 지급해주는데도 금전출납기 보급률은 극도로 낮았다. 자신의 소득이 노출될 우려가 있으니 상인들이 설치를 꺼린 것이다. 게다가 얼마 지나지 않아 금전출납기 기록을 조작해주는 기술자까지 등장했다. 결국 국세청 직원들이 식당이나 상점 앞에서 손님들 숫자를 세어가며 매출 규모를 파악하고 부가세를 탈루하고 있는지 일일이 감시하는 일까지 벌어졌다. 애초에 부가가치세를 시행하겠다는 이유 중에는 이런 설명이 있었다. "인정과세를 탈피하고 근거과세를 확립하며 세무 행정 인력의 수고를 덜겠다." 그런데 인정과세는 심화되고 근거과세는 이루어지지 않았으며 행정인력의 수고는 더욱 늘어난 것이다. 목표는 하나도 달성되지 않았다.

우리나라 부가세 세수가 크게 늘어나게 된 때는 2000년대 이후다. 모든 점포의 계산대에 전자식 금전출납기가 보급되고 전 국민의 신용카드 사용률이 대폭 늘어나면서부터다. 지금은 사업자들이 거래를 하면 전자세금계산서가 거의 자동으로 발행되고, 각종 세금도 인터넷을 통해 간단하게 파악하고 납부할 수 있게 되었다. 이제야 부가세는 우리나라 국가 재정에 있어 가장 중요한 세목이 되었다. 부가가치세 시행에 대체로 어떤 '조건'이 필요했는지 알 수 있을 것이다.

최초로 세금이 이슈가 된 선거

민심은 선거를 통해 모습을 드러낸다. 부가가치세에 대한 국민의 저항은 바로 이듬해(1978년) 실시된 제10대 국회의원 총선거에서 정확히 표출됐다.

지금 젊은이들은 하나의 선거구에서 한 명의 국회의원을 선출하는 소선거구제에 익숙하지만 사실 그런 제도는 1988년부터 부활했다. 그전까지(1973~1985년) 우리나라 국회의원 총선거는 한 선거구에 두 명의 의원을 선출하는 방식이었다. 득표율 1위와 2위가 모두 국회의원이 됐다. 무슨 그런 제도가 다 있냐고 하겠지만 승자독식의 구조를 깨뜨려 지나친 정치 과열을 막고 다양한 정당이 등장하도록 하는데 어느 정도 도움이 되는 제도다. 이를 '중中 선거구제'라고 부른다. 이런 제도 하에서는 특정 정당이 한 선거구에 여러 후보를 공천해 1, 2위를 모두 차지할 수도 있지만 실제로는 표의 분산을 막기 위해 그렇게 하지 않아 대체로 여당과 야당이 각 1명씩 당선되는 것이 일반적이다. 여당은 단일하고 야당은 분산되어있는 경우가 많으니 여당이 과반을 확보하기에 유리한 제도라고 할 수도 있다. 박정희 정권은 그런 이유 때문에 중선거구제를 만들어 유지해왔다. 그런데 애초에 그렇게 여당에게 유리하게 규칙이 짜여진 선거에서 여당이 패배하는 최초의 이변이 일어난 것이다.

1978년 제10대 총선은 전국 77개 선거구에서 각 2명씩 154명을 선출했다. 공화당은 모든 선거구에 한 명씩 공천했는데 그중 68명이 당선됐다. 9명이 낙선했다. 게다가 전국 득표율을 합산해보니 공화당이 31.7%, 당시 제1야당인 신민당은 32.8%를 차지했다. 비록 1.1% 차이이긴 하지만 공화당이 2위로 밀려난 것이다. 그해 총선은 투표율도 이전 선거보다 5.7% 높았다. 특정한 선거에 투표율이 높다는 것은 국민들을 투표장으로 불러낼 유인 요소가 분명했다는 징표로도 해석된다. 민주화에 대한 국민의 갈망이 얼마나 자라나고 있었는지, 경제 문제에 대한 국민의 실망은 또 얼마나 컸는지 분명히 알 수 있는 투표율이고 선거 결과다.

물론 국회의원 3분의 1을 대통령이 지명할 수 있는 유신헌법에 따라 여당이 의회 과반을 차지하는 것에는 문제가 없었지만 그해 총선 결과의 정치적 파장은 간단치 않았다. 정권으로서는 충격적인 사건이었다. 선거가 끝나고 책임을 물어 부총리와 대통령 비서실장이 경질됐다. 당시 대통령 비서실장은 1969년 10월부터 1978년 12월까지 9년 3개월 동안 비서실장을 지내 아직까지 우리나라 최장수 비서실장으로 기록에 남아있는 인물이다. 그를 경질했을 정도이니 당시 분위기를 짐작할 수 있을 것이다. 1970년대 우리나라 경제정책은 그 비서실장이 총괄했다고 말해도 과언이 아니다. 그의 경질은 부가가치세를 무리하게 도입한 행위가 분명한 실패였다는 사실을 정권 스스로 인정한 것이나 다름없다. 10대 총선에서 야당의 주요 공약 가운데 하나가 '부가가치세 철폐'였다.

우리 헌정사에 경제 문제가 최초로 이슈가 된 선거는 1956년 제3대 대통령 선거였다. 그때 야당의 구호가 그 유명한 '못 살겠다, 갈아보자'였다. 그에 맞선 자유당의 구호는 '구관이 명관'이었는데, 경제 문제에 대한 국민들의 실망과 분노를 당시 여당이 얼마나 안이하게 인식하고 있었는지 선거 구호에서부터 알 수 있다. 그 선거에서 이승만은 조봉암을 이겼지만(이승만 504만 표, 조봉암 216만 표) 내용면에서 패배한 것이나 다름없다. 선거운동 도중 사망하여 모두 무효표로 처리된 신익희 후보의 표가 185만 표나 나왔다. 조봉암과 신익희의 표를 합하고, 당시 부정 편파선거의 규모를 생각하면 이승만은 실질적으로 진 것이다. 그럼에도 선거 결과의 의미를 제대로 읽지 못하고 종신 대통령을 꿈꾸다가 결국 이승만 정권은 4.19혁명으로 몰락하게 된다.

1956년 선거에 빗대어 1978년 10대 총선은 '우리 헌정사 최초로 세금이 이슈가 된 선거'라고 말할 수 있다. 그 선거 역시 도미노와 같은 효과를 낳았다. 선거 결과에 대한 책임을 놓고 여당과 집권 세력은 옥신각신 분열하였고, 야당은 강경 소장파들이 주도권을 잡게 되었다. YH사건과 같은 노동자들의 시위가 발발하였고, 연이어 부마항쟁과 같은 대규모 시위 사태가 일어나더니 결국 10.26사건으로 박정희가 사망하고 정권이 붕괴됐다. 상인이 많고 공업이 발달한 부산과 마산 지역에서 박정희 정권에 반대하는 시위가 대대적으로 일어났다는 사실에 주목해야 한다. 부가가치세 도입은 유신 체제의 종말을 앞당기는데 일조했다.

1977년 우리나라에 부가가치세가 실시될 때 기존 영업세를 내고 있던 납세자 숫자는 80만 명 정도였고, 그중에서 부가세를 실질적으로 내야 할 납세자는 14만 명 정도에 불과했다. 박정희 정부는 그 14만 명의 저항조차 감당하지 못해 무너진 셈이다. 중산층과 자영업자, 중소 상공인의 마음이 떠나버리면 어떤 정부든 그런 최후를 맞는다.

'금요회'의 시작

1973년은 우리나라 역사에 여러모로 중요한 의미를 지니는 해라고 말할 수 있다. 미국의 도움 없이 독자적으로 예산을 편성해 명실상부 경제 독립의 첫걸음을 뗀 해이고, 그러면서 국가 재정 기능에 대한 관심이 높아지기 시작했다. 한편 그해에 북한이 소득세를 없앴다. 북한은 "세금 없는 인민의 낙원"이라고 대외적으로 선전하기 시작했는데, 우리로서는 이런 선전을 무시하면서도 내심 '뭔가를 보여줘야 한다'는 경쟁의식이 싹텄다. 복지에 대한 관심이 차츰 높아지기 시작한 것이다. 그해 가을 제1차 중동전쟁이 일어났다. 석유 값이 폭등하고 세계 경제에도 어려움이 많았다. 우리 경제가 중화학공업과 수출 위주로 체질이 바뀌어 가던 시점이라 어려움은 더 컸다.

당시 내가 시국을 바라보는 관점은 이랬다. 유학을 갔다 10년 만에 돌아와 보니 우리나라는 많이 달라져 있었다. 유학을 떠난 1964년만 하여도 우리나라는 그야말로 세계 최고 극빈국이었다. 전쟁을 치른 나라였고, 원조를 받으며 살아가는 나라였다. 그런 나라가 두 차례 경제개발 5개년 계획을 겪으면서 외형적으로 크게 성장했다. "가난으로부터 우등 졸업한 나라"라는 세계은행의 평가를 받기도 했다. 1967년 대통령 선거에서 박정희는 윤보선을 116만 표 차이로 이겼다. 1963년 선거에서 15만 표 차이로 이긴 것에 비해 대단한 격차다. 아무리 관권 부정 선거가 판을 쳤다고 해도, 똑같은 후보끼리 연이은 선거 대결에서 이처럼 격차가 벌어진 것은 어쨌든 그동안 일반 국민의 생활 여건이 개선된 탓이다. 3선 개헌을 하고 치른 1971년 대통령 선거에서도 박정희는 김대중을 90만 표 차이로 이겼다. 그 선거에서 박정희는 1백만 표 이상 차이가 나지 않은 결과에 불만을 가졌다고 하는데, 지나친 욕심이다. 헌법을 뜯어고치면서까지 3연임을 시도하는 행위에 대해 국민들이 상당한 불만과 의구심을 갖던 분위기에, 더구나 김대중 후보가 '예비군훈련 폐지' 같은 파격적인 공약을 내걸었음에도, 그 정도 표 차이로 이긴 것 역시 경제성장의 덕택이라고 말할 수 있다. 박정희가 경제적으로 나라를 성장시킨 공로를 인정하여 정치적 퇴행에 대해서는 국민이 잠시 심판을 유예한 것이라고 해석할 수도 있겠다. 그렇다면 박정희는 1960년대와는 다른 1970년대의 시대정신을 보여줬어야 하는데, '유신'이라는 최악의 자충수를 두었다.

부가가치세 시찰단으로 유럽에 다녀온 다음 대통령 비서실장을 만난 자리에서 나는 이런 이야기를 쭉 했다. "한국에 돌아와 강단에 섰는데 수업을 제대로 할 수 없을 지경이다. 학생들이 정권을 잡을 수 있는 것도 아닌데 뭐가 그리 걱정돼서 그들을 그렇게 탄압하느냐"는 이야기까지 했다. "학생 시위가 사회적 소요 사태로 확산되는 것이 두려워 그러는 것 아니냐. 그렇다면 원인을 찾아 해결해야지 무작정 그렇게 억누르기만 해서 될 것 같으냐. 앞으로는 경제정책을 너무 성장 위주로만 보지 마시고 다른 측면도 살펴보시라"고 말했다. 내가 보고 겪었던 1968년 프랑스와 독일의 차이를 사례로 들면서, 프랑스보다 독일의 학생 시위가 훨씬 규모도 크고 과격했는데 왜 프랑스는 드골 대통령이 불명예스럽게 퇴진하는 사태까지 치닫고 독일은 사태를 원만히 수습할 수 있었는지에 대해 이야기했다. 그 대목에서 비서실장의 표정이 호기심으로 바뀌는 것이 느껴졌다. 그런 식으로 대놓고 말하는 사람을 거의 만나지 못했을 것이고, 프랑스와 독일을 비교한 것은 특히 일리 있다고 느꼈던 것 같다.

비서실장과 만남이 있고 얼마 뒤 경제수석실에서 호출이 왔다. 또 무슨 일인가 싶어 가보니 난데없이 나에게 '과제'를 하나 지시했다. "당신이 우리나라 경제정책의 방향을 바꾸어야 한다고 말했다는데, 정치 사회적 안정을 위한 구체적인 방안을 만들어 보고하라"는 것이다. 그러면서 대통령이 직접 내린 지시서까지 보여줬다. '서강대 경제학과 교수 김종인에게 경제정책의 방향 전환에 대한 작업을 하도록 하고, 그에 대해서 물적 인적 지원을 해주라'는 내용이었다. 비서실장이 나랑 나눈 이야기를 대통령에게 전했고, 대통령이 들어보니 일리가 있다며 그런 지시를 내렸다고 했다. 프랑스 드골 대통령이 군인 출신인지라 박정희 입장에서는 프랑스 사례가 더욱 남 일 같지 않다고 생각했던 것 같다.

상당히 얼떨떨했다. 내가 한국에 돌아온 지 불과 2년밖에 되지 않을 때다. 말은 호기롭게 했지만 그런 어마어마한 일을 할 수 있는 처지가 아니다. 그래서 경제수석에게 못하겠다고 했더니 대통령 명령이니 하라는 것이다. 일주일만 생각할 시간을 달라고 했다. 일주일 뒤에 다시 경제수석을 찾아가 "나 혼자 할 수 있는 일은 아니니 팀을 하나 만들어 달라"고 했다. 그때 만들어진 팀이 '금요회'다. 나를 포함해 다섯 명의 교수가 참여했고, 청와대 경제수석과 경제특보가 함께 했다. 모두 7명. 금요일마다 모인다고 해서 금요회라고 정했다. 정부 정책에 대한 어떤 비판도 괜찮고, 어떤 자료를 요청해도 관계 부처와 기관에서 협조하고, 어떤 인물을 불러와 의견을 물어도 된다는 조건이 붙었다.

담당자가 바뀌면 원점으로

금요회가 만들어질 때 내가 가장 집중해야겠다고 생각한 분야는 노동 문제였다. 내가 유학을 떠날 때 우리나라 노동자 숫자는 45만 명이었다. 돌아와 보니 1975년 산업 근로 인구가 400만 명으로 크게 늘어나 있었다. 10년 사이에 특정 계층이 열 배가량 성장했다는 것은 정책적으로 상당히 주목할 현상이다. 산업이 고도화되면서 노동 인구는 더욱 늘어날 것이고, 노동자들이 사회에 가장 큰 영향을 미치는 세력으로 성장하게 될 것이다. 이 문제를 앞으로 어떻게 대처하느냐 하는 것이 나라의 운명을 좌우하게 되리라 짐작했다.

1953년 우리나라에 근로기준법이 생겨났다. 산업근로자가 별로 없을 때이니 남의 나라 노동법 가운데 좋은 부분만 가져다 그대로 베꼈다. (주로 독일법의 영향을 받은 일본 노동법을 참고했다.) 그 법안을 만들던 당시에는 영향을 받는 대상이 그리 많지 않을 때이니 현실에 미치는 영향이 크지 않을 것이라 생각하고 안이하게 만들었던 것 같다. 법이 현실을 반영하는 것 아니라 '이렇게 하면 좋을 것'이라는 식으로 이상을 담아냈다. 국민 역시 1960년대까지는 먹고사는 데 바쁘다 보니 우리나라에 그런 법이 있는지조차 몰랐고, 알아도 크게 신경 쓰지 않았다. 하지만 1, 2차 경제개발 계획을 거치면서 노동자들이 늘어나고 국민의식이 바뀌면서 결국 전태일 분신 사건과 같은 일이 일어났다. 전태일이 죽으면서 했던 주장은 "근로기준법을 지키라"는 것이다. 없는 법을 만들라는 것이 아니고 있는 법을 지키라는 것인데 정부로서 어찌 할 말이 있겠나. 그런 법률을 현실에 맞게 고칠 필요가 분명 있었다.

노동 계층이 늘어나게 되면 사회적으로 많은 변화가 일어난다. 나는 독일과 유럽 경제가 비약적으로 발전하던 1960년대에 유학하며 그런 변화의 과정을 눈으로 목격했다. 당시 유럽 각국은 학생들의 시위가 끊임없이 계속되고 있었는데, 그런 학생 시위가 말 그대로 '학생' 시위로 그치면 그리 큰 문제가 없지만, 노동자를 비롯한 사회 세력과 결합하게 되면 그 순간 정부는 무너지게 된다는 교훈 역시 현장에서 실감했다. 학생들의 불만이 사회 전체의 시위로 확산되지 않도록 평소에 복지 기반을 단단히 다져놓는 일이 '정권 안보' 차원에서도 중요한 문제라는 사실 또한 깨달았다. 따라서 노동 문제를 금요회의 핵심 과제 가운데 하나로 생각했다.

금요회 운영은 처음에는 순조로웠다. 각국 노동법 사례를 참조하고 노동청장을 직접 불러 의견도 들으면서 개정 노동법 초안을 만들어 나갔다. 그런데 법안이 완성될 즈음 노동청장이 발령이 나서 부산시장으로 가버렸다. (당시 시장이나 군수는 모두 임명직이었다.) 우리나라 관료 사회의 특징이 그렇다. 담당자가 바뀌면 정책이 분절된다. 새로 바뀐 노동청장을 불러 노동법 개정 취지 등을 이야기해줘도 제대로 이해를 못하고 관심도 없어 보였다. 그러는 사이 이번에는 경제수석이 바뀌었다. 새로 바뀐 경제수석은 금요회가 대통령 명령으로 만든 팀이라는 사실만 알지 무슨 일을 하는 조직인지도 제대로 몰랐다. 회의 자체가 소집되지 않다가 비서실장이 "왜 금요회 활동이 없냐"고 지적하자 소집하는 시늉만 했다.

명색이 대통령 명령으로 생겨난 조직인데 흐지부지 해체되기 전에 뭐라도 하나 만들어놓고 떠나야 하지 않겠나. 내게는 그런 책임감이나 의무감 비슷한 생각이 있었다. 그래서 노동법은 일단 내려놓고 제시한 정책이 '근로자 사회의료보험'을 실시하는 것이었다. 그때나는 이런 생각을 했다. 당시 우리나라 정부는 분명 권위적인 정권이었지만, 이런 정권하에서 오히려 개혁적인 정책이 일사천리로 처리될 수도 있겠다. 그런 가느다란 희망을 가져보았다. 세계 최초로 사회법Social Law을 제정하고 국가 차원에서 사회의료보험 제도와 연금제도를 만들어낸 나라가 어느 나라인지 아는가? 바로 독일이다. 그럼 독일 어느 시대에 그런 제도를 만들었을까? 흔히 공산당이나 좌파 정부 치하에서 그랬을 것이라 선입견을 갖지만 그렇지 않다. '철혈 재상'이라 불린 비스마르크Bismarck, 1815~1898 시대에 독일에서는 여러 복지제도가 생겨났다. 비스마스크는 정치적으로는 비민주적인 통치를 했지만 역설적이게도 사회복지 시스템을 속전속결로 만들어낸 인물이기도 하다. 우리나라도 민주주의가 고도화되면 할 수 없는 일을 이런 시기에 오히려 빠르게 추진할 수도 있겠다. 나는 그런 생각이 들었다. 그래서 제안했던 것이 사회의료보험이었다.

사회의료보험, 그것도 근로자 사회의료보험이라니! 그동안 한 번도 논의된 적 없는 아이디어가 불쑥 튀어나오니 정부에서 깜짝 놀랐다. 게다가 북한이 '무상의료'니 하는 대외 선전을 한창 하고 있을 때이다 보니 의료보험이라는 발상 자체를 불순하게 여기는 경향마저 있었다. 당시에는 '사회개발'이라는 용어마저 사회주의를 연상시킨다며 꺼려하던 시절이었다. 지금 생각하면 우습지만 그때는 그랬다.

07 우연 같은 인연이 오늘을 만든다
| 1968년 독일과 프랑스

사람의 인생에 중요하지 않은 때가 언제 있겠냐만은, 팔십 인생을 돌아보아 내가 살아온 과정에 가장 큰 영향을 미친 시기를 꼽으라면 무엇보다 독일 유학 시절이 아닐까 싶다. 사람의 세계관과 인생관이 형성되는 결정적 시기인 20대 중반에서 30대 초반 그 시간을 온전히 그곳에서 보냈고, 더구나 내가 독일에서 유학했던 시기가 이른바 '68 운동'으로 표현되는 유럽의 격변기였기 때문이다.

독자들의 이해를 돕기 위해 역사의 시곗바늘을 1964년으로 다시 돌려 당시 독일과 유럽에 대해서 이야기해보자.

뒤셀도르프의 봄비

할아버지께서 돌아가신 날(1964년 1월 13일) 나는 문교부 유학 시험을 봤다. 지금이야 유학을 가고 싶으면 누구나 원하는 나라에 갈

수 있지만 당시에는 국내에서 먼저 자격시험을 치러야 했고, 갈 수 있는 나라도 한정되어 있었으며, 엄격한 신원 확인 절차까지 거쳤다. 시험을 보고 집에 돌아와 1시간쯤 지나니 할아버지께서 마지막 숨을 거두셨다. 다행히 임종을 지킬 수 있었다. 장례식은 서울시청 앞에서 사회장으로 치렀다. 독립운동가이자 대법원장의 장례식이니 참 많은 분들이 모여 당신의 마지막 길을 배웅했다. 할아버지 유품을 정리하고 장례에 참석한 분들께 감사 인사를 드리며 바쁘게 지내다가 출국 날짜가 임박해서야 부랴부랴 유학 갈 짐을 꾸릴 수 있었다.

한국에서 비행기에 오른 날은 3월 20일. 당시 독일에 가려면 먼저 일본에 가서 하룻밤 자야 했고, 일본에서도 곧장 독일로 향하는 것이 아니라 중간에 몇 군데 국가에 들러 비행기 급유를 하며 꼬박 24시간 정도 걸렸다. 독일 뒤셀도르프 공항에 도착하니 부슬부슬 비가 내리고 있었다. 우산이나 우의를 미처 준비하지 않아 커다란 가방을 짊어지고 고스란히 비를 맞으며 버스정류장으로 향하는데, 아직 3월이라 춥기도 하고 배도 고프고, 내 인생의 새로운 도전이 이렇게 시작되는구나 하는 각오에 입술을 꽉 깨물었다.

독일에서 첫 학기는 어학 코스를 이수하고, 어학시험에 합격하자 1964년 겨울 학기부터 본격적으로 경제학 공부를 시작했다. 그때 나는 한국 나이로 스물다섯. 독일에서 함께 공부하는 학생들은 모두 열여덟, 열아홉 정도라서 나는 '아저씨' 축에 속했다. 그 가운데 뒤처지지 않고 아웃사이더가 되지 않으려 무던히도 노력했다.

부가세 최고 전문가와의 만남

당시 독일은 이른바 훔볼트식 학문의 자유를 교육의 모토로 삼고 있어 대학을 명실상부 '자유로운 배움의 전당'으로 여겼다. 학생들을 입학시켜놓고 전혀 관리하지 않고 거의 방치하다시피 했다. 강의는 들어도 그만 안 들어도 그만, 정규 시험도 없고 중간고사도 없고, 학점을 따지 않고 여러 학기가 흘러가도 계속 학생 신분을 유지할 수 있었다. 놀고 싶으면 얼마든 놀 수 있는 그런 대학이었다. (당시 뮌스터대학 경제학과에 한국 국적 학생이 나 말고 한 명 더 있었는데 그는 학부 과정을 9년 동안이나 계속 다니고 있었다.)

대신 졸업을 무척이나 까다롭게 만들어 놓았다. 대학을 졸업하려면 국가시험을 신청해야 하는데, 그 시험을 보기 위해서는 증명서를 제출해야 한다. 경제학과의 경우 경제원론, 경제정책, 재정학, 경영학, 통계학 등 8개 증명서가 필요했다. 증명서는 각 과목을 8학기 동안 공부했다는 확인증과 같은 것으로, 그 증명서를 따려면 결국 열심히 수업을 듣고 공부하는 수밖에 없다. 게다가 국가시험을 신청할 자격을 갖추어도 3개월 동안 논문을 하나 써야 하고, 그 논문이 통과되어야 비로소 필기시험을 볼 수 있다. 필기시험 다음으로는 구두시험이 기다리고 있다. 논문, 필기, 구두시험 모두 합격률이 낮아서 독일 학생들도 떨어지는 경우가 속출했다.

여기에 더욱 엄격한 사실이 있다. 국가시험에 두 번 탈락하면 그동안 받아놓았던 증명서가 모두 무효가 된다. 학교에서 자연스럽게 퇴학 조치를 당하는 셈이다. 그러니까 독일의 교육이란 겉으로는 '놀아도 된다'고 해놓고 실제로는 '스스로 공부를 하지 않으면 안 되는' 시스템으로 작동하는 것이다. 독일인다운 실용주의다.

나는 4학기 만에 8장의 증명서를 모두 확보했다. 지금 이 나이를 먹고서 왕년에 열심히 공부했다고 자랑하는 일이 좀 겸연쩍지만, 여름방학 3개월, 겨울방학 2개월 동안에도 국가시험을 준비하는 특강을 들으며 보냈다. 대학 4년 동안 뮌스터 시내 바깥으로 나가본 적 없이 오로지 공부에만 몰두했다.

작은 에피소드가 하나 있는데, 수업을 같이 듣는 동급생 가운데 일본인 학생이 한 명 있었다. 그런데 재정학 교수가 그 학생은 유달리 예뻐하면서 나는 무시하고 차별하는 태도가 느껴졌다. 일본이야 2차 대전 당시 독일과 같은 동맹국으로(물론 그러다 함께 망했다) 일본이라는 나라를 모르는 독일인은 없었다. 하지만 '코리아'라는 나라는 존재조차 모르는 독일인이 태반이었다. 나중에 국가시험에서 일본인 학생은 떨어지고 나는 한 번에 합격했다. 일본 학생은 일본 대학에서도 경제학을 전공했고 나는 독일에 와서야 처음으로 경제학 공부를 시작했다는 사실을 알고 교수가 더욱 놀랐다. 그 뒤로 나를 대하는 교수의 태도가 완전히 달라졌는데, 씁쓸하면서도 어찌나 기분이 좋던지. 다른 나라도 아니고 일본 학생을 이겼다는 사실에 더욱 어깨가 으쓱했다.

그 교수가 독일에서 부가가치세를 도입할 때 재무성 소위원회 위원장을 했던 사람이다. 독일과 유럽을 통틀어 부가가치세 분야 최고 전문가였다. 자기가 그쪽 전문가니까 학생들에게도 부가가치세와 관련한 논문을 쓰라고 권해, 나도 국가시험 논문 주제를 부가가치세로 정했던 것이다. 나중에 내가 한국에 돌아가 부가가치세와 더욱 특별한 인연을 맺게 될 줄, 그리고 그 부가가치세가 인생에 전환점 역할을 하게 만들 줄, 그때는 정말 꿈에도 몰랐다. 인생사 새옹지마라고 했던가. 세상의 기회와 우연이란 이토록 오묘하고 알 수 없는 일들의 연속이다.

프랑스와 독일은 왜 다른가?

내가 독일 대학을 1968년에 졸업한 것도 우연치고는 기막힌 우연이다.

1968년 4월 말에 졸업논문을 완성해서 우편국에서 논문을 우송하고 비로소 약간의 해방감을 느꼈다. 알다시피 유럽은 국경이 낮은 지역이다. 유럽 어느 나라에 있더라도 옆 동네 가듯 다른 나라를 여행할 수 있고 견문을 넓힐 수 있다. 그런데 나는 그때까지 4년이나 독일에 있었지만 뮌스터 시내를 한 발짝도 벗어난 적 없는 '뮌스터 촌뜨기'나 다름없었다. 박사 과정에 들어가면 또다시 공부와 한판 씨름을 해야 할 텐데 이참에 프랑스나 오스트리아 같은 곳을 여행해볼까 생각하고 있던 참에 사건이 터졌다. 나중에 역사에서 '68운동'이라고 불리는 대규모 학생 시위가 일어난 것이다. 기숙사 친구들이 내 방에 찾아와서는 "야, 우리 파리나 한번 가보자"고 해서 얼떨결에 처음으로 독일-프랑스 국경을 넘었다. 당시 파리는 그야말로 난장판이었다. 여행 아닌 여행. 데모 구경만 실컷 하고 돌아왔다.

물론 의미 없는 여행은 아니었다. 당시 파리는 대토론의 광장이었다. 여기저기서 온갖 다양한 토론이 끊임없이 계속되고 있었다. 학생들이 모여 있는 곳에 가서 이런 이야기도 듣다가, 저런 시위도 지켜보다가……. 어떤 주장에는 고개를 끄덕이기도 하고, 또 어떤 주장은 전혀 말도 되지 않는 엉터리 이야기라서 절레절레 고개를 흔들기도 하고……. 세상의 다양한 이념과 견해를 두루 접해 볼 수 있는 좋은 기회였다.

간단히 소개하자면 '프랑스 5월 혁명'이라고도 표현되는 68운동은 흔히 드골 대통령을 물러나게 만든 국가 차원의 민주화운동 정도로 알고 있으나 독일, 영국, 이탈리아 등 유럽 전역에서 벌어진 학생운동이다. 칠레, 멕시코, 아르헨티나 등 남미 여러 국가로 번졌고, 미국의 반전 운동과 일본 학생운동으로까지 이어져 전 세계적으로 정치, 경제, 사상, 문화, 예술 모든 방면에 큰 영향을 미친 역사적 사건이다.

그 사건의 한복판에서 나는 '프랑스와 독일은 왜 다른가?' 하는 심각한 의문을 가졌다. 흔히 프랑스 학생운동이 가장 규모가 크고 과격했다고 알고 있으나 사실 독일이 더욱 심각했다. 프랑스에 가보니 불과 몇 천 명 정도 모여 시위를 벌이고 있던데 독일은 학생시위가 최고조에 이를 때 80만 명 가까이 모였던 적도 있다. 경찰이 발포해서 학생이 사망하는 사건까지 있었다. 독일에 비하면 프랑스 학생

시위는 시시한 수준이었다. 그런데 지금 대다수 역사책에는 당시 그 사건을 '프랑스 5월 혁명'이라고 부른다. 사람들은 '68운동=프랑스'라고 도식적으로 생각한다. 독일에 대해서는 학생 시위가 있었다는 사실조차 모를 정도다.

프랑스에서 드골은 영웅과도 같은 존재다. 2차 대전 시기 드골은 프랑스 망명정부를 이끈 지도자로 전쟁이 끝나자 내각수반이 되었다가 좌파에 밀려 정계 은퇴를 선언한 적도 있지만, 1958년 다시 복귀해 국민의 압도적 지지를 얻으며 프랑스 제5공화국 대통령이 되었다. 1968년 프랑스 학생시위는 그러한 국민 영웅 드골이 불명예스럽게 하야하는 사태로까지 이어졌다. 한편 독일은 전혀 그러지 않았다. 독일의 학생 시위가 과격하기는 훨씬 과격했으나 그냥 조용히 수그러들었다. 어떻게 그런 차이가 벌어졌을까?

프랑스는 학생들의 궐기에 근로자와 소상공인이 가세하면서 전 국민적인 시위로 번졌다. 학생 시위가 일어난 지 일주일도 되지 않아 르노자동차를 비롯한 생산 노동자들이 시위 대열에 합류했고 파리의 자영업자들까지 가게 문을 닫고 시위에 참여했다. 반면 같은 시기 독일은, 내가 그때 독일에서 깜짝 놀란 일화가 있는데, 맥줏집 같은 데에서 독일의 평범한 근로자들이 주고받는 대화를 들어보면 "우리가 낸 세금으로 공부하는 녀석들이 뭐가 그리 사회에 불만이 많아서 시위를 하느냐"는 식으로 이야기를 주고받고 있었다. 어떤 나라에서는 학생들의 시위에 근로자와 자영업자가 동조해서 대통령까지 물러나고, 어떤 나라에서는 학생 시위를 근로자들이 냉소적으

로 바라보며 맥주잔을 기울이며 비웃고……. 이것이 바로 프랑스와 독일의 차이다. 학생들의 시위가 사회적인 시위로 확산되도록 만드느냐, 그저 풋내기 학생들의 어설픈 동요와 일탈쯤으로 사그라들게 만드느냐. 그것은 오롯이 그 사회가 그동안 쌓아놓은 '사회적 시장경제|social market economy' 기반에 달려있다.

훗날 한국에 돌아가 대통령 비서실장을 만났을 때 바로 이런 이야기를 했다. 내가 1968년 보고 겪은 이야기, '프랑스와 독일은 왜 달랐는가?' 하는 문제를 화두로 꺼냈다. 뒤에 계속 이야기하겠지만, 이 주제는 내 인생에 큰 영향을 미친 운명적인 과제 가운데 하나이기도 하다.

공부의 쓸모

박사 과정에도 운명적인 일들이 있었다. 나를 지도했던 교수님이 시스템 이론을 전공한 분으로, 독일에서 '소련 경제의 대가'로 불렸던 분이다. 1956년에 쓴 《소련 경제의 갈림길》이라는 책에서 그는 "스탈린식 경제정책을 계속 유지하게 되면 결국 소련 경제는 망하게 될 것"이라고 예언해 화제가 됐는데, 당시만 해도 소련 경제가 워낙 승승장구하던 때라 모두가 고개를 갸웃했지만 훗날 펼쳐진 역사가 그의 주장을 증명해 주었다.

그 교수님의 지도를 받으며 공부하게 된 것은 큰 행운이었다. 박사 과정 초기에 나를 부르더니 "내가 소련에 대해서는 오래도록 연구해

왔지만 중국에 대해서는 잘 모른다"면서 "너는 동양인이니 중국 사회주의를 연구해보면 좋을 것"이라며 중국 경제를 박사 논문 주제로 삼아보라고 했다. 때마침 중국은 문화혁명이 한창일 때였다. 중국의 정치경제 전망에 대한 세계적인 관심이 무척이나 높을 때였다. 여러 자료를 찾으며 중국에 대해 공부했다.

여기에도 에피소드가 있다. 그렇게 1년 반 정도 중국 공부를 하고 있는데, 대사관에서 정보 업무를 맡고 있는 담당자가 나를 좀 보자는 연락이 왔다. 대사관 직원이 왜 보자고 하는 걸까 의아하게 생각하며 찾아갔다. 그런데 도대체 누가 그런 것까지 보고하는 것인지, 내가 중국과 관련한 논문을 쓰고 있다는 사실을 이미 알고 있었다. 대사관 직원의 묵직한 조언인즉 "중국에 대한 긍정적인 평가를 하면 안 된다"는 것이다. 당시 중국은 우리나라가 원수같이 생각하는 나라였다. 한국전쟁에서 북한을 도와 결정적으로 통일을 방해하고 수많은 희생자를 만든 국가라는 측면에서 국민적인 거부와 분노의 감정이 높을 때였다. 어차피 내가 사회주의 중국에 대해 일체 긍정적인 견해를 갖지 않았기 때문에 그 어떤 불순한 내용이 담길 가능성은 없었다. 그래도 대사관에서 일개 유학생의 논문 주제 하나까지 간섭하는 현실이 한심하게 느껴졌다.

지도 교수에게 이런 사실을 이야기했다. 우리나라 현대 역사까지 소개하며 전후 사정을 설명했더니, 그렇다면 굳이 중국 경제를 고집하지 말고 논문 주제를 바꾸란다. 내가 혹시라도 다칠까봐 걱정되어 그랬던 것이다. 이번에는 중국 경제를 알게 되었다는 사실 자체에

만족하고, 그것을 토대로 논문 주제를 바꾸는 것도 나쁘지 않다고 격려했다. 이것이 이념적으로 분단된 국가의 국민으로 살아가는 비애구나 하는 생각이 들었고, 어떤 측면에서는 부끄럽기도 했다. (그가 나중에 "그런 나라에 가서 살 수 있겠어?"하고 걱정했던 교수님이다.) 그리하여 내가 독일에서 박사 학위를 받은 논문의 최종 주제가 '개발도상국에 있어서 분배 및 재분배 정책의 가능성과 한계'로 정하게 되었다. 한국 경제를 대상으로 분배 문제를 어떻게 해결하는 것이 좋을지 집중적으로 연구했다.

소련과 중국 경제를 공부했던 일. 그것 또한 내 인생에 큰 도움이 되었다. 나중에 한소수교를 준비하는 과정에 소련 정치지도자들을 만나 대화할 때, 소련 경제의 구조와 역사에 대해 자세히 이야기하자 자기들도 잘 모르고 있는 사실을 한국의 경제관료가 알고 있다며 깜짝 놀라곤 했다. 중국 사회주의를 공부해 두었던 것은 한중수교 과정에 중국을 이해하는데 있어 소중한 밑천이 되었다. 분배 문제를 박사 논문 주제로 삼았던 것도 그랬다. 뭐든 배워두면 언젠가는 쓸모가 있는 법이라는 사실을 이러한 경험들을 통해 깨달았다.

내가 만약 독일이 아니라 영국이나 미국으로 유학을 갔더라면, 그래서 대륙 경제학이 아니라 이른바 영미 경제학을 공부했더라면 과연 지금 어떻게 되었을까 하는 생각을 해보곤 한다. 알다시피 독일은 카를 마르크스Karl Marx, 1818~1883로 대표되는 사회주의 경제학이 일찍부터 태동한 나라로, 그런 이론들과 치열하게 논쟁하는 과정을 통해 경제학이 발달했다. 그러다보니 주류 경제학과 입장이 다른 이론에도 비교적 열려있는 태도로 접근하면서 수용할 것은 수용하는 합리성을 추구한다. 또 경제학을 경제학 자체에 가둬두는 것이 아니라 사회학, 경영학 같은 분야와 접목을 시도하고 다양한 사회적 현상에 대한 시야를 넓혀 주는데 주의를 기울인다. 독일에서 유학하는 내내 신문과 잡지를 열 개 이상 구독하면서 세계 경제와 정치 흐름을 놓치지 않으려 노력했던 것도 나중에 큰 도움이 되었다.

사실 할아버지는 내가 법학을 공부해 법률가 집안의 전통을 이어가길 바라셨다. 경제학을 공부하겠다고 하자 한동안 대화도 하지 않을 정도로 화를 내셨던 적도 있다. 그때 내가 할아버지를 설득하면서 했던 말이 "과거에는 법이 세상을 움직이는 힘이었지만 앞으로는 경제를 알지 못하면 아무것도 하지 못하는 세상이 된다"는 당돌한 예언이었다. 내가 뭔가 알아서 했던 말은 아니었지만 결과적으로 그리 틀린 말은 아니게 되었다. 이렇듯 인연 같은 우연, 내 나름대로 지속했던 노력과 고찰의 결과가 오늘까지 살아오게 만든 원동력이 된 것 같다. 돌아보니 모든 것이 정해진 운명처럼 느껴지기도 한다. 사람 살아가는 일이 대체로 그럴 것이다.

08 그때 했던 일과 하지 못한 일
근로자 재형저축과 사회의료보험

할아버지 비서 역할을 하며 간접적으로 경험한 때를 포함하면 거의 60년, 부가가치세 도입 문제로 청와대에 불려 간 때로부터 헤아리면 50년 가까이 나는 우리나라 정치와 인연을 맺어왔다. 박정희, 전두환, 노태우, 김영삼, 김대중, 노무현, 이명박, 박근혜, 문재인…. 역사를 거쳐 간 대통령들과 모두 직간접적인 관계를 맺었다. 어떤 시기에는 국회의원으로 대통령과 대면했고, 어떤 시기에는 청와대 참모로서 대통령과 가장 가까운 거리에서 일했고, 장관직을 맡았던 적도 있다. 대통령으로 만들기 위해 노력한 대통령도 있고, 그 사람은 절대 대통령이 돼서는 안 될 사람이라는 생각에 당선을 막아보려 나름대로 애를 쓴 대통령도 있다. 어떤 대통령은 나를 '멘토'라 부르며 원로처럼 추켜세우기도 했고, 어떤 대통령과는 물과 기름처럼 상극이라는 소문이 돌았던 것은 물론 혹독한 고초를 겪기도 했다. 어떤 대통령은 정치를 처음 시작하던 시절부터 지켜보았고, 그가 대통령을 준비하던 시절, 후보가 되었던 시절, 그리고 대통령이 되고 나서, 시간의 흐름에 따라 어떻게 달라지는지 그 변화의 과정을 지근거리에서 목도하기도 했다. 대한민국 대통령의 면면과 인간 됨됨이, 실무능력, 그들의 흥망성쇠를 나처럼 가까이에서 지켜본 사람도 흔치 않을 것이다. 많은 국민들처럼 나도 나름대로 기대를 걸어본 대통령이 있고, 애초에 틀렸다고 생각한 대통령이 있으며, 커다란 배신감을 느낀 대통령도 있다.

복지는 곧 안보

박정희 정부 시기에 나는 세 가지 일을 경험하며 그 시대와 인연을 맺었다.

첫째, 부가가치세.

앞서 자세히 소개했던 것처럼 나는 부가가치세를 그렇게 성급하게 도입하는 것에 반대했다. 정권은 끝내 밀어붙였다. 박정희 정권은 그러면서 몰락했지만, 부가가치세는 장기적으로 우리나라 재정에 큰 도움이 되었다. 지금 우리나라에 부가가치세라는 중요한 간접세 항목이 없다면 제대로 예산을 운용할 수나 있을까? 물론 오랜 세월이 흐르면서 그것을 제대로 실행할 수 있는 조건이 갖추어지니 이렇게 된 것이지만, 어쨌든 정권이 죽고 그것이 거름이 된 격이다. 박정희 정권은 스스로를 죽임으로써 후대 대통령들에게 큰 유산을 남겼다고 말할 수도 있겠다. 역사의 아이러니다.

이참에 이야기하자면 박정희는 1974년 종합소득세를 도입했는데, 그렇게 함으로써 직접세로 종합소득세, 간접세로 부가가치세라는 우리나라 조세 제도의 양대 기둥이 세워졌다.* 우리는 그때 만들어진 울타리 안에서 큰 변동 없이 반세기 넘도록 살아가는 중이다. 종합소득세도 어쩌면 시기상조였지만 시간이 흐르면서 '그때 만들길 잘했다'는 평가를 받았다. 종합소득세를 만들면서 '공제'라는 제도를 마련해둔 것은 봉급생활자가 중산층으로 발돋음 하는 하나의 기회가 되었다. '중산층을 두텁게 한다'는 것이 무엇을 의미하는지 박정희는 과연 알고 있었을까? 어쨌든 그렇게 중산층이 성장함으로써 박정희 정권은 무너졌다고 볼 수도 있다. 역시 스스로를 죽이는 기반을 닦은 셈이다. 권위적 통치자에게 경제성장은 약이자 독이 되었다.

둘째, 근로자 재산 형성 저축.

부가가치세는 아무리 반대해도 정권 핵심들이 하겠다는 의지가 강한 제도였고, 그래서 그리 큰 기대를 하지 않았다. 부가가치세 문제로 청와대 경제수석실 보좌관을 만났고, 그를 통해 경제수석을 만난 사실은 앞에서 소개했다. 그가 "대한민국이 해결해야 할 당면 과제가 뭐냐"고 묻기에 "노동 관련 법규를 정비해야 한다"라고 말했는데, 며칠 후 그가 재무장관으로 자리를 옮겼다. 노동 문제는 재무부

---

* 여기에 법인세까지 더해 3대 세목이 전체 국세 수입의 77%를 차지한다. 소득세 28.8%, 법인세 24.2%, 부가가치세 23.8%(2018년 기준)

소관이 아니다. (경제수석은 복합적인 일을 할 수 있는 자리지만 재무장관은 관장할 수 있는 정책의 범위가 오히려 제한된다.) 재무장관이 되고 몇 주 후에 찾아갔더니 이번엔 "재무장관으로서 할 수 있는 아이디어를 달라"고 의견을 구했다. 그래서 제안한 것이 근로자 재산 형성 저축이었다. 세금과 금융에 모두 해당하는 일이니 딱 재무부 소관이다.

근로자 재산 형성 저축은 줄여서 '재형財形저축'이라고 부른다. 독일에 유사한 제도가 있기 때문에 나는 익히 알고 있었고, 아이디어를 달라는 말을 듣자마자 바로 대답할 수 있었다. 재형저축은 근로자들의 저축에 이자를 더 얹어주고 세금 혜택까지 주는 일이다. 이름은 '저축'이지만 단순히 저축률을 높이기 위한 수단이 아니라 본질적인 목표는 근로자들이 쉽게 재산을 형성할 수 있도록 도와주는 제도다. 장기적으로 근로자들이 자산을 갖도록 함으로써 중산층을 두텁게 하고 사회 안정을 도모하는 효과를 낳는다. 지금은 누구든 쉽게 이해할 수 있는 제도지만 당시 이 제안을 내놓자 정부 관료들끼리 논쟁을 벌였다. 그에 대해서는 뒤에서 자세히 이야기하도록 하자.

셋째, 의료보험.

금요회가 만들어진 후 본격적으로 노동법 문제에 접근했는데 앞에서 소개했다시피 별로 진척이 없었다. 명색이 대통령 명령으로 만든 팀인데 무언가 하나라도 만들어야 한다는 책임감에서 제안한 것이 의료보험이었다. 독자들은 익히 눈치를 챘겠지만 이것 역시 독일에서 얻은 아이디어다. 비스마르크가 '복지는 곧 안보'라는 신념을 갖고 제정한 사회법에서 핵심적인 양대 기둥이 바로 사회의료보험과 연금제도다. 독일은 이것을 세계 최초로 도입한 국가다. 당시 자본가들이 극렬히 반대하자 비스마르크가 "기업가들이 지금 정부에 협조하지 않으면 정부가 더 이상 기업가들을 보호할 능력을 가질 수 없는 세상이 올 수도 있다"는 말로 설득했다.* 복지 제도의 또 다른 의미와 본질을 날카롭게 제시한 명언이 아닐 수 없다. 철권통치를 하던 비스마르크가 이렇게 주춧돌을 놓아 오늘날 독일 복지제도의 기반이 만들어졌다. 권위적인 정부에서 사회 조화를 위한 복지제도를 오히려 선제 대응하는 식으로 만들어낸 대표적인 사례이자 정치적 역설이라고 말할 수 있다. 그래서 '어차피 박정희가 정치적으로 민주주의를 못 할 바에는 도리어 이런 것에 관심을 가질 수도 있지 않겠느냐'하는 생각에 1976년 사회의료보험 제도를 제안하게 되었다. 그것도 '근로자' 사회의료보험으로 제안했다.

여기서 다시 이야기하자면 노동 관련법은 내가 오랫동안 의지를 갖고 천착해온 과제 가운데 하나인데 번번이 좌절됐다. 박정희 정부 때 교수 신분으로 하려다가 힘을 얻지 못했고, 박정희 정부가 무너지고 전두환 정부가 들어섰을 때 '어쩌면 이럴 때 할 수 있지 않을까'하는 기대를 가져봤으나 오히려 엉뚱한 방향으로 좌초되었고, 나

---

* 독일은 비스마르크 주도하에 1883년 의료보험, 1884년 산재보험, 1889년 노인 및 장애인 연금을 순차적으로 도입했다. 현대 복지국가의 사회보험과 연금 제도를 19세기 말에 모두 완비한 것이다. 근로자들의 비용 부담을 덜어주기 위해 근로자와 기업이 보험료를 분담하는 아이디어도 독일에서 시작했다. 이런 과정에 자본가들이 반대하자 이를 비스마르크가 '복지 안보'의 논리로 설득했다.

중에 청와대 경제수석을 할 때 '이번이 마지막 기회가 될 것'이란 생각에 노동법 개정을 시도했으나 역시 실패했다. 그 뒤로는 우리나라 자본과 노동 세력이 이미 거대한 이익 집단으로 성장해 정부가 중재자로서 서로를 조율할 수 없는 단계에까지 이르렀다. 우리나라의 누더기 노동 법령과 지독히 후진적인 노사관계를 볼 때마다 그때 더욱 적극적으로 나서지 못한 것에 깊은 회한이 남는다.

혹여 운명의 신이 지금 내 앞에 나타나 "과거로 돌아갈 기회를 줄 테니 대한민국이라는 나라를 위해 다시 하고 싶은 일이 무엇이냐" 묻는다면 나는 정책적인 측면에서 노동관계 법령과 제도를 바로 잡는 일, 사회적 대타협을 이끌어내는 일을 꼽고 싶다. 그것이 지금 우리나라의 많은 것을 뒤틀리게 만든 원인 가운데 하나다.

"필요하면 당신이 오라"

근로자 재산 형성 저축이라는 제도를 제안했을 때 우리나라 관료들이 그것을 왜 반대했느냐. 그 이유가 우습다. "왜 근로자들에게만 혜택을 주느냐"는 것이다. 당시 경제기획원 차관이라는 분이 이렇게 말했다. "농민도 국민이고, 사회 구성으로 보면 농민이 더 많은데, 왜 유독 근로자들을 우대해줘야 하느냐." 당시 우리나라 사회구조가 어떻게 바뀌어 가고 있는지, 앞으로는 어떻게 바뀔 것인지, 그런 차원에서 '근로자에게 재산을 만들어주는 정책'이 과연 어떤 의미를 갖는 과제인지, 그런 점은 전혀 생각지 않는 근시안적인 태도였다.

나더러 차관회의에 와서 설명을 해달라기에 "재형저축을 전체 국민을 대상으로 하면 좋고, 농민도 포함하면 역시 좋겠지만, 처음부터 모든 국민을 포괄할 수는 없으니 일단은 근로자부터 시작하자"는 말로 다행히 설득했다. 앞에 소개했던 대로 재형저축은 단순한 '저축 동원'의 수단이 아니다. 근로자들이 실질적으로 재산을 형성할 수 있도록 경로와 계기를 만들어주는 일이다. 그렇게 해서 중산층이 늘어나야 사회가 안정된다. 농민은 적더라도 일단 '토지'라는 나름의 생산수단이 존재하는 사람들이다. 반면 근로자들은 임금 이외에는 기댈 것이 없는 계층으로, 그들이 자산을 형성하도록 정부에서 의식적으로 돕지 않으면 내내 임금 인상만을 추구하면서 장기적으로 사회 불안 요인이 된다. 그들이 자산을 모아 생활이 안정되고, 더 나아가 적더라도 자기 사업을 할 수 있는 기반을 갖게 되면, 사회는 그렇게 해서 다채로워지고 바탕이 튼튼해진다. 독자들은 이런 말의 의미를 충분히 이해했을 것이다. 그런데 당시에는 장관이라는 사람들조차 그 속뜻을 제대로 이해하지 못했다. "왜 '근로자만' 우대하려 하느냐", 계속 그런 부분에만 시선을 집중했다. 본질은 살피지 못하고 표면에 드러난 문구 몇 개에만 집착하는 관료들의 태도는 예나 지금이나 크게 다르지 않다.

근로자 재형저축 제도를 준비하던 중 기억에 남는 일이 있다. 어느 날은 이 제도를 실무적으로 담당하는 재무부 과장에게서 전화가 왔다. 자기에게 이 제도를 설명해달라는 것이다. 모르는 일이 있으면 모르는 사람이 아는 사람을 찾아올 것이지 나더러 '이리 오시오' 하는 식으로 말한다. 정부 중앙부처 과장이 대학교수를 오라 가라 지시하는 일 정도는 당연하게 여기던 시절이었다. "강의 때문에 무척 바쁘니 정 필요하면 당신이 오라"고 연구실 위치를 알려줬더니 전화를 툭 끊었다.

얼마 뒤 두 사람이 찾아왔다. 전화를 했던 과장의 상급자인 이사관과 금융제도심의관이었다. 원래는 재무부 이재국理財局에서 맡아야 할 사안인데 이재국에 재형저축에 대해 아는 사람이 없는 데다 귀찮은 일이라고 생각했는지 금융제도심의관에게 숙제를 떠넘겼다. 그런데 나를 찾아온 사람들 역시 재형저축을 저축 장려 요인 정도로만 파악하고 있었다. 그들에게 근로자들이 재산 형성을 해야 하는 이유는 무엇인지, 왜 금융 이자만으로는 안되고 정부가 협조해서 세제 혜택까지 주어야 하는지부터 설명했다. 그러자 일반 은행보다 더 많은 이자를 얹어주는 그 재원은 어디서 마련할 것인지 의문이 제기됐다. 실무자들이라 이해가 빨라, 한국은행 잉여자금에서 충당하면 되겠다고 바로 의견이 나왔다.

그렇게 해서 1976년 1월부터 우리나라에 근로자 재형저축이 실시됐다. 시간이 흐르며 그 제도를 통해 목돈을 마련해 주택을 구입했다는 근로자들의 사연이 알려지며 가입자 수가 갈수록 늘어났다. 근로자들의 저축률이 높아지고 국민이 부자가 될 수 있다는 희망을 갖게 되면 사회·경제·문화적으로 선순환 효과가 나타난다. 재형저축은 우리나라 여러 금융제도 중 가장 긍정적인 기여를 한 사례 가운데 하나로 꼽힌다. 나중에 가입 대상도 점차 전 국민으로 확대되었다.

재형저축은 금리 단일화 바람에 휩쓸려 1995년 없어졌다가 2013년 다시 생겨났다. 그러나 지금의 재형저축은 사회적 배경으로 보나 가입자와 운용 방식으로 보나 그때와는 성격이 많이 다르다.

그때 만들어두길 잘했다

사회의료보험 제도를 관료들이 반대한 것도 재형저축과 비슷한 맥락이었다. 당시 내가 제안했던 정책상 명칭은 '근로자 사회의료보험'이었다.* 이것도 역시 "왜 근로자만 해당하느냐"는 반대에 부딪혔고, "다른 복지 제도도 실시할 것이 많은데 왜 의료보험부터 해야 하느냐"는 반대 또한 있었다. 경제팀 전체가 의료보험에 반대했다. 심지어 가장 앞장서 찬성해야 할 보건사회부까지 반대했다. 보사부의 주장인즉 "의료보험보다 복지연금을 우선 실시하자"는 것이었다.

보사부는 왜 복지연금을 먼저 하자고 했을까. 속셈은 이렇다. 복지연금을 도입하면 일단 정부에 재원이 쌓인다. 연금은 국민이 가입하고 대략 20년 후에나 돌려주기 시작하는 자원이니까, 그 기간 동안에는 그 돈으로 정부가 뭔가를 할 수가 있다. 국민이 맡긴 돈을 밑천 삼아 돈놀이를 할 수 있는 셈이다. (지금 우리나라 국민연금 운용이 본질상 이렇다.) 그러니까 복지연금 먼저 하자는 것이다.

우리나라는 1973년에 이미 복지연금 도입을 검토한 바 있다. 경제

---

* 1977년 실시되면서 정한 행정상 명칭은 '직장의료보험'이다.

구조가 장치산업인 중화학 공업 위주로 옮겨가던 때라 막대한 재원이 필요했다. 당시 복지연금은 복지가 아니라 그런 재원 마련의 필요성 때문에 제기됐다. 사회보장제도마저 산업화의 틀 안에서 취급하던 시대였다. 돌아보면 국민들의 노후 연금을 이렇게 또 다른 정책 수단의 하나로 취급하는 관료들의 시각과 태도 역시 예나 지금이나 크게 달라지지 않았다.

보사부의 복지연금 우선 실시 주장에 다른 경제부처도 일제히 맞장구를 쳤다. 그런데 이 부분에서 박정희에게 놀라운 점이 있었는데, 무슨 속내인지는 모르겠지만 박정희는 애초부터 사회의료보험제도를 꼭 해야겠다는 생각을 갖고 있었던 것 같다. 흥미로운 사실은, 그런 생각을 관철해 나가는 방식이 우리가 흔히 생각하는 절대적인 통치자의 방식과는 좀 달랐다는 점이다. 무작정 '시키는대로 하라'고 밀어붙이지 않았다. 일단 총리를 불러 "평가교수단에서 경제를 전공하는 김종인 교수에게 왜 근로자 의료보험을 실시해야 하는지 보고서를 만들어 제출토록 하라"고 지시했다.

일주일 안에 보고서를 만들어 제출했더니 박정희가 경제팀을 모두 불렀다는 소식이 들렸다. "정부 정책을 객관적으로 바라보는 대학 교수도 이렇게 의료보험을 먼저 하라고 한다. 그러니까 복지연금 말고 의료보험부터 실시하라." 박정희의 지시 사항이었다. 원래 교수를 불신하는 박정희가 이런 측면에서는 또 적절히 이용할 줄 알았던 것 같다. '근로자들의 의료는 근로자 스스로 처리할 일이다', '근로자들을 위한 보험이니 기업이 담당해야 한다', '왜 치료비를 사회적으로 부담해줘야 하느냐, '복지보다 경제성장이 우선이다'…….
근로자 사회의료보험 실시와 관련해 무성했던 이러한 반대 주장은
어느새 쏙 들어가게 되었다.

1977년 7월부터 우리나라에 근로자 사회의료보험 제도가 실시됐
다. 급여의 2%를 보험료로 징수하고 그것을 기업과 근로자가 절반
씩 부담하도록 했다. 지금도 급여의 6% 정도를 절반씩 부담하는 원
형은 크게 달라지지 않았다. 내가 사회의료보험 실시 대상을 우선
'근로자'로 한정한 이유는 간단하다. 근로자들은 보험료를 원천징수
할 수 있는 고정적인 소득이 있어서 그렇다. 그런 혜택과 성과가 쌓
이면 가입대상자를 점차 확대할 수 있을 것이라 믿었다. 우리나라의
사회의료보험제도는 처음엔 500명 이상 사업장을 대상으로 하다가
1979년부터 공무원과 사립학교 교원을 대상자로 편입했고, 1988년
부터 농어촌 주민과 5인 이상 사업장, 1989년부터는 도시 자영업자
까지 포함하여 '국민의료보험'이 되었다. 지금은 세계 여러나라가 우
리 의료보험 제도를 배우러 찾아올 정도다.

이런 국민의료보험 제도의 기틀이 박정희 정부 때에 만들어진 것
도 어쩌면 하나의 아이러니다. 박정희의 여러 공과 가운데 의료보험
역시 '그때 만들어두길 잘했다'는 치적으로 꼽힌다. 세계 최강국이라
는 미국마저 오늘날 한국의 의료보험 제도를 부러워한다. 미국은 프
랭클린 루즈벨트 대통령 때인 1935년부터 사회의료보험을 실시하려
고 노력했으나 의회와 이익단체의 반대에 부딪쳐 위헌 판결을 받기
도 하는 등 100년이 넘도록 난항을 겪었다. 그러다 지금과 같은 상

황이 되었다. 국민 의료와 관련한 부분을 사적인 영역으로 취급하고 도외시했다가 미국의 의료보험 제도는 도저히 어떻게 손댈 도리가 없는 사회적 골칫거리가 되었다. 아직까지 미국은 대통령 선거가 있을 때마다 의료보험이 최고의 이슈 사항이고, 미국 국민들에게 가장 큰 관심거리를 물어도 의료보험이 1순위로 꼽힌다.

한 시대를 만든 사람들

독일에서 박사 학위를 마치고 한국으로 돌아가려고 할 때 나를 지도했던 교수는 "그런 나라에 가서 무슨 일을 할 수 있겠냐"하고 물었다. 흔히 암흑의 시대라고 말하는 1970년대에, '그런 나라'에 돌아와서 일개 교수의 신분으로 무언가를 할 수 있었다는 작은 사실에 나는 나름의 자부심을 느낀다. 지도 교수님께 "보십시오, 이렇게 했지 않습니까"하고 제자로서 자랑하고 싶은 마음마저 있다. 그것은 나자신에 대한 자존감이기도 하지만 대한민국이라는 나라에 대한 믿음과 긍지이기도 하다. 나중에 정치인이 되어서도 그러한 자세와 각오로 이런저런 일을 해보려 노력했다.

내가 재형저축 아이디어를 냈을 때 대학 연구실까지 찾아와 그 제도에 대해 물었던 이사관은 나중에 부총리가 되었다. 함께 찾아온 금융제도심의관은 재무장관으로 관직을 마쳤다. 의료보험을 반대했던 경제팀 관료들도 나중에 다 장관이 되고 비서실장이 되고 부총리, 총리가 되었다. 당시에는 그 제도의 취지 자체를 이해하지 못하고 "왜 근로자만 우대해야 하느냐"고 말했던 사람들이 나중에 그것이 역사적인 성과로 칭찬받자 "의료보험은 내가 실시하자고 주장했던 것"이라고 너나없이 자랑한다. 그들의 공적을 굳이 깎아내리고 싶은 생각은 없지만, 그런 주장을 들을 때마다 그냥 조용히 웃곤 한다. 이 나이가 되어 되돌아보니, 찬성했던 사람이나 반대했던 사람이나 그렇게 다 같이 한 시대를 만들었던 것 아니겠냐고 너그러이 생각할 따름이다.

2

1980년대,
야당보다 더한 야당

09 노동조합은 절대선인가
탐욕이 만든 결과물, 기업노조

우리나라는 노동조합의 역사가 짧다. 100~200년 노동조합 역사를 갖고 있는 서구와 달리 우리나라에 노조가 본격적으로 결성되기 시작한 것은 고작 30~40년에 불과하다. 그도 그럴 것이 우리나라가 산업 국가로 탈바꿈하기 시작한 것이 50년 정도밖에 되지 않기 때문이다. 우리는 그렇게 모든 것이 급속히 성장했고, 다른 나라가 100년, 200년 씩 걸린 일을 서너 배 빠른 속도로 따라잡아 오늘도 달려가는 중이다.

요즘 사람들은 노동조합 하면 기업에 결성된 노동조합만 떠올린다. 현대자동차 노동조합, 롯데백화점 노동조합, 국민은행 노동조합 하는 식으로 말이다. 나는 처음부터 이런 식의 기업노조 시스템에 반대했다. 지금 우리나라 노조는 모두 기업노조를 골간으로 만들어져 있기 때문에 국민들은 '노조=기업노조'라는 인식만 갖고 있고, 심지어 "기업노조가 아니면 어떤 방식의 노조가 있을 수 있느냐"라고 의문을 제기한다. 사실은 우리나라처럼 강력한 기업노조 시스템을 갖고 있는 나라도 드물다. 한국이 특수한 케이스인 것이다.

1970년대까지 우리나라는 산업노조 체계로 되어 있었다. 그러나 1981년에 노동법 개정을 통해 오늘과 같은 기업노조 시스템으로 전환되었다. 그러한 잘못된 선택이 오늘날 여러 문제를 만들었다. 이제는 거의 되돌릴 수 없는 일이 되어버렸다.

노동조합을 모르는 노동청장

박정희 정권이 무너지고 이른바 신군부가 등장하며 또다시 의회가 해산되는 헌정 유린 사태가 벌어졌다. 그때 신군부에 불려갔더니 "부가가치세를 폐지하려고 하는데 도움을 달라"고 하기에(그들은 내가 부가가치세라면 무조건 폐지를 주장할 줄 알고 그랬던 것 같다) "기껏 만들어놓은 세금을 왜 또 없애려고 하느냐"며 현상 유지를 강조하였는데 그것을 인연으로 당시 신군부가 만든 기구의 재무분과 위원으로 참여하게 되었다. 그때에도 내가 가장 먼저 떠올렸던 것은 노동관계법이었다. 노동관계법은 사용자와 근로자 양쪽의 이해관계가 강하게 충돌하는 영역이라 원만한 합의가 어려운 측면이 있는데, 지금과 같은 의회 공백 상태에 오히려 개정하기 좋겠다는 나름의 역발상을 해봤던 것이다.

1980년 9월 1일 전두환이 대통령이 되었고, 나는 9월 중순 청와대에 들어가 이와 관련된 보고를 했다. 앞으로 사회 발전의 방향으로 보건대 노동관계법을 근대적으로 바꿔야 한다, 제도를 완전히 정비하자고 말이다. 대략 이런 내용의 보고였다. "지금 우리 경제의 발전 속도로 보면 향후 노사관계가 제일 중요한 문제로 대두될 것이다. 그것을 잘 대비하지 않으면 우리 경제의 미래에 희망이 없다. 경제가 성장하면 근로자들은 자꾸 임금을 올려달라고 요구할 것이고, 기업가들은 이윤을 추구하는 사람들이니까 그들 나름대로 임금을 억제하려고 노력할 것이다. 이해관계가 끊임없이 충돌하는 것은 피할 수 없는 문제다. 그런데 근로자들이 임금을 올려달라고 하면 많든 적든 올려줘야 할 텐데, 근로자들이 기업의 사정을 잘 알고 있으면 지나치게 무리한 요구는 하지 않을 것 아닌가. 그러니까 그런 것들을 제도적으로 뒷받침할 수 있는 관련 입법을 서둘러야 한다."

내가 염두에 두었던 것은 산업별, 직능별 노조를 기본 골격으로 하면서, 기업에는 노동조합이나 외부 노조의 지부가 존재하지 않으며, 기업가·화이트칼라·블루칼라 3자가 모두 참여하는 노사협의체를 만들어 기업 내부의 일을 결정하는 그런 방식이었다. 독일과 북유럽 모델을 참고한 것이다.

이런 보고를 들은 전두환이 "당신 생각이 어떻게 이렇게 내 생각과 똑같을 수 있느냐"고 기뻐하면서 "주무장관과 협의해서 그런 식으로 법을 만들라"로 곧장 지시를 내렸다. 과연 전두환이 내가 했던 말의 의미를 정확히 이해하고 있었는지는 알 수 없지만, 하여튼 그랬다. 여담으로 회고하자면, 전두환은 어떤 새로운 사실을 들으면 그것을 도식적으로 간단히 이해하는 방면에 탁월했다. 그래서 나중에 경제

운용에 있어서도 '물가 인상=나쁜 것', '긴축재정=좋은 것'이라는 도식 아래 굉장히 과격한 예산 동결 조치까지 단행하게 되는데, 그에 대해서는 뒤에 다시 소개하겠다. 어쨌든 전두환은 된다, 안 된다 하는 상황 판단이 빠르고 한번 결정한 것은 그대로 밀고 나가는 일관성이 분명했기 때문에, 그 앞에서 자신 있게 이야기하면 설득하기 오히려 쉬운 사람이라고 볼 수도 있었다.

당시에 노동 문제 주무 부처는 보건사회부였다. 보건사회부 산하에 노동청이 있었다. 그런데 보사부 장관을 만나 이야기해보니 노동 문제에 대해 알지 못하고 관심도 없는지 내가 하는 말을 도무지 이해하지 못하는 것 같았고, 그래서 노동청장을 만났는데 그는 노동조합에 대한 기본적인 개념조차 없어 보였다. 그가 노조 위원장 출신 노동청장이라는 사실에 더욱 놀랐다. 그러는 사이 전경련에서 입장을 내놓았는데, 역시 전경련은 이해관계가 걸려 있는 일이라 계산이 빨랐다. 기업 노조 시스템으로 가도록 허락해달라고 했다. 당시 전경련으로서는 산업노조가 아니라 기업노조 방식이 훨씬 유리하고 간단해 보였던 것이다.

보사부와 노동청에서는 특별한 입장이 없고, 전경련에서는 기업노조를 해달라고 하고, 나는 중간에서 안 된다고 하고, 조율이 안 되니까 총리실로 이 문제가 넘어갔다. 총리는 처음엔 중립적인 입장이었는데, 어느 날 전경련 회장을 만나고 오더니 "그냥 기업노조로 하자"고 했다. (박정희 정부 때 부가가치세 실시 문제로 만났던 재무장관이 사회의료보험 논의가 있을 즈음엔 부총리가 되었고, 전두환 정부가 들어서자 국무총리가 되었으니 이미 오랜 안면이 있었다.) 그런 결정의 과정이 너무도 한심해 한마디 하지 않을 수 없었다. "나중에 두고 보십시오. 지금은 기업가들이 노조를 적당히 돈으로 구슬려 마음대로 조종할 수 있을 것이라고 생각해 그런 주장을 하는가 본데, 머지않아 크게 후회할 날이 있을 겁니다."

노총이라는 정치집단

기업별로 노조를 결성하는 시스템이 직관적으로 명료하게 보일지는 몰라도 나중에 큰 사회적 문제가 발생하게 된다.

우리나라 노조 조직률*은 10% 정도밖에 되지 않는다. 유럽국가의 절반 수준이고, OECD 국가군에서 최하위 수준이다. 북유럽 국가들의 노조 조직률은 60~80%대에 이른다. 이렇게 노조 조직률이 낮은 것에 대해 우리나라 노조는 외부 탓을 하지만 노조 스스로를 돌아보아야 한다. 애초에 우리나라의 노조 시스템 자체가 잘못된 것에도 큰 원인이 있다.

간단히 설명해, 기업노조 체제하에서 누군가 노조에 가입하려고 하면 자신이 그 회사에 오래 다닐지 여부부터 생각해보지 않을 수 없다. 금방 이직할 회사에 굳이 노조까지 가입할 이유가 없지 않은가. 따라서 이런 식의 기업노조는 안정적인 회사, 규모가 큰 회사, 직

---

* 전체 근로자 가운데 노동조합에 가입한 비율

원들에 대한 처우 조건이 좋아 이직률이 낮은 회사 등에서 조직률이 높다. 반대로 규모가 작은 회사, 월급을 제대로 받을 수 있을지 걱정되는 회사, 직원들에 대한 처우 조건이 나쁜 회사에는 조직률이 오히려 낮다. 먹고살 만한 기업에는 노조가 생겨나고, 그렇지 않은 기업은 노조가 힘이 없거나 아예 결성되지도 않는 역설적인 현상이 벌어지는 것이다.

결국 노조에 있어 부익부 빈익빈 현상이 만들어진다. 노동조합은 근로자들의 연대의식을 기본으로 하는데, 잘 나가는 기업의 노조만 계속 잘 나가는 이런 시스템 아래에서는 연대의식도 깨지게 된다. 노동조합이 노동조합 탄생의 기본 정신 자체를 스스로 무너뜨리는 격이다. 잘 나가는 대기업 노조가 중소기업 노조를 쥐고 흔드는 현상 또한 낳게 된다. 지금 우리나라 노동조합의 형세가 딱 그렇지 않은가.

각설하고, 노동조합은 기업 안에 있어서는 안 된다. 노동조합원은 물론 기업 안에 있지만, 노동조합은 산업별 직능별로 '외부에' 있어야 한다. 임금이나 처우 조건을 협상하는 일도 그렇게 만들어진 산업별 직능별 노동조합이 사용자 단체와 협상하고 정부는 가운데에서 중재하는 방식으로 진행되어야 한다. 그렇게 하는 것이 특정 기업 근로자가 아니라 '전체 근로자'의 이익에 부합한다. 한편 기업에는 노동조합원만 있는 것이 아니라 비非조합원이나 화이트칼라도 있으니 기업 내부의 문제는 서로가 합의하여 기업 안에서 해결하는 별도의 기구를 만들어야 한다.

산업별 직능별로 노조가 만들어지면 단체행동을 하더라도 자기 산업과 직능 근로자들의 전체 이익을 내걸고 하기 때문에 이익을 고루 향유하게 된다. 이런 파업에는 정부가 나서서 중재할 명분도 충분하다. 그런데 기업노조 하에서는 단일 기업의 파업에 정부가 개입하는 일이 사실상 3자 개입으로 비칠 소지마저 있다. 기업노조는 그걸 믿고 내부 설비를 때려 부수거나 높은 곳에 올라가 농성하며 버티는 과격한 행위를 서슴지 않는다. 게다가 노조원이 비노조원의 근로 행위까지 방해하면서 아예 기업 운영 자체가 이루어지지 못하도록 훼방을 놓는다. 그런데도 정부는 꼼짝을 못 한다. 기업노조의 이런 악행은 도대체 언제까지 계속돼야 하는 것인가.

우리나라에 이른바 금속노조니 금융노조니 하는 산업별 노조가 있긴 하지만 모두 기업노조를 기반으로 한 연합체 수준이다. 외국의 산업별 노조와는 성격과 구성이 크게 다르다. 우리는 산업별 노조의 존재 의미 자체가 거의 없다시피 한다.

기업노조가 주축이 되면 이렇게 산업별 노조가 무용지물이 되는 것은 물론 노총의 의미마저 희미해진다. 기업노조 체제 하에서 노총은 분담금을 많이 내는 대기업 노조의 이익을 기본으로 할 수밖에 없게 되는데, 대기업 노조는 자기들이 알아서 자기 이익을 챙기는 활동을 잘하기 때문에 노총이 개입할 일이 별로 없다. 따라서 노총은 기업 내부에서 벌어지는 일과 관련해서는 특별히 할 일이 없고, 그러면서도 자기 존재감을 과시하려다보니 정치적인 투쟁 이슈를 찾는 데에만 골몰하게 된다. 지금 우리나라 노총이 딱 그렇지 않은가.

한국에서 노총은 완연한 정치 집단이 되었고, 그것도 노총이 두 개 있다 보니 서로 정치적인 선명성 경쟁을 하느라 앞다투어 과격해지는 중이다. 이렇게 투쟁성이 강한 노총에게 잘못 보였다가 화를 입을까 두려워 정치권은 계속 노총에 휘둘린다. 서구에서는 노총이 특정한 정당을 지지하는 입장을 공개적으로 밝히기도 하고 의원을 배출하여 입법 활동에도 직간접적으로 참여한다. 한국의 노총은 그렇게 사회적인 책임을 다하는 서구의 노총과는 전혀 다른 편향된 성격의 정치 집단이 되어버렸다.

나아가 '비정규직 문제'라는 것도 정규직을 대상으로 한 기업노조 시스템 하에서는 영원히 해결될 수 없는 문제다. 기업노조는 자기 이익만 확보하면 되었지 남의 일에 대해서는 적극적으로 나설 이유가 별로 없기 때문이다. 지금 우리나라 노총이나 기업노조가 겉으로는 비정규직을 위하는 척 하지만, 팔은 안으로 굽는다고, 비정규직과 정규직의 이해가 충돌하면 자기 조합원의 이익을 당연히 우선시하게 된다. 이러니 만악의 근원이 기업노조에서 비롯되었다고 개탄하는 것이다.

인간의 탐욕은 끝이 없다

한국에 이런 노조가 만들어진 것이 오롯이 근로자들의 탓만은 아니다. 1980~1981년에 우리나라 기업가들이 스스로 선택한 일이다.

그것도 재벌 총수들의 선택이었다. 그들 입장에서는 자기들 기업만 잘 간수하면 되는데 산업별 직능별로 근로자들을 상대하는 일체의 일이 번거롭게 느껴졌던 것이다. 결국 자기는 잘할 수 있다는 재벌 총수들의 지나친 자만, 자기들끼리만 잘 먹고 잘 살면 된다는 서로의 탐욕이 뒤섞여 오늘날 노조와 관련된 여러 사회적 문제가 발생하게 되었다.

나는 박정희 정부 시기 금요회에 참여할 때 우리나라 노동관련법 전체를 재편해보려고 생각했는데 뜻대로 되지 않았다. 전두환 정부 초기에 직접 국회의원으로 정치에 참여한 김에 이번에는 할 수 있겠다 생각했는데 역시 안 됐다. 그 뒤로 다시는 노조 문제에 대해서는 관여하지 않겠다고 내 스스로 결심한 바 있었다. 그런데 노태우 정부에서 청와대 경제수석으로 일할 때, 노동자들의 시위가 빈번했다. 이미 많이 때늦은 감이 있지만 혹시나 하는 기대를 갖고, 이번이 마지막 기회라는 생각에 노동관련법 정비를 제안해보았다. 기업노조 체제를 산업별 노조로 재편하자고 말이다.

그때 강력하게 반대했던 대기업 총수가 있었다. 그의 주장이 바로 "내가 만든 기업의 일은 내가 알아서 하겠다"는 식이었다. 노조 정도는 자기가 구워삶을 수 있다고 자신 있게 주장했다. 본인 소유 회사의 노조를 그렇게 일시적으로 회유할 수 있었는지는 몰라도, 나중에 그 회사는 노조 때문에 큰 몸살을 앓았고, 지금 그 회사 노조는 대한민국의 대표적인 귀족노조로 이래저래 지탄을 받고 있다. 돈으로 세상 모든 것을 살 수 있을 것처럼 안하무인격으로 행동했던 그 대기업 총수는 그 문제 말고도 여러 가지 악연으로 나와 대립했다.

영국의 정치사상가 에드먼드 버크Edmund Burke, 1729~1797는 이렇게 말했다. "인간의 탐욕은 끝이 없기 때문에 탐욕에 대한 제재를 가하지 않으면 다른 사람의 자유를 침해하게 된다. 따라서 의회가 제도적으로 장치를 만들어 탐욕의 한계를 넘지 못하도록 해야 한다." 기업가나 노조나 마찬가지다.

10 어디서 저런 운동권 교수를 데려왔느냐

1980~1981년 국보위와 교육세

나는 자신을 지나치게 미화하는 방향으로 과거를 회고하고 싶지는 않다. 죽으면 다 흙으로 돌아가고 거대한 역사의 강물 속에 모두 하나가 되는 것을, 고집스레 이건 이렇고 저건 저렇다고 내가 살아온 날들을 변명하고 싶지 않다. 설령 어떤 억울함이 있다 한들, 이제 와서 그런 것들이 얼마나 그리 중요하겠는가.

그럼에도 나를 둘러싼 몇 가지 비판에 대답하지 않을 수 없다. 그걸 그냥 어물쩍 넘기는 것 또한 올바른 태도가 아니기 때문이다.

2016년 민주당의 총선 참패가 예상될 때, 다 쓰러져가는 정당을 일으켜 세워달라고 하여 비상대책위원회 대표직을 수락하였더니 반대편 정당은 물론이고 민주당에서도 내 경력을 갖고 비판하는 사람들이 있었다. 크게 세 가지 경력을 문제 삼았다. 첫째, 1980년 국보위(국가보위비상대책위원회)에 참여한 사실. 둘째, 전국구와 비례대표로 여러 차례 의원직을 맡았던 점. 셋째, 동화은행 비자금 사건. 이런 일들에 대해서는 당시에도 유감을 표명하거나 훗날 여러 기회를 통해 전후 사정을 설명하여 오해가 어느 정도 해소되었다고 보지만 이 책에서도 차근차근 이야기하도록 하겠다.

박정희 정권이 보여준 교훈

1979년 한 해 동안 독일 쾰른대학에 교환 교수로 가 있었다. 연초에 독일로 떠났다가 여름방학에 잠깐 귀국했는데 그때 YH사건이 터졌다. 가발 수출업체인 YH무역의 여성 근로자들이 직장 폐쇄에 항의하며 야당 당사에 들어가 시위를 벌였는데 그들을 해산하는 과정에 근로자가 사망한 사건이 벌어진 것이다. 야당 당사 안에서 일어난 일인데다 그곳에 무리하게 공권력을 투입하여 발생한 일이라 사회적인 파장이 더욱 컸다. 그런 일이 있기 훨씬 전부터 정부 관료들을 만날 때마다 "경제정책의 방향 전환이 필요하다"고 계속 강조해왔던 터라 마음이 착잡했다.

그 사건을 보고 다시 독일로 돌아오니 이번에는 부산과 마산에서 큰 시위가 일어났다는 소식이 들렸다. 곧이어 박정희가 죽었다는 속보가 전해졌다. 경제적인 성공은 국민의 의식을 발전시키지만 정권이 국민 의식의 변화에 순응하지 못하면 결국 붕괴를 자초하게 된다는 역사적 교훈을, 박정희 정권은 그 존망의 과정을 통해 여실히 보여주었다. YH사건과 부마항쟁 등을 박정희 정권은 모두 강압적인 방법으로 해결하려고만 들었다. 국민에게 맞서려고 하거나 국민을 자꾸 가르치려고 드는 정권은 결국 국민을 이기지 못하고 무너지고 마는 법이다. 예나 지금이나 어떤 정권이든 그렇다.

1979년은 국제적으로도 혼란스러운 일이 많았다. 이란에서 시민 혁명이 일어나 팔라비 왕조가 무너지고 민주 국가가 수립되는 듯했으나 호메이니가 집권하면서 이란이 완전한 이슬람 국가가 되어버린 해가 바로 1979년이다. 영국에서는 '철의 여인' 마가렛 대처가 총리가 된 해이기도 하다. 영국은 1977년에 IMF 사태를 맞아 경제가 뿌리째 흔들리고 있었는데, 당시 영국의 경제 상황은 이탈리아보다 못한 지경이었다. 그런 와중에도 노조는 파업을 계속하고 혼란이 끊이지 않는 가운데 대처가 당선되면서 '대처리즘'이라는 새로운 실험이 시작되었다. 그런 일련의 사건들을 유럽 한복판에서 보고 들으며 세계적으로 변화의 연대가 다가오고 있다는 사실을 직감할 수 있었다.

박정희가 죽고 나서 한국에도 긍정적인 변화가 있을 것이라 약간의 기대를 갖고 있었는데, 1979년 연말 한국으로 귀국하기 직전, 독일에서 한국의 또 다른 쿠데타 소식을 들었다. 정국이 흘러가는 모양을 보니 1980년 민주화의 봄은 4.19 이후 재야와 혁신세력을 보는 듯했다. 또다시 단합하지 못하고 분열하면서 3김(김영삼, 김대중, 김종필)은 각자 자기중심의 민주화만을 강변했다. 역사는 이렇게 돌고 도는 것인가 낙담하며 나는 지금 교수이니 그저 학생들이나 잘 가르치자는 생각에 열심히 강의와 연구에 전념하고 있었다.

흡수력 좋은 사람들

그러던 1980년 6월 초 어느 날이었다. 학교에서 수업 준비를 하고 있는데 육군 중령 계급장을 단 어느 군인이 연구실로 찾아왔다. 웬일이냐고 물으니 자신은 국보위 재무분과위원회 위원장을 보좌하는 사람인데 교수님을 재무분과 위원으로 모시려 한다고 말했다. 국보위라면 박정희가 쿠데타를 일으키고 만든 국가재건회의를 모방해 신군부가 만든 기구였다. 사실상 입법 사법 행정의 모든 권한을 갖는 초헌법적인 기구였다. 국보위 의장은 최규하(당시 대통령)였지만 실권은 전두환이 갖고 있는 것도 박정희 때와 비슷했다.

무작정 안 가겠다고 하기에는 엄혹한 시국이었고, 도대체 일개 평교수에 불과한 나를 왜 재무분과 위원으로 지목했을까 의아해서 이유를 물으니 "부가가치세를 없애려고 하는데 좀 도와달라"는 엉뚱한 대답이 돌아왔다. 전혀 예상하지 못한 지점이었다. 이 군인들이 박정희 정권이 무너진 이유 가운데 하나가 부가가치세라는 사실을 알고 있구나, 그런 점에 있어서는 현실을 어느 정도 파악하고 있구나 하는 생각이 들었다. 그런데 부가가치세를 없앤다니, 이건 또 무슨 지나친 대응이란 말인가. "내가 정부에 이런저런 자문을 많이 해봤지만 그게 다 의미가 없더라. 자문을 해주면 꼭 엉뚱한 방향으로 흘러가고, 그냥 나발 부는 사람 정도로 세워두는 경우가 많더라" 하면서 완곡한 거절의 뜻을 밝혔더니 "국보위는 그냥 자문하는 곳이 아니고 정책을 결정하고 집행하는 곳"이라면서 "부가가치세를 없앨 수 있도록 꼭 도와달라"고 다시 부가가치세 이야기를 꺼냈다. 이왕 만든 세금을 왜 없애려고 하느냐고, 그래서는 안 된다고 그 자리에서 설명을 하려다가, 상대방이 그럴만한 결정을 내릴 지위에 있는 사람은 아닌 것 같아서 일단 그 자리에서는 알았다고만 대답하고 돌려보냈다.

다음날 국보위 재무분과위원회 사무실이 있다는 곳으로 찾아갔다. 가보니 위원장은 육군 소장이었고, 위원장 아래에 있는 간사가 육군 준장이었다. 그리고 민간인 위원으로 관료 2명, 교수 2명이 배정되어 있었다. 관료는 재무부 국장과 국세청 국장 각 1명씩이었고, 교수로는 서울대 경제학과 한승수 교수가 속해있었다. 나중에 알게 된 사실이지만 원래 나 말고 세제 분야를 맡기로 한 다른 교수가 있었는데 그가 신상에 문제가 생겨 공석으로 비어 있는 찰나에 나를 찾은 것이었다.

그중 위원회 간사로 있는 육군 준장이 인상적이었다. 얼굴이 굉장히 차갑고 날카롭게 생겼는데, 사람들이 그 사람을 어렵게 생각하면서 아예 접근 자체를 하지 않으려는 분위기가 느껴졌다. 위원장보다 그가 더 실세 있는 파워맨으로 보였다. 그래서 곧장 그를 만나자고 하여 내가 하고픈 말을 했다.

"당신들이 지금 비상시국에 국정을 다스린다고 하는데, 이런 상태가 얼마나 존속될지는 모르겠지만 경제정책에 있어서는 이런 때에 너무 많은 일을 하려고 해서는 안 된다. 밖에서 들은 소문에 따르면 당신들이 요즘 새로운 나라를 건설하겠다, 사회정의를 실현하겠다 하면서 의욕에 넘쳐있다는 이야기가 들리는데 그런 열정을 갖는 것은 좋다. 그런데 남미를 한번 보자. 남미 사관학교 출신들이 매번 혁명을 한다고 들고 일어났다가 지금 남미가 저 꼴이 되었다. 내가 보기에 당신들은 오래도록 야전에 있었던 사람들로, 현실을 잘 모르니 잔디에 물을 주면 쫙 빨아들이듯 흡수력이 좋은데, 당신들이 절대적 권한을 갖게 된 이런 시국에 엉터리 이야기를 듣고 그것을 그대로 실행했다가 나라를 망치는 일이 벌어질 수도 있다. 그러니 지나친 공명심에 사로잡힌 정책을 펼쳐서는 안 되고, 특히 경제정책에 있어서는 현상을 유지한다는 생각으로 임해야 한다."

완전히 정확하지는 않겠지만 대략 이런 내용의 이야기였다. 남미를 언급할 때는 약간 기분 나쁜 표정으로 바뀌는 것 같았지만 대체로 내 말에 수긍하면서 듣는 표정이었다. 겉으로 보이는 차가운 인상과 다르게 다른 사람의 이야기를 차분히 경청할 줄 아는 사람이었다. "그럼 부가가치세는 어떻게 하면 좋겠습니까?" 그가 묻기에 "부가가치세를 도입할 때에 내가 그런 식으로 성급하게 실시해서는 안된다고 반대한 것은 사실이다. 하지만 일단 도입해서 3년 이상 시행하여 이미 정착 단계에 있는 세금을 뒤집으면 또다시 세제상 혼란이 올 것이니 그대로 두는 것이 맞다"고 말했다. 그러면서 내가 생각하는 우리나라 세제 운용 체계에 대해 간략하게 설명을 덧붙였다. 내가 하는 말을 계속 조용히 듣기만 하던 그가 "좋습니다. 그렇게 보고를 하면 되겠습니다"라고 말하며 고개를 끄덕였다. 부가세를 없애는 방향으로 고집을 부릴 줄 알았는데 의외로 쉽게 말이 통하는 것 같아 놀라울 정도였다. 그 육군 준장이 나중에 내무부 장관과 신한국당 대표, 국회 부의장을 역임한 이춘구 씨로, 내 인생에 있어 가장 가까운 인연을 맺은 사람 가운데 한 명이 되었다.

쿠데타로 집권한 정권이 무너진 후에 다시 쿠데타로 집권하는 세력이 등장하고 그들이 초법적인 국보위를 만들었지만 그 기구가 나름대로 균형을 유지할 수 있었던 것은 이춘구 씨처럼 차분하고 합리적인 판단을 할 줄 알았던 참모가 있었기 때문 아닐까 생각한다. 불행 중 다행이랄까. 남미와 아프리카, 아시아 여러 국가에서 마치 유행처럼 쿠데타가 일어났던 시대에 우리나라만 거의 유일하게 경제 성장을 이룬 것은, 물론 성실한 국민들의 노력과 의지 덕분이지만, 쿠데타 중심 세력의 인적 자원이 다른 나라에 비해서는 그나마 진일보했던 측면도 완전히 무시할 수는 없다.

당시 국보위에는 마치 혁명의 시대를 만난 듯 온갖 이상적인 정책을 쏟아놓는 사람들이 적잖았다. 그중 대표적인 것이 주택 5백만 호 건설 계획인데, 1970년대 중반 부가세 도입을 도와달라고 나를 찾아왔던 김재익 씨가 그때는 국보위 경제분과위원장을 맡아 그런 계획을 내놓았다. 당시 우리나라 전체 주택 수량이 5백만 호가 채 되지 않을 때인데, 그 무슨 허황된 주장이란 말인가. 그건 이상이 아니라 몽상에 가깝다. 내가 이춘구 씨에게 "앞으로 국보위에서 경제 분야 정책을 확정할 때는 경제 관련 분과위원회의 의견을 모두 수렴한 후에 발표하도록 하자"고 제안해서 그것이 받아들여졌고, 주택 5백만 호 건설 계획도 그냥 내부 검토 사항 정도로 끝났다. 그런데 나중에 김재익 씨가 청와대 경제수석이 되자 그러한 의사 결정 과정의 걸림돌이 없어지면서 주택

5백만 호 건설 계획이 5공화국의 주요 국정과제 가운데 하나로 발표되었다. 물론 현실에서는 전혀 실현되지 못한 말풍선에 불과했다.

"김 교수, 말조심 하시오"

국보위 재무분과 위원으로 활동한 지 얼마쯤 지나 보고 회의가 열렸다. 국보위 상임위원장 앞에서 각 분과의 업무 내용을 보고하는 자리였는데, 그날 전두환이라는 인물을 처음 만나게 되었다. 세제 분야 보고는 내가 맡게 되어, 세제는 정권에 따라 마음대로 이리저리 뒤집어서는 안 되는 분야이니 일단 기본을 그대로 유지해야 한다는 내용의 발표를 했다. 보고가 끝나고 외부에서 온 교수 중에서 할 말이 있으면 하라고 하기에 자리에서 일어나 이렇게 말했다.

"어차피 금년은 국내외 경기도 좋지 않아 아무리 노력해도 경제성장은 이룰 수 없습니다. 그러니 성장에 너무 관심을 갖지 말고 이럴 때 차라리 대한민국 경제에 윤리를 확보하는 일을 하십시오. 그동안 우리나라 대기업이 경제발전에 기여를 하기도 했지만 물의를 일으킨 부분도 적지 않은데, 앞으로 당분간은 기업의 윤리를 확립하는 방향으로 노력하는 것이 좋겠습니다."

저녁에 집에 가려는데 재무분과위원장이 나를 보자고 자기 방으로 불렀다. 갔더니 대뜸 "김 교수, 말조심 하시오"라고 위협하듯 말하는 것 아닌가. 그날 회의가 끝난 후 분과위원장들끼리 이야기를 나누었는데 "어디서 저런 운동권 교수를 데려왔느냐"고 다들 어이가 없어 했단다. 그 말을 듣고 나도 고분고분 있을 수만은 없어서 "나는 당신들이 도와달라고 해서 왔는데, 내가 하는 말이 듣기 싫으면 앞으로는 나오지 않으면 되는 것 아니냐'고 대답했다. 분과위원장이 못 말리는 사람이라는 표정으로 나를 바라보며 손사래를 쳤다. 나로서는 '할 말 있으면 하라'고 해서 했던 말인데 이러려면 발언 기회는 왜 줬나 싶었다.

그로부터 일주일쯤 지났을까, 이번에는 운영위원장이라는 사람이 자기 방으로 오라고 했다. 운영위원장도 육군 소장이 맡고 있었는데, 각 분과위원회를 총괄하는 직책이라 가장 실권이 있는 자리였다. 그가 "상임위원장(전두환) 지시"라며 "당신이 얘기했던 대로 경제의 윤리를 확보하는 방법이 무엇인지 구체적으로 정리해서 보고서를 제출하라"고 했다.

운동권 교수라고 비웃을 때는 언제고 갑자기 왜 그러는가 싶었더니, 그 뒤로 내 뒷조사를 좀 했던 것 같다. 그러다 과거에 금요회 활동에 참여했던 자료 등을 발견했는데, 그것을 통해 사회의료보험과 재형저축 도입을 주장한 사람이라는 사실을 알게 된 모양이었다. 정책 아이디어를 얻으려는 목적으로 보고서를 쓰라고 지시했던 것 같다. 1970년대 금요회를 만들면서 마음에 품어두었던 정책(노동법, 노사관계법, 기업지배구조를 바꾸는 일 등)에 대한 보고서를 작성했는데, 얼마 뒤 전두환이 대통령으로 취임했다. 그래서 그 보고서를 '국보위 상임위원장' 전두환이 아니라 '대통령' 전두환 앞에서 보고하게 된 것이다. 노동조합과 관련한 이야기를 하자 전두환이 "당신 생각이 어떻게 이렇게 내 생각과 똑같을 수 있느냐"고 얼굴에 화색을 밝히며

반긴 보고가 바로 그때의 일이다.

나중에 더 겪으면서 알게 되었지만 전두환에게는 다소 이런 측면이 있었다. 자신에게 비판적인 사람을 한두 명씩 옆에 두려는 기질이 있었다. 그래서 남들이 '운동권 교수'라고 부르는 나에게 일부러 보고서를 쓰라고 시켰던 것 같기도 하다. 그런 식으로 자신의 배짱과 아량, 혹은 융통성을 보여주려는 듯한 일을 몇 번 계속했다. 1981년 11대 국회도 그렇고, 1985년 12대 국회도 그렇고, "내부에서 반대하는 사람도 있어야 균형이 맞춰지는 법"이라면서 전국구 국회의원 후보자 명단에 내 이름을 넣으라고 지시한 사람이 전두환이라고 들었다. 1986년에 헌법을 개정하기 위해 개헌특위가 만들어졌을 때에도, 위원 명단에 나를 꼭 포함시키라고 지시한 사람도 전두환이었다. 그런 이유로 "혹시 대통령과 개인적인 인연이 있습니까?" 라고 조용히 물어보는 사람마저 있을 정도였다. 앞에 소개하였듯 국보위 상임위원회 회의 전에 전두환은 얼굴도 본 적 없고 이름도 몰랐던 사이다.

하지만 전두환의 아량은 딱 그 정도였다. 막상 의원이 되어 정부 입장에 맞서는 주장을 자꾸 하자 소속 상임위를 강제로 옮겨 아무런 역할도 하지 못하도록 손과 발을 묶어버린 적도 있었다.

공교로운 교육세

1981년 의회 활동이 정상화되면서 총선이 열렸고, 나는 재정·조세 분야 전문가로 전국구 의원에 당선되었다. 국회에 들어가자 당연한 수순으로 나는 재무분과에 소속되었다. 그런데 시작부터 정부와 부딪히는 일이 일어났다. 교육세 때문이었다.

5.17쿠데타 직후 전두환이 가장 먼저 단행한 조치 가운데 하나가 과외 금지였다. 쿠데타로 집권한 세력이다 보니 여론의 지지가 필요했을 테고, 그래서 사회정의를 실현한다면서 부유층의 상징으로 여겨졌던 과외를 일제히 금지시켰다. 과외를 금지하면 그만큼 공교육을 강화해야 하는데, 그러려면 재정이 필요했다. 그래서 오로지 교육 재정 확보를 위한 목적의 세금을 도입하기로 한 것이다. 바로 교육세였다.

국회에 들어가 첫 의원총회에 참석했는데 공교롭게도 안건이 교육세 문제였다. 왜 '공교롭다'고 표현하냐면, 의원이 되기 직전인 1981년 연초에 교육세와 관련한 사회적 찬반 토론이 한창일 때 나는 반대 입장을 분명히 했기 때문이다.

부가가치세 도입 과정에 강조했던 것과 마찬가지로, 어떤 세금이든 새로운 세금을 만들어내는 일은 일단 신중해야 한다. 게다가 교육세를 '목적세'로 도입하겠다는 것이 문제였다. 목적세는 일반 회계에 포함되는 다른 세금과 달리 반드시 그 목적에만 사용해야 한다. 그렇게 사용처가 고정되어 있는 세금은 예산의 탄력성을 떨어뜨린다.* 교

---

* 교육세는 나중에 너무 많이 걷혀 문제가 될 정도의 세금이 되었다. 그러면 다른 분야에 쓰면 되는데, 목적세로 분류되어 있으니 그럴 수 없다. 목적세는 이렇듯 재정 운용을 경직되게 만드는 부작용이 있어 도입에 신중해야 한다. 처음 교육세가 만들어질 때는 1986년까지 시행하는 임시 목적세였는데 계속 연장되다 1991년 영구세가 되었고, 2008년에 폐지하려고 했지만 교육단체들의 반대에 부딪혀 폐지하지 못했다.

육을 국가의 의무라고 생각해서 교육 재정을 확충해야겠다고 판단했으면 최대한 일반 회계에서 재원을 마련할 방도를 찾아야지 교육에 필요하다고 교육세를 따로 만드는 일은 그리 바람직하지 못하다. 교육세는 물론이고 특정 목적에 따라 그때그때 이런저런 명목의 목적세를 만드는 선례를 남겨서는 안 된다. 이것은 조세의 기본 원칙이다. 당시 신문을 찾아보면 중앙일간지에 내가 그런 내용의 칼럼을 썼던 사실을 확인할 수 있을 것이다.

의총에 참가했을 때 이런 견해를 밝히면서 반대 입장을 내놓았다. 물론 청와대에서는 교육세를 신설하는 것을 이미 확고한 입장으로 정해놓고 있었다. 의총은 일종의 요식행위에 불과하다는 사실을 알고 있었지만 어쨌든 나는 신념과 원칙에 따라 반대했다.

그 시절을 돌아보면 웃지 못할 일이 많은데, 당시에는 당 사무총장이 의원들에게 일일이 점수를 매겼다. 그날 의총에서 교육세 찬성 입장을 밝힌 의원에게는 90점을 줬고 나에게는 40점을 줬다. 어쨌든 그런 건 신경도 안 썼는데, 의원회관 사무실로 돌아와 곰곰이 생각해보니 내 입장과는 상관없이 어차피 교육세는 기어이 도입할 것이고, 여당 의원으로서 정부 입장에 무조건 반대만 하는 것도 능사가 아닌 것 같아, 일단 목적세로 도입은 하더라도 최대한 문제가 없도록 대안을 마련하는 편이 낫겠다고 판단했다.

내가 봤을 때 당시 정부에서 마련한 교육세법의 가장 큰 문제는 교육세를 재산세에 부가Surtax하는 점에 있었다. 간단히 설명하자면 교육세와 같은 목적세는 독자적인 과세기초가 없으니 현재 걷고 있는 다른 세금에 슬쩍 얹어놓는 방식으로 징수하게 된다. 당시 정부는 특별소비세와 에너지, 주세, 환경세 등에 교육세를 부가하는 방법을 고려했는데, 그중 하나로 재산세가 끼어 있었다. 재산세를 걷을 때 거기에 교육세를 포함시키는 것이다.

문제는 재산세가 지방세라는 점이다. 재산세는 지방에 필요한 재정을 확보하려고 지방세로써 걷는 것인데, 중앙정부의 고유 의무인 공교육의 필요성 때문에 걷는 세금인 교육세를 그런 지방세에 갖다 붙이는 것은 앞뒤가 맞지 않는 행동이다. 거기다 재산세는 토지, 건축물 같은 재산을 갖고 있다는 이유로 부가되는 세금으로, 실현되지 않은 이익에 과세를 하는 셈이라 원래 논란이 있는 세금인데 거기에 다시 교육세까지 얹는다니 납세자들이 쉬이 받아들이기 힘들 것이다. 이런 문제를 의총에서 어느 누구도 제기하지 않은 것이 한심할 노릇이었다.

그래서 나는 일단 교육세는 도입을 하되 재산세는 부가 대상에서 제외하고 다른 세금으로 대체할 방법을 찾아보았다. 생각에 떠오른 대안은 보험영업세였다. 보험업에 해당하는 세금으로, 부가가치세가 등장하면서 없어진 세금인데, 거기에 교육세를 부가하면 되겠다고 판단했다. 그래서 사무실에 홀로 앉아 밤새도록 계산기를 두드려가며 재산세 부가 방식을 보험영업세 부가 방식으로 바꾸었을 때 그만큼 세수를 대체할 수 있겠는지 파악해보았다. 내 계산으로는 충분하다는 결론이 나왔다.

다음날 흥미로운 소식이 전해졌다. 청와대 정무부서에서 '교육세를 재산세에 부가하는 방식은 정치적으로 부담이 크다'는 의견을 내놓았다는 것이다. 그럼 그렇지 하는 생각이 들었다.

"계산은 해봤습니까?"

내 나름대로 대안을 찾긴 찾았으나 문제는 교육세법이 의총을 거쳐 대통령 결재까지 이미 끝난 사안이라는 사실이었다. 내용을 바꾸려면 누군가 대통령을 찾아가 이래저래 해서 바꿔야 한다고 설명해줘야 하는데 당시에 나는 당직도 없고 일개 의원에 불과했다. 당에 정책위 의장이 있고 부의장, 조정실장도 있지만 누구에게 이야기해도 자신은 대통령에게 그것을 설명하고 설득할 자신이 없다며 "당신이 조세이론 전문가로 국회에 들어왔으니 직접 설명하시오" 하고 말한다.

그래서 자리가 마련돼 대통령에게 내가 직접 설명하게 되었다. "재산세는 지방재정의 중요한 세원인데 거기에 교육세를 붙이면 안 된다. 또 재산세를 직접 납부하는 사람들은 주로 주부들인데, 세금에 민감한 주부들이 그동안 내왔던 재산세에 교육세가 붙어있는 것을 보면 정치적으로도 타격이 클 것이다"라고 설명했다. 전두환이 내 이야기를 듣더니 "재무장관, 경제수석이랑 여러 차례 상의하고 결정했는데 그 사람들은 이런 말을 한 적이 없어"라며 난감한 표정을 지었다. 그리고는 "경제수석이랑 의논해서 해결하라"고 했다. 경제수석이 김재익 씨였다. 그는 그동안 준비해왔던 것을 부정당한 꼴이라 기분이 썩 좋지 않은 표정이었다. "경제수석과 해결할 수 있는 문제라면 내가 여기까지 올 필요도 없었다"고, "대통령께서 이 자리에서 결정해주시라"고 나는 대답했다. 재산세 부가 방식을 대체할 다른 세원을 찾으면 그렇게 하라는 지시가 내려졌다.

그리고 내 사무실로 돌아왔는데, 당 사무총장에게 전화가 왔다. 대뜸 "어떻게 했길래 그런 엉터리 같은 계산을 했느냐"는 것이다. 내가 돌아간 뒤에 재무부에서 계산해봤는데, 내가 말한 방식대로 하면 세수가 절반밖에 걷히지 않는다는 것이다. 그럴 리 없었다. 몇 번이나 확인하고 또 확인하며 이미 계산해본 사항이다. 나는 곧장 상황을 파악하고 "내일 아침 재무장관, 원내총무와 조찬을 함께 하시지요"하고 제안했다. 다음날 그들을 만난 자리에서 또 재무장관이 "김 의원이 주장하는 방식대로 하면 세수가 목표의 절반밖에 걷히지 않는다고 하더군요" 하고 말했다. 나는 웃으면서 내 계산이 틀림없다고 다시 확인하고 "내일 재무분과에서 법안을 통과시키기로 했으니 재무부 실무자들이 계산한 내용을 저녁 8시까지는 가져와달라"고 부탁했다.

저녁 8시를 넘겨 밤 10시 정도가 되어서야 실무자들이 도착했다. 실무자들은 "의원님이 제안한 방식대로 해보니 세수가 오히려 늘어납니다"라고 말했다. 그런데 왜 '목표의 절반밖에 걷히지 않는다'고 말했던 것일까? 사실은 계산조차 해보지 않고 그냥 딴죽을 걸어본 것이다. 내가 그럴 리 없다고 하면서 시간까지 지정해 결과물을 가져오라고 하니까 그때서야 부랴부랴 계산을 해본 것에 불과했다.

그동안 관료와 공직사회를 대하면서 이런 일을 여러 번 겪었다. 우리나라 고위 관료와 공무원들은 유별난 고집 혹은 자존심이 있는데 자기가 '이렇게 하겠다'고 결심하고 계획한 내용에 대해 누군가 오류나 문제점을 발견하면 그것을 결코 참지 못한다는 사실이다. 그래서 상대방이 틀렸다고 일단 공격부터 하고 본다. 그러면 상대는 보통 움찔하며, '내가 틀렸나?' 하고 당황하게 된다. 그런 과정들을 거치면서 깨달았다. 이런 사람들을 상대하여 정책적으로 대결하려면 의원 개개인이 자기 확신이 있고 능력이 있어야 되겠구나. 확신과 능력이 없으면 그들이 전해주는 자료에만 계속 의존하게 되고 거수기 신세가 되면서, 행정부를 감시하고 견제하는 독립적 헌법기관으로서 자기 역할을 제대로 수행하지 못한다. 국회의원의 수준이 높아야 하는 이유는 여기에 있다. 말 잘하는 의원이 아니라 능력 있는 의원이 필요하다는 말이다.

교육세 문제는 그렇게 일단락 지어졌다. 그런 과정을 통해 초선 의원이지만 조세나 세법, 재정 문제와 관련해서는 굉장히 깐깐한 사람이라는 소문이 퍼졌던 것 같다. 하지만 그것은 시작에 불과한 싸움이었다.

11 조선시대에 태어났다면 조광조
1982년 금융실명제와 법인세 인하

예를 들어 1982년에 어떤 사람들이 "'새로운 전화기'를 만들어보자"고 제안했다고 하자. 그 전화기는 선이 없고, 누르는 버튼도 없고, 화면에 모든 것이 나타나고, 전화기로 계산도 하고, 전화기로 영화도 볼 수 있고, 전화기 안에 책 수백만 권 분량의 정보도 집어넣을 수 있다고 한다. 그 전화기를 모든 국민에게 하나씩 나눠주고 집집마다 보급하면 새로운 시대가 열릴 것이라고 그는 공언했다. 그 전화기 이름을 '휴대폰'이라고 했다.

생각은 좋지만 1982년의 기술력으로는 공상 과학에 불과한 이야기다. 당시에 혹여 비슷한 물건을 만들었다 하여도 기지국을 세울 수 없어 상용화할 수 없었다고 하자. 그런데 그때 그런 문제를 들어 비판한 사람을 "휴대폰 보급에 반대했다"고 평가하거나 심지어 "정보통신의 발전을 거역한 사람"이라고 표현하는 일은 과연 타당할까?

장영자와 촛불정부

1982년에 세상을 떠들썩하게 만든 사건이 하나 터졌다. 장영자라는 여인이 남편과 작당하여 기업과 은행을 상대로 거액의 사기극을 벌인 것이다. 이른바 '장영자-이철희 부부 어음 사기 사건'이다.

이들의 사기 수법은 의외로 간단했다. 현금을 들고 기업에 가서 "이 돈을 빌려주겠다"라고 말하고, 대신 몇 배에 달하는 약속어음을 받았다. 그 어음을 들고 은행에 가서 곧장 현금화하고, 다시 그것을 다른 기업에 빌려주고, 거기서 또다시 어음을 받고, 계속 현금화하는 수법을 반복한 것이다. 그렇게 해서 그들이 저지른 사기 규모가 무려 7천억 원에 달했다. 지금도 7천억 원이면 엄청난 액수이지만, 당시 서울 아파트 한 채 가격이 1천만 원이 되지 않을 될 때이니, 지금으로 따지면 수십 조 원은 되는 어마어마한 거액이다. 거의 역사적인 수준의 사기 사건이다.

이렇게 엉성한 사기 수법이 성공할 수 있었던 이유는 대체 뭘까? 장영자라는 여인이 대통령의 처삼촌의 처제라는 먼 인척 관계에 있었고, 장영자의 남편 역시 안기부 차장 출신이었기 때문이다. 예나 지금이나 이렇게 '대통령과의 특수 관계' 혹은 '전직 무엇'을 내세우는 사기 사건과 부정부패는 끊이지 않는다. (장영자 씨는 그 사건으로 감옥에 갔다 온 뒤로도 몇 번이나 사기 행각을 거듭했고, 이 글을 쓰고 있는 지금도 감옥에 있다.)

그런 장영자 부부가 1982년 5월 구속되었다. 그해 5월과 6월은 이 사건에 대한 뉴스 보도로 언론이 온통 도배가 되다시피 했다. 어딜 가든 국민들은 혀를 끌끌 차며 장영자 사건을 이야기했다. 한 달이 지나도록 여론은 가라앉지 않았다. 그러자 7월 3일 정부에서 기자회견을 열었다. 사건에 대한 유감 표명일 줄 알았더니 느닷없이 '금융실명제'를 실시한다는 계획을 발표했다. 앞으로 모든 은행 거래는 실명으로만 가능하도록 하겠다는 것이다. 그렇게 해서 경제정의를 바로 세우겠다는 것이다. 그 뒤로 모든 뉴스는 금융실명제로 도배됐다. 누가 봐도 장영자 사건을 덮고 여론을 무마하기 위해 급조해낸 정책으로, 이른바 '7.3조치'라고 불렸다. 권력을 앞세운 범죄 사건을 '제도'의 문제로 호도하면서 본질을 흐리는 전형적인 정치 수법이다.

이 글을 쓰고 있는 2019년 11월 현재, 새로 임명된 법무부 장관이 딸을 대학에 보내면서 각종 서류를 위조했던 행적이 알려지면서 국민의 실망과 분노가 하늘을 찌르고 있다. 그런데도 청와대는 그런 범죄 행위가 잘못된 입시제도 때문에 벌어진 것처럼 문제를 끌고 가면서 본질을 흐리려는 어설픈 노력을 계속하는 중이다. 급기야 대입 전형 방법을 바꾸고 전국의 자립형 고등학교를 모두 폐지하는 몰상식한 방침까지 서둘러 발표하고 있다. 정부가 쫓기듯 급조하는 정책에는 이렇게 다 이유가 있다. 40년 전이나 지금이나, 군사정권이나 '촛불정신'으로 생겨났다는 정부나, 권력의 양태와 속성은 어쩜 이리 쌍둥이처럼 똑같은지⋯⋯. 다만 지금 국민들은 그런 '먼 산 가리키기' 수법에 쉬이 속지 않는다는 점이 달라졌다.

고양이 목에 방울 달기

7.3조치가 발표되고 당정협의회가 열렸다. 정부쪽에서 부총리, 재무장관이 나오고, 당에서는 대표, 사무총장, 원내대표, 재무위원장, 간사, 이렇게 모이는 자리였다. 그런데 갑자기 나보고 참석하라는 것이다. 당시 나는 아무런 직책도 없는 평의원에 불과했는데 "당신이 조세 전문가니까 같이 들어야 한다"면서 사무총장이 자꾸 재촉하여 나까지 참석하게 되었다.*

회의 분위기를 보니 역시 금융실명제를 당장 실시하려는 듯한 기세였다. 그날 회의에서 나는 "되지도 않을 일을 왜 자꾸 하려고 드느냐"고 반박했다. 지금도 나는 '되지도 않을 일을 억지로 하려고 덤벼드는 무모한 정책 사례'를 거론할 때 부가가치세와 함께 이 금융실명제를 늘 소재로 삼는다.

"1961년에 이미 '예금 적금 등의 비밀보장에 관한 법률'**을 만들

---

* 7.3조치가 발표되기 며칠 전인 1982년 6월 28일 이른바 '경제활성화대책'이 발표됐다. 금리를 4%p 낮추고 법인세를 20% 단일세율로 낮추는 내용이었는데(원래 법인세는 법인 유형에 따라 20~27%로 다양했다), 그 대책이 국민에게 별로 호응을 얻지 못하자 서둘러 금융실명제를 발표한 것이다. 당시 내가 당정협의회에 참석한 것은 6.28과 7.3을 함께 논의하는 자리였기 때문이다.

** 경제개발의 시작점에 섰을 때 우리나라는 갖고 있는 재정이 너무 없었기 때문에 이런 법률까지 만들었다. 음지에 있는 자본을 어떻게든 제도금융권으로 끌어오기 위한 제도적 유인책이었다. 그것도 부족해 1971년에는 법률을 개정해 "금융기관 종사자들이 금융거래내역을 외부에 제공하거나 누설해서는 안 된다"는 조항까지 추가해 예금주의 비밀을 철저히 보장해주었다.

어 도둑놈 돈이라도 은행에만 갖다 놓으면 괜찮다고 해놓고선 20년이 지난 지금에 와서 실명제 아니면 다 범죄인 것처럼 취급하는 것은 모순적이지 않느냐." 의견을 말하라기에 나는 일단 이렇게 이야기를 시작했다. 그리고 금융실명제의 허구성에 대해 하나씩 이야기했더니 모두가 진귀한 생명체를 발견한 듯 내 얼굴을 훑어봤다. 대통령이 강력한 의지를 갖고 추진하는 정책이니까 다들 겁이 나서 말을 못 하던 때였다. 게다가 불리한 시국을 덮을 묘안으로 내놓은 정책이었다. 그것을 초선 의원이 대놓고 반대하고 있었던 것이다. 나는 "결국 추진하지 못할 정책이니 어디 한번 두고 봅시다"라고 장담했다.

보름쯤 지나 7월 중순에 여름휴가를 갔다. 강원도 속초 바닷가에서 하루를 보내고 호텔로 돌아가는 길에 교통순경에게 붙잡혔다. 법규를 위반한 일이 없는데 왜 그런가 했더니 치안본부(지금의 경찰청)에서 나에게 수배령을 내렸다는 것이다. 무슨 수배령이냐고 물으니 나를 발견하는 대로 잡아서 당 대표에게 당장 전화를 하라는 지시가 내려졌단다. 휴대폰도 없고 이메일도 없던 시절이라 국회의원이 외부로 나가 연락이 두절되면 그런 방식으로 찾을 수밖에 없던 시절이었다. 도대체 무슨 중요한 일이기에 치안본부까지 동원해서 나를 찾고 있나 했더니 내일 오후 대통령에게 금융실명제에 대한 보고를 해야 하니 나더러 참석하라는 것이다. 지금이야 서울에서 속초까지 두세 시간 정도면 훌쩍 갈 수 있게 되었지만 그때만 해도 반나절이 넘게 걸렸다. 꼬불꼬불한 대관령을 넘어야 하기 때문에 밤에 운전을 하는 일은 위험했다. 이튿날 동이 트자마자 출발해 점심 무렵 서울에 도착해 아슬아슬하게 청와대에 들어갔던 것이 기억난다.

당시 당 대표가 과거 신민당 부총재를 지낸 이재형 씨로 꽤 합리적인 사고를 갖고 있는 분이었다. 대통령이 하는 일에 무작정 찬성만 하지 않고 반대 의견도 전달하는 것이 여당의 역할이라는 소신을 지니고 있었다. '고양이 목에 방울 다는' 임무가 내게 주어졌다. 정책위의장과 함께 청와대에 갔더니 대통령 옆에 정무수석과 경제수석이 배석해 있었다.

사회과학 실험이 실패하면

시간을 좀 건너뛰어 이야기해보자. 전두환 정부에서 이렇게 처음 공론화된 금융실명제는 법률로 제정되기는 하였지만 실행은 하지 않은 껍데기 실명제로 끝났고, 노태우 정부의 공약 사항으로 태스크포스팀까지 만들어 준비했던 금융실명제는 내가 경제수석이 되자 아예 팀을 해체시키면서 시행을 중단했다. 김영삼이 집권하고 나서 대통령 긴급명령으로 결국 금융실명제가 실시됐다. 금융실명제는 김영삼 최고의 치적으로까지 평가받는다. 과연 그럴까?

금융실명제를 주창한 사람들은 "실명제가 실시되면 가명이나 차명으로 숨겨져 있던 지하의 비밀 자금들이 외부로 드러나 경제가 활성화 되고……."라는 식으로 이야기하곤 했다. 이런 논리는 1962년 화폐개혁을 실시할 때 군인들이 했던 말들과 꼭 닮지 않았는가. "화면의 액면가를 바꾸게 되면 자유당 부패 관료들이 갖고 있던 비밀자금이 다 외부로 드러나고⋯⋯."라고 말이다. 가게마다 금전출납기가 설치되면 국민들이 너나없이 세금계산서와 영수증을 주고받으면서 지하경제가 금세 사라지고 부가가치세가 왕창 걷힐 것이라고 믿었던 사람들의 사고와도 닮았지 않은가? 화폐 개혁의 결과는 과연 어떻게 됐던가? 성급한 부가가치세의 결과는 또 어떻게 됐던가? 독자들은 책의 앞부분에서 읽었으니 충분히 알고 있을 것이다. 금융실명제 역시 그랬다. 그것을 실시했다고 지하에 숨어있던 돈이 뭉텅뭉텅 터져 나오는 일 같은 것은 단연코 일어나지 않았다. 설익은 정치인들은 꼭 이런 식의 환상을 갖는다.

정말로 돈 있고 권력 있는 사람들은 어떻게든 돈을 잘 숨긴다. 금융실명제가 실시되었다고 그것을 양지에 내놓지 않는다. 금융실명제가 실시된 지 10년이 넘게 지난 2008년에 삼성 이건희 회장의 비자금 4조 5천억 원 가량이 드러난 사실을 보라. 그 뒤로도 삼성의 비자금은 계속 발견되는 중이다. 드러난 것만 그 정도이고, 지금도 그들은 온갖 다양한 방법으로 금융실명제를 피해가고 있을 것이다. 그래서 나는 금융실명제 실시 여부를 놓고 논란이 계속될 때 "돈은 태양을 싫어하는 속성을 갖는다"라고 말하기도 했다.

그렇다면 금융실명제라는 것은 과연 뭘까? 예금이나 금융거래를 본인 명의로만 해야 하는 이유는 뭘까? '가명은 가짜이니 진짜 이름으로 정의를 세우기 위해서 그런다'는 명분 이외에 금융실명제가 갖는 '경제적인' 의미는 대체 뭐가 있을까?

경제 정책상 금융실명제는 조세의 문제로 귀결된다. 예금이나 적금, 주식과 같은 금융거래를 실명으로 하게 되면 누가 얼마나 이자소득이나 배당소득을 얻었는지 파악할 수 있게 된다. 그래서 종합소득세를 책정할 때 이러한 소득을 포함시킬 수 있게 되어 세수가 늘어난다. 우리나라는 1974년 이미 종합소득세를 실시했지만 이른바 금융소득에 해당하는 이자소득과 배당소득은 합산과세 대상에서 제외하여 '절름발이 종합소득세'라는 비판을 받았다. 금융소득까지 합산과세 대상으로 포함시켜 완전한 형태의 종합소득세를 만들려면 금융거래를 모두 실명으로 해야 하기 때문이다. 결국 금융실명제란 완전한 형태의 종합소득세를 실시하는 관문 정도이고, 그것을 통해 약간의 세수를 늘리는 일이다. 그런데 이자소득이나 배당소득으로 큰 수익을 창출하며 살아가는 사람이 그리 많지 않은 우리나라 실정에서, 그것을 굳이 종합소득 과세 대상에 포함시켜 얼마나 세수가 늘어날 수 있을지는 장담할 수 없다.

그것도 어디냐, 종합소득에 금융소득을 합산하고 조세 정의를 세우는 일인데 당장 실행해야 하지 않겠느냐, 하고 말하는 사람도 있겠지만 4백만 명도 되지 않는 자영업자의 부가가치세도 제대로 징수하지 못하던 1980~1990년대의 세무행정 능력으로 어떻게 1천만 명에 달하는 종합소득세를 관리한단 말인가. 애초에 말이 되지 않는 이야기다. 그래서 내가 "되지도 않을 일을 왜 하려고 하느냐"라고 말했던 것이다. 당시 상황으로는 금융실명제도 부가가치세처럼 '실효성은 희박한데 부작용은 분명한' 그런 정책이었다.

요컨대 '금융실명제를 실시하겠다'는 말은 '완전한 형태의 종합소득세를 실시하겠다'는 말이지 그 무슨 사회정의를 실현하겠다는 말이 아니다. 이것을 전두환, 노태우, 김영삼 정부에서 계속 사회정의란 이름으로 포장하여 여론을 호도하거나 대단한 업적인양 자랑하였던 것이다. (이러한 전후 사정과 배경지식을 모르고 내가 금융실명제에 반대했다는 외적 사실 하나만으로 반개혁적인 인물쯤으로 묘사하는 사람들이 있었다. 세상은 다층적이고 입체적으로 봐야 한다.)

청와대에 들어가 전두환에게 이런 내용을 쭉 설명했다. 전두환의 표정이 싸늘하게 바뀌었다. 한 번도 들어보지 못한 이야기라는 표정이었다. 그때 내가 "잘 모르는 걸 왜 하려고 하십니까?"라는 표현을 썼는데 옆에 있는 정책위 의장과 경제수석은 깜짝 놀라다 못해 얼굴이 창백해졌다. 감히 대통령에게 '잘 모르는 것을 하려고 한다'고 말하다니, 완전히 불경죄를 저지른 것이다. 나도 약간 말실수를 했다는 것을 느꼈다.

전두환이 내 말을 듣고 한참 아무 말도 하지 않다가 이렇게 말했다. "안 되겠구만." 솔직히 그때 약간 서늘함을 느꼈다. 그리곤 하는 말이 "종합소득세에 이자소득을 과세하면 안 되겠구만"이라고 했다. 놀란 가슴을 쓸어내렸다. 이어 "경제수석은 빠지고, 당에서 앞으로 이 문제는 정무수석과 상의하라"고 지시했다. 경제수석이 아니라 정무수석이 담당할 문제라고 빠르게 이해한 것이다. 그 뒤로 1987년 임기를 마칠 때까지, 전두환은 금융실명제에 대해서는 입에도 올리지 않았다.

사실은 청와대에서 그렇게 전두환을 면담하기 전에 경제수석 김재익 씨가 우리 집에 찾아왔었다. 강원도로 휴가를 떠나기 며칠 전의 일이었다. 전두환이 김재익에게 "당에서 김종인이 금융실명제를 그렇게 반대한다고 하는데 어떡할 거냐"니까 김재익이 "제가 친하니 설득해보겠습니다" 하고 찾아온 것이다. 술상을 사이에 두고 밤늦도록 논쟁을 벌였다. 나는 절대로 찬성할 수 없다고 못을 박았다. "당신이 청와대 경제수석이 되어 대통령을 배경 삼아 이런저런 경제 이론을 마치 실험하듯 진행하고 있는데, 그것 때문에 국민이 고통 받으면 책임질 자신이 있느냐"고 따졌다. "자연과학은 실험하다 폭파 사고가 일어나면 자기만 희생되면 그만이지만 사회과학은 실험하다 실패하면 실험자는 멀쩡한데 국민만 희생된다"는 모진 말까지 했다. "도대체 금융실명제는 실시해서 뭐하겠다고 그렇게 집착을 하느냐"고 묻기도 했다. 돌이켜보면 그는 꽤 이상주의적인 인물이었다. 자기 집에 돌아가면서 "실행은 안 돼도 입법만 하면 되지 않겠느냐"고 묻기에 그냥 웃고 말았다. 결국 전두환 때의 금융실명제는 종합소득세에 금융소득을 합산 과세하는 내용은 빠진, 전혀 알맹이가 없는 실명제로 입안되었고 시행이 보류되었다. 희미한 명분만 챙긴 셈이다.

이듬해(1983년) 10월 9일 김재익 경제수석은 미얀마에서 목숨을 잃었다. 88서울올림픽이 어떻게든 열리지 못하게 만들려고 북한이 저지른 폭탄 테러 행위로 부총리, 외무부 장관, 상공부 장관 등 정부 각료 17명이 한자리에서 사망하는 사건이 발생했다. 김 수석도 그때 희생됐다. 당시 현장에서 유일하게 살아남은 각료가 합참의장 이기

백 대장이었는데 이 책의 원고를 정리하고 있는 2019년 12월 16일 부음이 전해졌다. 1980년 국보위 운영위원장으로 내게 '경제윤리를 확보하는 방안에 대해 보고서를 쓰라'고 지시를 전달한 인물이 바로 그 사람이다. 버마 아웅산 사건으로 운명을 달리한 분들의 명복을 빈다.

"이건 우리 소관이다"

김재익 경제수석은 백지장처럼 아무것도 그려지지 않은 전두환의 머리에 미국식 자유주의 경제 이론이라는 그림을 그려 넣은 사람이었다. 그래서 지금도 사람들은 김재익을 '전두환의 경제 가정교사'라고 표현한다. 전두환이 김재익의 조언에 무조건 따른 것은 아니었지만 바로 옆에 있었으니 경제 정책에 대해서는 많은 영향을 끼친 것이 사실이다. 5공화국 경제 정책이 '안정'을 최우선의 과제로 삼았던 것도, 기업을 활성화하는데 중점을 두었던 것도 모두 김재익표標 경제 이론의 영향이 컸다.

1982년 11월 정부에서 작성한 세법 개정안이 국회로 넘어왔다. 내용을 살펴보니 법인세를 절반으로 삭감하는 것이 골자였다. 기업들에게 힘을 실어주겠다는 뜻으로 읽히는데, 그렇게 하면 세수가 줄어 정부 예산이 5천억 원 정도 적자를 보게 되는 계산이 나왔다. 경제 안정을 목표로 내세우는 정부가 세금을 대폭 줄이면서(그것도 기업들의 세금을 줄이면서) 그렇게 적자 예산을 편성하는 것은 앞뒤가 맞지 않는 행위다. 게다가 금융실명제가 완전한 종합소득세 실현을 통한 세수 확보에 목적이 있다면, 그렇게까지 하면서 재정을 확충하려 드는 사람들이 법인세를 깎는다니, 역시나 앞뒤가 맞지 않는 정책이다. 당시 나는 국회 재무위 세법소위원장을 맡고 있어, 그러한 세법 개정안을 모두 원점으로 돌려버렸다. 법인세를 왜 인하했느냐고 재무장관에게 따져 묻기도 했다.

재무장관이 법인세나 예산안에 대한 직접적인 답변은 하지 않고 "국무회의 의결을 거쳐 대통령 결재까지 끝난 사항을 어떻게 일개 국회의원, 그것도 여당 의원이 반대할 수 있느냐"는 식으로 말하길래 "그렇다면 장관이 국회의 세법과 예산 심의에 관여할 권한은 어디 있느냐. 이건 우리 소관이다"라고 대꾸했다.* 당시 언론에서 "집권 여당이 정부 정책에 대해 보완책을 통해 수정을 가하는 전례가 없는 일"이라고 보도하기도 했는데, 정부가 잘못된 일을 따지는 것에 여당 야당이 어디 있겠는가. 당연한 일을 한 것뿐이다.

결국 그해 예산안은 여야가 뒤바뀐 형국으로 통과됐다. 야당이 오히려 여당 수정안에 환호하면서 여야 만장일치로 예산이 통과됐다. 언제나 야당이 반대해 회기를 넘기던 연말 국회 풍경이 그해에는 일어나지 않았다. 나중에 들으니 재무장관이 대통령을 찾아가 나를 거론하며 '그 사람 때문에 일을 못하겠다'고 비난하니까 전두환이 "국

---

* 그 재무장관은 나중에 김영삼 정부때 부총리에 임명돼 우리나라에 IMF 구제금융 사건을 불러온 핵심 인물로 지탄받았다.

회에서 그렇게 했으면 됐지 어떻게 할 거냐"하고 그냥 넘어갔다고 한다. 하지만 그 뒤로 내 상임위 자체가 바뀌었다. 나는 국회 재무위원회에서 쫓겨나 경제과학위원회로 옮겨 가게 되었다. 그러자 아무것도 할 수 없는 신세가 되었다.

국회의원의 '밥값'

사람들은 흔히 국회의원 세비를 줄이고 의원 수도 줄이자고 말한다. 특히 비례대표 의원을 줄이자고 한다. '금융실명제=정의'라는 도식적인 생각처럼 이런 주장도 일면 옳고 시원스러워 보이지만 몇 가지 맹점이 있다.

내가 처음 의원 생활을 할 때만 해도 의원 한 명에 달려있는 직원은 비서 한 명, 보좌관 한 명 정도였다. 지금은 의원마다 열 명가량 보좌진이 따른다. (2020년 현재 4급 보좌관 2명, 5급 비서관 2명, 6~9급 비서 3명, 인턴 2명) 내 경험에 비추어, 의원 개개인이 능력을 갖추고 있으면 이렇게 많은 보좌 인원이 결코 필요하지 않다고 생각한다. 의원들이 받는 세비도 너무 많고, 각종 특권도 갈수록 늘어만 간다. 그런 것은 분명 줄여야 한다. 하지만 세비를 너무 많이 줄이면, 물론 의원들이 검소한 생활을 하게 되겠지만, 결국 돈 있는 사람만 정치를 하게 되는 폐단을 낳게 될 수도 있다. 물론 합리적 수준의 세비는 필요하다. 또한 독립적인 헌법기관으로서 국회의원의 적절한 권위 역시 필요하다.

비례대표 의원 문제도 그렇다. 적잖은 사람들이 지역구 선거로 뽑힌 의원만 의원으로 생각하고 비례대표는 무시하거나 의심하는 경향마저 있다. 모든 의원을 '선출된 의원'으로만 구성하게 되면 의회의 정치성이 지나치게 짙어지고 전문성은 약화된다. 비례대표 제도는 이런 문제를 보완하기 위해 만들어졌다. 선거법 협상을 하다 보면 현역 의원들이 자신들 지역구 숫자가 줄어드는 것을 막으려고 자꾸 비례대표를 줄이는 방향으로 합의를 이끌어가려 하는데 결코 바람직하지 않다. 국회의원의 세비나 권한 문제와 마찬가지로 여기에도 적절한 균형이 필요하다.

비례대표는 오히려 늘리는 방향이 옳다. 전문성을 갖춘 비례대표들이 원내로 들어가 정치인들의 능력과 수준이 전반적으로 높아질 수 있도록 자꾸 자극을 주어야 한다. 지금처럼 능력과 수준, 게다가 도덕성마저 한참 떨어지는 사람이 오로지 특정 정당 소속이라는 이유로 지역구에서 선출돼 의회를 채워나가는 현상은 그다지 바람직하지 못하다.

처음 국회에 들어가 내 나름대로는 그런 사명감이 있었다. 조세 전문가로서 전국구 국회의원이 되었으니 이른바 '밥값'을 해야겠다는 신념이 있었다. 그래서 교육세나 금융실명제 같은 것에 내 의견을 선명하게 밝혀왔던 것이다. 만약 그렇지 않고 정부안에 그저 고개나 끄덕이는 역할만 수행했다면 후손들이 나중에 기록을 살펴보고 뭐라고 할 것인가. "조세 전문가라고 전국구 의원이 된 그 사람은 그때 도대체 뭘 했던 겁니까?"하고 비판할 것 아닌가. 이것이야말로 역사에 죄를 짓는 일이다.

나는 내가 해야 할 일을 해야겠다는 의지에 충천했다. 그런데 경제과학위원회로 가라니, 그건 독일어를 전공한 교사에게 프랑스어를 가르치라고 지시하는 꼴이나 다름없었다. (경제과학위는 과학기술과 거시경제 분야를 다루는 국회 상임위로 내 전공인 재정·조세 분야와는 성격이 크게 다르다.) 내가 가진 능력을 최대한 발휘하라는 뜻에서 비례대표 의원이 되었는데 그 능력을 발휘할 기회를 잃는다면 존재의 의미 자체가 없어지는 것이다. 과학기술 쪽이라면 나보다 전문성이 탁월한 분들이 많을 텐데, 내가 굳이 자리에 연연할 필요가 있겠나 하는 생각이 들었다.

국보위 재무분과에서 만났던 이춘구 간사가 그때는 내무부 차관으로 있었는데, 상임위를 옮기라는 지시를 받고 그를 찾아가 국회의원직을 그만두어야겠다는 뜻을 밝혔다. 비례대표 의원이야 사표를 내면 다음 순번이 승계하게 되어 있으니까 당에 큰 해를 끼치는 것도 아니지 않은가, 그렇게 단순하게 생각했다. 대학에 돌아가 학생들 가르치는 일이 훨씬 보람 있는 일이겠다 싶었다. 그랬더니 이춘구 씨가 "아무 말도 하지 말고 앞으로 2년을 잘 버텨라"고 했다. "사표를 내고 나가면 당신은 더 큰 곤욕을 치르게 될 것"이라면서 말이다.

그 말뜻이 무엇인지 알기에 2년을 견뎠다. 사람이 자기 할 일을 할 수 없는 것처럼 고통스러운 일도 없다. 참 고통스러운 날이었다. 지식인이자 정치인, 특정 분야의 전문가로서 치욕스러운 기간이었다. 월급만 받는 국회의원을 해서 뭐하겠는가. 한동안 국회의원 뱃지를 옷깃에 아예 달고 다니지도 않았다. 그래서 임기가 다 끝나기도 전에 홀가분한 마음으로 의원회관 사무실에 있는 짐을 싸놓았다. 기본적인 짐은 이미 집과 대학 연구실로 옮겨놓은 상태였는데, 귀를 의심하는 소식을 듣게 되었다. 다음 총선 비례대표 명단에 내가 들어 있는 것이다. 당 사무총장이 명단을 갖고 전두환에게 찾아갔더니 전두환이 쭉 훑어보고는 "왜 김종인이 빠졌어?"하고 말했다는 뒷이야기를 들었다. 남들은 기뻐할지 모르지만 당시 나로서는 좀 당혹스러운 일이었다.

사무총장이 나를 보고 이런 말을 했다. "당신은 조선시대로 따지면 조광조 같은 사람이야. 시대가 좋아서 목숨을 부지하고 있는 것을 다행으로 알라고." 그렇게 말하면서 웃었다. "내가 국회의원 한 번 더 하려고 몸부림치는 사람도 아닌데 그런 말 하지 마쇼"하고 나도 웃으면서 받아넘겼다.

사실 내 나름대로는 12대 국회에 다시 들어가게 된 것을 일종의 사면복권 조치로 여겼다. '이제 소신껏 일해도 된다'는 메시지로 받아들였다. 그건 약간 착각이었지만 차후 운명에 큰 인연이 될 사람을 12대 국회에서 만나게 되었다.

12 손바닥으로 하늘을 가리려는 몸부림
|1983년 예산 동결과 물가 안정

1983년 우리나라에 전무후무한 일이 일어났다. 이듬해 정부 예산이 동결된 것이다. 알다시피 매년 연말이 되면 정부는 이듬해 예산안을 작성해 국회에 제출하고, 국회는 그것을 심의 확정한다. 그런데 정부가 제출한 예산안 가운데 세출 부문, 그러니까 예산을 어디에 어떻게 쓰겠다 하는 액수가 전년도와 똑같았는데* 그것을 국회에서 동의해준 것이다. 사상 초유의 동결 예산이었다.

"예산을 전년도와 똑같이 편성한 것이 뭐가 어때서 그러나요?" 하고 물을 수 있겠다. 정부가 그만큼 긴축재정을 하겠다, 허리띠를 졸라매겠다는 뜻으로 해석할 수도 있겠다. 하지만 국가 재정은 여염집 가계부를 작성하는 일과 다르다. 가계 지출이야 소득이 일정하고 가구 구성원에 변함이 없기 때문에 지출을 줄이면 재산이 늘어나는 효

---

* 세출 규모만 고려할 경우 1983년도에 비해 오히려 0.3% 감축된 예산안이었다.

과를 낳는다. 정부 지출도 원리상으로는 비슷하지만 완전히 다른 지점이 있다. 국가의 경제 규모는 해마다 성장한다. 인구도 갈수록 늘어난다. 물가 역시 시장의 순환으로 인해 자연히 어느 정도 올라가게 되어 있다. 그런 상황에서 한 해 예산을 동결해버리면 이듬해에는 지출을 곱절로 늘려야 한다. 해마다 몸집이 무럭무럭 커가는 사람에게 이듬해 입을 옷을 건네주지 않은 것과 같은 일이다. 몸에 꽉 맞는 옷을 입고 간신히 한 해를 버틸 수야 있겠지만 이듬해에는 더욱 큰 옷을 장만해야 한다. 1982년 우리나라 경제성장률은 8.3%, 1983년에는 13.2%였다. 원래 예산동결이란 경제가 파탄나지 않고서는 실시하지 않는 정책이다. 그런데 그렇게 무럭무럭 커가는 경제에 정부 스스로 극약 처방을 내려버렸다. 도대체 왜 그랬을까? 어처구니없게도 모두 '물가 안정' 때문이었다. 오로지 물가를 잡겠다고 그런 뚱딴지같은 정책을 밀어붙인 것이다.

오일쇼크와 한국 경제

전두환 정부의 정책 기조는 무조건 '안정'이었다. 여기에는 일견 이해되는 측면이 있다. 1980년 우리나라 경제성장률은 -1.7%였다. 제2차 오일쇼크의 영향이 있었고, 1979년 박정희 대통령 시해 사건을 전후해 사회 분위기가 온통 뒤숭숭한 가운데 생산, 투자, 소비 모든 것이 위축됐다. 소비자물가는 1979년 18.3%, 1980년 28.7%, 1981년 21.4%로 폭등했다. 그런 혼란을 바로 잡고 사회 안정을 이룩한 세력으로 평가받기 위해 전두환 정부는 그토록 '안정'이란 용어에 집착했다.

당시 경제 사정을 소개하자면 1, 2차 오일쇼크와 OPEC(석유수출국기구)을 이야기하지 않을 수 없다. 우리나라는 크게 두 차례 오일쇼크를 겪었다. (물론 우리나라만 겪은 것이 아니라 전 세계가 함께 겪은 일이다.) 1차 오일쇼크는 1973~74년에 일어났는데 1973년 배럴당 3달러 정도 하던 원유 가격이 1974년에는 배럴당 11달러로 4배 가까이 폭등했다.

지금은 과거에 비해 위상이 많이 추락했지만 1970~1980년대 OPEC의 위세와 영향은 대단했다. 이란, 이라크, 사우디아라비아, 쿠웨이트 등 산유국들이 회원국으로 있는 이 기구는 국제 유가를 결정하는 일종의 공인된 카르텔인데, 이들이 석유 가격을 올리고 내리고 결정하는 것에 따라 세계 경제가 요동쳤다. 1973년 이집트와 시리아가 이스라엘을 공격하면서 제4차 중동전쟁이 발발했다. 이스라엘이 이들을 격퇴하자 아랍국가들은 그에 대한 보복으로 이스라엘을 후원한 서방 국가들에 대한 석유 수출 금지 조치를 단행하였고, 그러는 과정에 유가가 폭등했다. 그것이 바로 1차 오일쇼크다. 기름 한 방울 나지 않는 우리나라로서는 상당히 큰 타격을 입었다. 1973년 경제성장률이 14.8%였는데 1974년 9.5%, 1975년에는 7.9%로 추락했다. 8~9%대 경제성장률도 사실 대단한 것이지만 그동안 워낙 고도성장을 하다 보니 낙차가 커 보였다. 내가 박정희 정부 경제 관료들을 만나 "경제정책의 방향을 전환할 필요가 있다"고 이야기했던 시점이 딱 그 무렵이었다. 박정희의 유신, 오일쇼크, 경제발전에 따른 사회 구조의 변화……. 모든 것이 복잡하게 돌아가던 시점이었다.

중동전쟁이 끝나고 석유 가격이 최고점에서 안정화되면서 우리 나라 경제성장률도 1976년~1978년 사이 10~13%대를 회복했는 데, 1979년 이번에는 이란에서 이슬람혁명이 일어났다. 이란 역시 OPEC 주요 회원국이다. 자국 정세가 불안하자 이란이 석유 수출 금 지 조치를 단행하였고, 유가는 다시 폭등한다. 그것이 바로 2차 오 일쇼크다. 1978년 13달러 정도 하던 유가는 1979년 30달러로 치솟 았으며, 1980년에는 평균 유가 36달러, 한때 40달러 가까이 오르기 도 했다. 2차 오일쇼크 당시 30~40달러를 지금의 환율로 계산하면 160달러쯤 될 것이다. 대단한 '쇼크'가 아닐 수 없었다. (참고로 2019 년 12월 현재 배럴당 유가는 60달러 선이다.)

2차 오일쇼크 당시 우리나라는 1차 오일쇼크 때와 달리 산업 구조 가 중화학 공업 위주로 완전히 재편되어 충격의 체감도가 다른 나라 에 비해 컸다. 오일쇼크를 겪으면서 세계 각국은 석유가 곧 무기가 될 수 있음을 깨닫고 비상용으로 석유를 비축해두기 시작했는데 우 리 역시 그러한 대비를 했다. 지금 서울 상암동 월드컵경기장 맞은 편에 보면 커다란 저장 탱크를 갖춘 시설을 발견할 수 있다. 그것이 바로 오일쇼크를 거치면서 만든 '석유비축기지'의 흔적이다. 현재는 문화공간으로 활용되고 있다.

차제에 이야기하자면 산업 구조가 중화합 공업으로 재편되어 에 너지 다소비 국가가 되고 1~2차 오일쇼크를 그렇게 심각하게 겪고 나서도 우리나라는 '에너지 탄성치'를 좋게 하기 위한 노력을 크게 기울이지 않고 있다. 에너지 탄성치는 에너지 소비 증가율을 GDP 증가율로 나눈 것으로, 그 수치가 1보다 크면 에너지 소비 증가율이 높아 그만큼 효율적이지 않다는 뜻이다. 1980~1990년대에 우리나라는 1.2~1.8 정도 에너지 탄성치를 보였고, 2000년대에 들어와 0.4까지 내려간 적도 있지만 여전히 평균적으로는 1에 근접하는 수치를 보여 OECD국가 가운데 가장 에너지 효율이 좋지 못한 국가로 꼽힌다. 중장기적으로 산업 구조를 바꾸어 나가야 하고, 가정이나 공장에서 에너지 효율성을 높일 수 있도록 정부가 설비 교체를 위한 보조금을 지급해주거나 세금 인센티브를 주는 등 적극적인 대책이 필요한데 사실 이런 수치에 관심을 갖는 사람이 별로 없기 때문에 정치인들이 거의 방치하다시피 하는 분야다. 효율보다 양적 성장을 우선하고, 내실보다 명분이나 인기에 집착하는 행태가 어디 이런 에너지 분야뿐이겠는가.

아파트 분양가까지 동결시킨 정부

그 어떤 권위적인 정부, 쿠데타로 집권한 정권이라도 나라를 이끌 때는 기본적으로 경제 상황과 국민의 요구, 지향을 반영하지 않을 수 없다. 그런 점에서 '안정'을 최우선 국정지표를 내세운 전두환 정부의 책략은 어느 정도 이해되는 측면이 있다. 그러나 1983년쯤이면 이미 안정을 이루었는데 그것을 계속 핵심 기조로 앞세운 것에 문제가 있었다. 1982년 OPEC의 붕괴로 유가가 하락하고 있었고 물가도 제자리를 찾았다. 1982년 소비자물가상승률은 7.2%, 1983년에는 3.4%였다. 그럼에도 전두환 정부는 안정을 도모한다며 예산 동결이라는 과격한 정책까지 들고 나왔다. 이미 열이 내린 사람에게 지독한 해열제를 처방한 꼴이다.

예산 동결이 이루어지면 정부 지출만 줄어드는 것이 아니다. 그에 맞추어 근로자 임금이 동결되고 농민들의 추곡수매가 역시 동결된다. 전두환 정부는 물가를 안정시킨다고 수년간 그런 짓을 했다. 심지어 아파트 분양가까지 동결시켰다. 재정을 아낀다고 사회간접자본 투자도 안 하고, 전력발전시설 투자도 안 하고……. 모든 것을 멈추게 만들었다.

결과는 어떻게 됐을까? 그렇게 함으로써 전두환 정부는 겉으로 보았을 때는 물가를 안정시키면서 흑자 보고서를 만들어냈다. 물가상승률은 1984년 2.3%, 1985년에는 2.5%를 유지했다. 1986년까지 우리나라는 3% 이하 물가상승률을 지속했고 마침내 1987년에는 정부 수립 이후 처음으로 재정수지 흑자까지 기록했다. 선진국이 눈앞에 다가왔다. 전두환이 경제 하나는 기막히게 잘한다고 여기저기 칭송의 말이 들릴 정도였다. 그러나 이런 모든 결과는 일부러 꾸며낸 '억지 안정'이고 '위장 흑자'에 불과했다. 의미 없는 긴축은 미래에 더 큰 지출을 부른다. 다음 정권에 쓰나미 같은 부담으로 몰려온다. 인위적으로 막아놓은 것을 나중에 확 풀어놓아야 하니 훗날 부작용이 따르는 것이다. 자기 임기 중에만 무슨 일이 일어나지 않으면 된다는 식으로 뒷일은 전혀 고려하지 않고 밀어붙여 수치만 그럴싸하게 만들어놓는, 지극히 이기적이고 근시안적인 사고방식. 그런 점에 있어 우리나라 역대 정권은 판박이처럼 모두 똑같다.

전두환과 소득주도성장

반세기 정치 인생에 이런 일을 숱하게 보아 왔다. 일반적인 상식으로 도저히 이해가 안 되는 일을 무턱대고 밀고 나가는 정치인들 말이다.

전두환은 도대체 왜 그랬을까? 여러 가지 이유가 있겠지만 그의 '경제 가정교사' 역할을 했던 사람들의 영향도 적지 않다. 사회주의 혁명가 레닌이 했던 말 가운데 "자본주의 체제를 망하게 하려면 물가를 뒤흔들라"는 식의 말이 있는데, 이걸 자꾸 전두환에게 주입시킨 사람이 있었다. 물론 오롯이 그것 때문만은 아니었겠으나 전두환은 새로운 무언가를 받아들일 때 불문곡직 앞으로만 나가려는 단순한 성향이 있었다. '물가를 지켜야 한다', 오로지 그 생각밖에 없었을 것이다.

40년 세월이 흘러, 책을 쓰고 있는 이 순간, 비슷한 유형의 대통령을 또다시 발견한다. 이번에는 '소득주도성장'이라는 해괴한 용어다. 경제학 교과서 어디에서도 등장하지 않는 창의적인 용어라서 깊은 속뜻은 알 수 없지만, 문자 그대로 해석하자면 국민의 소득을 올려 경제 성장을 이루겠다는 말로 풀이된다. 성장의 열매로 소득이 올라가거나 재분배의 효과로 소득을 고루 안정시키겠다는 말이 아니라 국가에서 인위적으로 시장 임금을 올리도록 강제한 것인데, 그런 식으로 임금을 올려 성장이 이루어질 것 같으면 임금을 열 배, 스무 배쯤 올리지 그런가? '예산을 동결하면 물가가 잡힌다'는 전두환 식 단순함과 '임금을 올리면 성장이 이루어진다'는 지금 대통령의 단순함은 논리 구조에 있어 다를 것이 무엇인가. 전자가 오히려 논리성에 있어서는 근거가 있어 보인다.

이른바 '소득주도성장'의 결과를 보자. 그것으로 양극화가 오히려 심화되고 저소득층 일자리만 우수수 사라지는 결과를 빚었다. (성장률은 오히려 하락하여 외국 경제학자가 '소득주도빈곤'이라고 비판할 정도다.) 그랬더니 일자리를 만든다면서 밑 빠진 독에 물 붓는 식으로 국가재정을 쏟아 부어 노인들의 자잘한 일자리만 왕창 만들어내고, 그런 통계 수치를 근거로 '실업률이 개선되고 있다'고 자랑하는 중이다. 손바닥으로 하늘을 가려보려는 어설픈 시도 역시 예나 지금이나 똑같다. 그러나 이 지점에서 전두환은 오히려 '억울하다'고 항변할지 모른다. 전두환은 인위적으로 어떤 수치상 목표를 달성하기 위해 노력한 적은 있지만 통계 자체를 조작하거나 왜곡하려 시도한 적은 없다. 그런 측면에서 지금 정부는 전두환보다 수준이 낮고 질이 더 나쁘다고 말할 수 있다.

정치 인생을 되짚어 후회되는 장면 가운데 하나가 1983년 정기국회에서 예산 동결을 막지 못한 일이다. 적극적으로 반대하긴 했지만 혼자 힘으로는 역부족이었다. 당시로서는 물가상승률이 워낙 높았기 때문에 다른 의원들도 '한해쯤이야' 하는 안이한 생각을 가졌던 것 같다. 그러다 12대 국회에 들어갔는데 1986년 예산안을 짤 때 또다시 '동결'을 운운하는 사람들이 있었다. 그때는 안 되겠다 싶어 정부 측이랑 한바탕 논쟁을 벌였다. 당시 우리 당에 경제기획원 차관 출신 인물이 비례대표 국회의원으로 들어와 있었는데 경제를 전공했다는 사람이 자꾸 정부 편을 들면서 예산동결에 동의하는 견해를 밝히기에 그와도 연일 논쟁을 벌였다.

그 사람이 전두환에게 고자질을 했는지(소문을 들으니 "당에 갔더니 야당보다 더한 놈이 여당 안에 있더라"라고 그가 씩씩거렸다고 한다) 이튿날 원내대표가 내게 전화를 걸어 "행정부랑 또 무슨 일이 있길래 그래?"하고 물었다. 전두환이 원내대표에게 직접 전화를 했다고 한다. "김종인을 국회 재무위에서 빼라"고 말이다. 그렇게 해서 나는 12대 국회에서도 재무위에서 쫓겨나 경제과학위원회로 가게 되었다. 11대 국회에서 이미 쫓겨난 경험이 있으니 12대 때에는 사실 조금 무덤덤했다.

1986년 당내에 개헌특위가 만들어졌다. 거기에 들어가려고 의원들이 서로 아우성이었는데 나는 조금도 관심이 없었다. 상임위 배정도 대통령이 직접 하는데 개헌특위에 들어가 봤자 무슨 제대로 된 일을 할 수 있겠는가 싶었다. 그런데 거기에 내 이름이 들어가 있는 것 아닌가. 신청도 안 했는데 말이다. 사무총장이 개헌특위 명단을 갖고 청와대에 갔더니 전두환이 정확히 내 이름을 거명하며 거기에 집어넣으라고 했다는 것이다. "개헌을 하다보면 야당과 논리적으로

싸워야 하는데, 그런 논리를 만들어낼 사람이 필요하다"고 했다나. 전두환은 그런 야누스적인 면모를 갖고 있는 사람이었다.

민주 정부는 무엇인가

잘못된 경제 정책은 후대에 두고두고 영향을 미친다. 전두환식 물가 안정은 다음 정부에 고스란히 부담이 되어 밀려왔다. 노태우 정부가 시작하자마자 물가상승률은 1988년 7.1%, 1989년 5.7%, 1990년 8.6%를 기록했다. 1991년에는 9.3%까지 올라갔다. 뚜껑을 열게 될 사람은 생각도 하지 않고 탄산음료를 마구 흔들어 건네준 식이니 그럴 수밖에.

노태우 정부 중반 무렵 나는 청와대 경제수석을 맡았다. 물가가 가장 악화될 때다. 최고위원을 비롯한 여당 정치인들이 "정치적으로 물가를 잡으면 되지 않느냐"고 계속 압력을 넣었다. 전두환 때처럼 하면 되는데 왜 그것을 하지 않느냐고 핀잔을 주는 사람도 있었다. 나는 "그렇게 해서 일시적으로 물가를 잡을 수 있겠지만 그게 무슨 의미가 있느냐"고 답했다. 경제팀 각료들도 "물가를 좀 신경 써야 하지 않을까요?"하며 걱정스레 말했지만 "시장경제의 상대가격이 정상을 찾아가는 과정"이라고 설명했다. 경제수석실 직원들마저 "물가에 어느 정도 개입을 해야 하지 않을까요?"라고 과거의 습관대로 말하길래 "물가상승률이 10%를 넘으면 정치적으로 감당할 수 없겠지만 10% 이내에서는 괜찮으니 시장에 맡겨놓자"고 다독였다. 야당에서는 연일 '물가 폭등 정권' '무능한 정권'이라고 비난을 계속하고 대통령도 만날 때마다 "물가, 괜찮겠어?"하고 걱정했지만 절대 인위적인 개입을 시도하지 않았다. 결과적으로 1992년 물가는 6.2%로 대체로 안정을 되찾아 다음 정부에 물려줄 수 있었다. 내가 잘한 것이 아니라 시장이 해야 할 역할에 그대로 내어준 것뿐이다.

전두환 정부 때 사회간접자본에 투자하지 않았던 뒷감당도 노태우 정부에서 모두 수습해야만 했다. 이에 대한 자세한 이야기는 뒤에 다시 하기로 하자. 어쨌든 후대가 고통을 받든 말든 당면한 통계 수치만 그럴듯하게 포장하려는 정치인들의 시도는 40년이 지난 지금도 계속되는 중이다.

문득 '권위적인 정부'란 뭘까, 하는 생각을 해본다. 국민을 대놓고 억압하는 정부만 권위주의, 독재 정부라고 말할 수 있을까? 정말로 권위적이고 독재적인 정부는 내부 비판을 허용하지 않는 정부다. 거짓과 왜곡으로 똘똘 뭉쳐 국민을 우습게 알고 기만하는 정부다. 그렇다면 민주 정부란 무엇일까? 국민들과 대화하는 흉내만 내는 정부가 아니라 사실을 있는 그대로 말하는 정부다. '진실된 정부'가 바로 민주 정부다. 40년 혹은 30년 전에 비해 지금 우리는 과연 진보했다 말할 수 있을까? 지금이 과연 '내용상' 민주 정부라고 말할 수 있을까?

13 6공화국은 누가 만들었을까
|1987년 개헌과 경제민주화

정치인들은 흔히 역사를 독차지하려는 욕심을 갖는다. 그 시대의 모든 것을 자신의 공로라고 말하길 즐긴다. (어쩌면 나도 그런 사람 가운데 하나다.) 정권을 잡은 측에서는 더욱 그렇다. 역사의 도도한 흐름이 결국 자신들이 지향한 방향으로 흘러간 공식과도 같은 여정이었다고 윤색하려 시도한다.

대한민국 현대사를 대체로 산업화와 민주화 시대로 나눈다. 그 분기점을 1987년으로 꼽는다. 그때 만들어진 헌법이 2020년 현재까지 이어지고 있다. 흔히 전두환 정부를 5공이라 부르고 노태우 정부를 6공이라 하는데, 노태우 정부 이래로 헌법이 바뀌지 않았으니, 대통령이 그동안 몇 번 바뀌었어도, 우리는 여전히 6공화국을 살아가는 중이다. 공화국은 헌법을 기준으로 한다.

1987년 헌법 개정을 요컨대 '직선제 개헌'이라 한다. 대통령 선출 방식을 간접 선거에서 직접 선거 방식으로 바꾼 것이 핵심 골자였기 때문이다. 국민의 기본권이 강화되었다거나 3권분립 정신을 명확히 했다는 점, 경제민주화를 명시한 사실, 헌법재판소 설치 등도 6공화국 헌법의 특징이지만, 대통령제냐 내각제냐, 직선이냐 간선이냐 하는 권력의 양태와 선출 방식에 국민의 이목이 훨씬 집중되었으므로 대개 '87년 직선제 개헌'이라 부른다.

어떤 세대(혹은 정치 집단)는 그러한 직선제 개헌이 모두 자신들의 공로라고 앞세워 자랑한다. 자신들이 거리에 나가 투쟁을 열심히 했기 때문에 오늘날 민주화가 가능했다고 말한다. 과연 그럴까?

야당다운 야당의 등장

1987년 개헌의 배경을 살피자면 1985년 있었던 12대 총선부터 살펴야 한다. 1985년 2월 12일 실시된 국회의원 총선거에서 창당한 지 한 달이 되지 않은 신민당*이라는 정당이 일대 돌풍을 일으켰다. (신민당 창당대회는 1월 18일에 있었다.)

5공 때도 야당이 있긴 했다. '민한당'이라는 정당이 있었는데, 앞에 회고했다시피 예산안이나 법인세 인하 문제 등에 대해 여당 의원인 내가 오히려 정부의 문제점을 지적하고 야당 의원들은 옆에서 고

---

* 우리 정치 역사에는 신민당이라는 이름을 가진 정당이 여러 차례 등장한다. 1961년 민주당 구파가 만든 신민당이 있고, 1967년 신한당과 민중당이 통합하여 만든 신민당이 있다. 1985년 신민당은 신한민주당의 약자로, 1960~1970년대 야당의 대명사였던 신민당을 상기시키려고 일부러 그런 이름으로 지었다.

개만 끄덕이며 앉아 있을 정도로 야당답지 않은 야당이었다. 오죽했으면 행성 주위를 빙글빙글 돌기만 하는 위성에 빗대 '위성정당'이라고 불렀을까. 사회주의 체제에서 공산당 장식품 노릇을 하는 정당이니 국가를 그런 치욕적인 이름으로 불렀다.

그런 가운데 등장한 신민당은 12대 총선에서 67석을 얻으면서 말 그대로 파란을 일으켰다. 창당한지 얼마 되지 않아 국민이 이름조차 제대로 알지 못하는 정당이 갑작스레 제1야당으로 등극한 것이다. 당시 총선 투표율이 84.6%였는데, 2020년 현재까지 그 기록은 깨지지 않고 있다. 국민이 그 선거에 얼마나 큰 기대와 열망을 갖고 있었는지 통계만으로 쉽게 읽을 수 있을 것이다.

신민당이 약진한 이유는 여럿이다. 일단 제도적 측면에서 보면, 1985년 12대 총선까지는 한 선거구에서 두 명의 국회의원을 선출하는 1인 2구제를 실시하고 있었다. 앞에서 그 제도를 소개한 바 있다. 2등까지 당선이 되므로 대체로 여당 후보 1명, 야당 후보 1명이 당선되는 식이었는데, 그동안 야당이 존재감이 전혀 없던 상황에서 정말 '야당 같은 야당'이 등장하니 당연히 그쪽으로 표가 몰릴 수밖에 없는 상황이었다. 그런데 선거가 끝나고 더 큰 일이 벌어졌다. 민한당 의원 30명이 신민당에 한꺼번에 입당한 것이다. 다른 군소정당과 무소속 의원들도 신민당으로 당적을 옮겨 결과적으로 신민당은 103석을 차지해 단독으로 국회를 소집할 수 있는 권한(국회 재적의원 3분의 1 이상)을 갖는 거대 야당이 되었다.

1983년 예산동결 조치는 1985년 선거에도 영향을 미쳤다. 예산을 동결하다보니 재정에서 나갈 돈이 나가지 않고 사회 전반적으로 활력이 떨어졌다. 물가, 임금, 추곡수매가, 아파트 분양가……. 모든 것이 묶여 있으니 국민들의 불만은 높아질 대로 높아진 상태였다. 그런 민심이 선거로 표출된 것이다.

야당은 '외채 망국'이라는 구호도 내놓았다. 당시 우리나라 총외채가 400억 불 정도 될 때인데, 지금 시각으로 보면 아무것도 아닌 외채이지만 그즈음 국민 정서로 보면 나라 전체가 빚쟁이로 전락한 위기감이나 불안감 같은 것이 있었다. 야당은 총외채를 총인구로 나눠 "출생과 동시에 1,000불짜리 빚쟁이가 되는 겁니다"라고 비난하는 선전물을 만들었다.

이러한 정치 경제적인 영향이 골고루 반영된 선거였다. 선거에서 나타난 민심을 잘 읽어야 나라를 올바른 방향으로 이끌어 갈 수 있는데 선거 이후 대처도 여러모로 미흡했다.

"누구랑 붙어도 노태우가 이긴다"

신민당이 국회에 들어가자 곧장 추진한 일이 직선제 개헌이었다. 이에 여당인 민정당은 처음에는 개헌 불가, 그러니까 호헌護憲을 고집했다. 현재 헌법을 일단 유지하자는 말이다. 1988년 서울올림픽이 예정되어 있었다. 국가적인 큰 행사를 앞두고 국력을 낭비하지 말자는 뜻이었다. 그러나 개헌에 대한 국민의 요구가 높아지니까 어쨌든 개헌을 하긴 해야겠다는 생각에 민정당 내에 개헌특위가 설치되었다. 앞에 소개한대로 나는 그 위원회에 들어가게 되었다. 1986년 5월의 일이다.

민정당의 입장은 일단 내각제로 쏠렸다. 내각제라는 제도의 우월성 때문에 그런 주장을 하는 의원들도 있었지만 정권을 안정적으로 유지하기 위해서는 대통령제보다 내각제가 수월하다는 단순한 계산에서 그런 주장을 하는 의원들도 있었다. 야당이 내각제를 받아들이지 않을 것은 분명하고도 당연했다. 내각제냐 대통령제냐, 직선제냐 간선제냐, 당내에서도 의견이 엇갈렸다. 당시 민정당 대통령 후보는 자타공인 노태우로 정리된 상태였다. 따라서 민정당 내부 관심은 온통 '직선제를 받아들였을 때 노태우가 당선이 될 수 있느냐' 여부에 쏠려 있었다. 그에 따라 직선제를 받아들이자, 직선제는 위험한 도박이니 받아들이지 말자, 또 의견이 갈라졌다.

그때 나는 당 산하에 있는 '사회개발연구소'라는 기관을 맡고 있었다. 지금은 정당마다 연구소 혹은 연구원이라는 이름을 가진 싱크탱크를 모두 갖고 있지만 당시로서는 생소한 조직이었다. 사회개발연구소는 주로 여론조사를 담당하고 있었는데, 지금은 수많은 여론조사 기관이 있어 정치적 사안마다 여론을 파악하여 대응책을 마련하고 정책에 반영하지만, 역시 당시로서는 그러한 개념 자체가 생소한 시절이었다. 여론조사라는 것을 어떻게 하는지조차 모르는 사람이 태반이었고, 당내에 그런 전문가가 없다보니 내가 연구원 몇 명을 데리고 하나하나 배워가며 설문지 문항부터 만들어나갔다. (사회개발연구소는 지금 여의도연구원의 전신이다.)

우리 연구소에서 조사해보니 김영삼, 김대중 어떤 사람이 후보로 나와도 노태우가 이길 것이라는 결론이 나왔다. 노태우와 김영삼이 일대일로 맞붙으면 노태우가 근소한 차이로 이기고, 노태우와 김대 중이 붙으면 상당한 차이로 노태우가 이기는 것으로 나왔다. 물론 양김이 분열하여 3파전이 되면 더욱 큰 차이로 노태우가 이겨, 어떤 시뮬레이션을 해봐도 노태우 승리가 분명했다. (결국 선거는 4파전으 로 치러졌다.)

당시 우리 연구소 말고 사설 여론조사업체 몇 곳과 정보기관을 통 해서도 여론을 파악하고 있었는데, 어떤 조사 결과로도 '직선제가 실 시되어도 문제없다'는 보고가 잇따르고 있었다. 다만 우리 연구원의 조사 결과가 다른 곳과는 약간 다른 수치를 보였다. 다른 기관에서 내놓는 조사 결과보다 노태우 지지도가 매번 10% 정도 낮게 산출됐 는데, 그래서 노태우가 나를 만날 때마다 "당신은 왜 그렇게 인색하 게 여론조사를 하느냐"고 농담 비슷한 이야기를 할 정도였다. 어쨌든 '인색한' 우리 연구원의 결과로도 노태우는 이기는 것으로 분석됐다.

그래도 노태우는 불안하게 여겼다. 노태우는 그런 사람이었다. 돌 다리를 두드려보고 건너는 사람 정도가 아니라, 두드려보고 또 두드 려보고도 건너지 않고 걱정하는 사람이었다. 전두환과는 상당히 다 른 성격이었다. 그때 노태우에게 1968년 프랑스 파리에서 겪었던 일 들을 소개했다. 드골이 프랑스 국민의 불안을 해소한 1968년 5월 30 일 연설을 상기시켜 주었다. "그 연설 하나로 파리의 혼란은 평정됐 다. 당신도 그런 역할을 할 수 있다. 어떻게든 대통령이 될 테니 걱정하지 말고 그렇게 해라." 물론 오롯이 내 조언의 탓은 아니겠지만, 노태우는 직선제 개헌을 받아들였다. 그것이 바로 1987년 6월 29일 발표한 '6.29선언'이다.

성공한 자본주의, 실패한 자본주의

그 시절을 직접 겪은 독자들은 알겠지만 이런 과정이 결코 평탄하지만은 않았다. 야당은 직선제 개헌을 주장하고, 여당은 직선제 수용 여부를 놓고 옥신각신하고, 그런 과정에 아무런 합의가 도출되지 않으니 전두환이 일방적으로 4.13 호헌 조치를 발표했다. 88올림픽 때까지는 일체의 개헌 논의를 중단한다는 발표였다. 그것이 국민의 여론에 기름을 끼얹어 대규모 거리 시위로 발전했다. 서울대생 박종철 군이 수사기관에서 조사를 받던 중 숨진 안타까운 사건까지 알려졌다. 학생들의 시위에 시민들이 결합하기 시작했다. 유럽의 68운동이 20년 후 한국에서 재현되는 모양이었다.

노태우가 6.29선언으로 직선제를 받아들이면서 사태는 진정됐다. '대통령 직선제'라는 큰 틀을 확정하니 나머지는 일사천리였다. 대통령 임기를 7년으로 하느냐, 6년으로 하느냐 하는 정도만 논란거리였다. 7년은 기니 6년이 좋겠다는 의견이 많았는데 김영삼 김대중 씨가 번갈아 빨리 집권하기를 바랐던 탓인지 그냥 5년으로 하자고 해서 그렇게 되었다. 6.29선언으로 국회에 헌법특위가 만들어지니 민정당 개헌특위 위원들이 그대로 국회 헌법특위로 옮겨가게 되었다.

나는 그렇게 해서 국회 헌법특위 경제분과위원장을 맡게 되었다.

6공화국 헌법을 만드는 과정에 잊히지 않는 집단은 '전경련'이다. 알다시피 전경련(전국경제인총연합회)은 대기업 총수들의 이익집단이다. 상공회의소 같은 단체와 다르게 전경련에는 중소기업은 끼지도 못한다. 회장단은 30대 재벌 그룹 총수로만 자격 요건이 제한된다. 개헌이 본격화되자 그러한 전경련에 개헌과 관련한 '홍보위원회'가 구성됐다. 예산도 적잖이 편성되었다는 소문이 들렸다. 정치권에서 개헌을 한다는데 왜 재벌들의 이익단체가 공개적으로 앞장서는 것인지, 생각할수록 괴이한 일이다. 당시 재벌들의 우쭐한 심리 상태를 엿볼 수 있는 대목이기도 한다. 개인적으로는 1987년 개헌 과정을 통해 우리나라 재벌의 속성을 현장에서 똑똑히 경험하게 되었다.

전경련이 그렇게 헌법 홍보위를 만든 것은 개의치 않고 오직 새로운 헌법에 들어갈 내용을 작성하는 일에만 모든 노력을 집중하고 있었는데 어느 날은 전경련에서 연락이 왔다. 개헌 토론회를 개최할 예정이니 꼭 참석해달라는 부탁이었다. 그런데 장소가 서울이 아니라 멀리 강원도 속초였다. 가지말까 하다가 새로운 헌법을 만드는 과정에 다양한 집단과 계층의 의견을 수렴해야 할 터이니 경제분과위원장으로서 참석하는 것이 마땅하다고 생각되어 속초까지 갔다. 참석자들의 면면을 보니 전경련을 옹호하는 학자와 언론인들만 잔뜩 모여 있었다. 무엇하러 그 먼 곳에서 토론회라는 것을 열었는지 의도가 뻔히 보였다. 토론회라기보다는 로비나 단합대회 장소처럼 생각한 것 아니었을까.

하룻밤 거기서 자고 다음날 세미나가 열렸는데 좌장 격인 서울대 교수가 헌법에 이런저런 조항을 둘 필요가 있겠느냐는 내용의 발제를 하기 시작했다. 공격의 핵심은 새 헌법에 들어갈 '경제민주화' 조항이었다. 그것이 사회주의 경제 조항이라느니 하는 말도 되지 않는 이야기였다. 당시 나는 무척 젊을 때라 혈기왕성했는데, 그 자리에서 발제자에게 망신을 줄까 하다가 젊은 사람이 노인에게, 그것도 선배 교수에게 예의에 어긋난 행동인 것 같아 꾹 참았다. 발제가 끝나고 나에게 발언 기회가 주어졌다. 헌법에 대해서는 가타부타 언급 없이 '자본주의의 역사'에 대해 이야기했다. 자본주의에도 성공한 자본주의가 있고 실패한 자본주의가 있는데 어떤 자본주의는 성공했고 어떤 자본주의는 실패했는지, 그리고 영미식 자본주의와 스칸디나비아식 자본주의, 유럽의 대륙 자본주의가 어떻게 다른지 하나씩 비교해가며 설명했다. 프랑스와 독일의 자본주의 차이에 대해서도 이야기했다. "결국 포용적 성장을 한 자본주의는 성공했고, 그렇지 못한 자본주의는 실패했으니 자본주의의 성공을 진심으로 바라는 사람이라면 이번 새 헌법에 어떤 내용이 들어가야 하는지 이해가 될 것"이라고 말했다.

세미나를 마치고 점심을 먹고 있는데 전경련 회장을 맡고 있는 대기업 총수가 내 옆자리로 와서는 대뜸 "그동안 당신을 오해해서 미안하다"고 말하는 것 아닌가. 나는 아직도 그가 무엇을 오해했다는 말인지 잘 모르겠다. 그날 총수에게 이렇게 말했다. "회장님께서는 열심히 노력하여 중공업으로 재계 1위 기업을 만드셨고 그런 점에서 존경스럽습니다. 제가 보기에 회장님은 자본주의를 굉장히 아끼고 사랑하시는 분 같은데, 요즘 회장님께서는 오히려 자본주의를 파괴하는 일을 하고 계시는 것 같습니다." 그가 무슨 말인가 하여 나를 바라보니 "중공업으로 성공한 기업이 왜 소매상까지 하려고 하십니까. 자본주의가 제대로 발전하려면 다양한 기업이 성장하고 자기 스스로 생계를 유지할 수 있는 사람이 늘어나야 하는데, 회장님이 그런 식으로 소매업까지 진출해서 기회의 문을 닫아버리니 결국 자본주의가 죽는 것 아닙니까" 하고 말했다. 당시 그 재벌이 백화점 사업까지 진출하겠다고 나선 것을 비판한 말이었다. "일단 그 사업을 접는 것이 어떻습니까" 하고 제안했다. 내가 하는 말을 듣더니 그가 내놓은 대답은 "다른 재벌이 백화점에서 손을 떼면 나도 떼겠다"는 말이었다. 재벌이란 이렇듯 '남이 하는 일은 나도 모두 해야 한다'는 탐욕 속에 살아가는 사람들이다.

그 총수와는 여러 가지 악연으로 얽혔다. 1981년에 노동관계법을 개정할 때, 우리나라 노조 시스템을 기어이 기업노조 중심으로 바꾸겠다고, 자기는 자기 회사 노조를 관리할 자신이 있다고 그렇게 우겼던 사람도 바로 그 회장이다. 나중에 내가 재벌의 비업무용 부동산을 매각하게 만들자 나를 공산주의자라고 비난하고 다니고, 언론사를 사주해서 거짓 문서까지 조작하며 모함하기도 했다. 그는 언제나 '돈만 있으면 못할 일이 없다'는 사고방식을 노골적으로 표출하는 사람이었다.

1987년 개헌 때 전경련 홍보대책위원장을 맡았던 분은 훗날 IMF

사태가 터졌을 때 해체된 대기업의 총수다. 그분을 만났을 때 "뭣 때문에 전경련이 그렇게 개헌에 관심을 갖습니까?"하고 물었더니 농담 반 진담 반 "당신이 경제분과를 맡고 있어 그런다"고 말하는 것이었다. 내가 독일에서 공부했기 때문에 독일의 '의사공동결정권' 같은 제도를 헌법에 못 박을까봐 걱정이 된다고 말이다. (독일은 2천명 이상 직원을 둔 기업에 대해 감사위원회 구성의 절반을 근로자 측에서 추천한 인사들로 채우도록 정해져있다. 그런 식으로 근로자가 경영에 참여하고 노사가 공동으로 기업의 주요 사안을 결정하게 되어 있다.) "그런 것은 헌법 사항이 될 수 없고 생각도 안 하고 있으니 전경련은 더 이상 개헌에 대해 이러쿵저러쿵 하지 말고 경영에만 전념하시라"고 답했던 기억이 있다. '경제민주화'라는 다섯 글자를 헌법에 넣는 일이 그렇게 힘들었다.

"그렇다면 그냥 넣어야겠군"

"국가는……경제 주체간의 조화를 통한 경제의 민주화를 위하여 경제에 관한 규제와 조정을 할 수 있다."

우리나라 헌법 제119조 2항. 이 조항을 '경제민주화' 조항이라 부르고, 과분하게도 '김종인 조항'이라 부르는 사람도 있다. 1987년 헌법을 만들 때 내가 직접 작성했고, 여러 사람과 이익집단의 반발에도 불구하고 반드시 들어가야 한다고 의견을 굽히지 않았던 조항이기 때문이다.

경제민주화는 독일의 경제민주주의Wirtschaftsdemokratie와 용어가 비슷하고 독일의 사회적 시장경제Social market economy와 내용상 유사한 측면을 지니고 있다. 사회적 시장경제라는 말에 '사회'라는 수식어가 붙어있으니 이것을 사회주의와 유사한 무엇이라고 오해하는 사람들이 있다. 그리고 내가 독일에서 사회주의 경제학을 공부한 것처럼 잘못 알고 있는 사람도 있는데 독일이야말로 2차 세계대전 이후 신자유주의*에 입각한 시장경제를 제대로 정착시킨 나라다. 사회적 시장경제는 '시장경제'를 더욱 튼튼하게 만들고자 하는 원리이지 사회주의를 하자는 말이 아니다.

1987년 헌법을 만들 때 내가 경제민주화 조항을 넣으려고 하니까 놀라서 찾아오는 사람들이 많았다. 그럼에도 '경제민주화'라는 용어와 개념을 왜 그렇게 새 헌법에 집어넣으려고 노력했느냐. 이 책을 쭉 읽어온 독자들은 이제 그 이유를 짐작할 수 있을 것이다.

박정희 정권 때 나는 노동관계법을 전반적으로 수리해보려고 했

---

* 신자유주의를 기업의 자유를 최대한으로 보장하고 세계화를 추구하는 미국식 자본주의 이론으로만 오해하는 사람들이 있는데, 원래 신자유주의는 시장에서 자유로운 경쟁을 저해하는 일체의 요소를 배제하고 시장경제를 제대로 확립하자는 발상에서 시작됐다. 고전적 자유주의 이론을 보완하고 강화하는 개념이다. 1947년 스위스 몽 펠린에서 첫 대회가 열려 '몽 펠린 소사이어티'라고 불리는 지식인들의 모임이 이런 신자유주의 이론의 근원지인데, 하이에크F.Hayek가 주도하고 독일 경제학자 오이켄W.Eucken과 뢰프케W.Ropke 등이 참여했으며, 전후 독일 경제를 부흥으로 이끈 경제장관 루트비히 에르하르트Ludwig Erhard, 1897~1977도 나중에 이 모임의 회원으로 가입했다. 지금 이른바 신자유주의를 자처하는 이론들은 이런 '정통' 신자유주의와는 다른 변종이라 할 수 있다.

으나 그때는 국회의원이 아니었고 박정희 정권이 그에 대한 관심도 별로 없어 성과를 만들지 못했다. 전두환 때에 잠깐 국회가 없던 시절에 노동법을 고쳐보려는 역발상을 내었으나 총리마저 전경련 편을 들면서 역시 흐지부지 됐었다. 그런 과정을 거치면서 나는 모든 일에는 때가 있다는 사실을 절감하게 되었다. 무슨 일이든 때가 있고, 그런 때를 기다리면서 조용히 힘과 능력을 갖추어야 한다. 1987년 개헌은 민주화를 위한 개헌이었다. 때마침 나는 헌법특위에서 경제 분야 조항을 작성하는 역할을 맡게 되었다. 절호의 기회라고 판단했다. 이런 시기에 해낼 수 있는 일이 분명히 있다고 생각했다. 나중에 경제세력의 힘이 커지면 더욱 통제가 불가능해질 것 아닌가. 우리 헌법에 경제세력을 제어할 수 있는 장치를 만들어놓아야 나중에 경제세력이 우리 사회를 압도하려고 시도해도 대항할 수 있는 안전핀으로 삼을 수 있을 것이다. 그렇게 바라봤다.

사실 경제민주화는 전두환의 손에서 잘릴 뻔했다. 국회 헌법특위에서 경제민주화 조항을 집어넣었는데 일부 의원들이 반대하자 나는 그들을 먼저 설득했고, 그런 과정을 거쳐 최종적인 헌법안을 만들어 각 분과위원장들과 함께 전두환에게 갔다. 그런데 전두환이 헌법 초안을 읽어보고는 헌법재판소를 설치하는 내용 등에 대해서도 아무런 지적도 하지 않더니 유독 경제민주화 조항에 대해서만 빼라고 하는 것이다. 물론 나는 뺄 수 없다고 말했다. 그리고 그 조항을 집어넣게 된 배경에 대해 설명했다.

나는 1935년 미국의 예를 들었다. 프랭클린 루즈벨트 대통령이 사회보장법SSA, Social Security Act를 입법하려 할 적에 사회의료보험제도를 만들었는데 그것이 의회를 통과하고 대통령 결제까지 얻었으나 위헌 소송에 걸려 실현되지 못했다. 미국은 그것 때문에 지금까지도 의료보험이 엉망이고 의료보험 문제를 놓고 사회적인 논쟁이 계속되고 있다. 그런 것들을 설명하면서 말했다. "지금이야 정치세력이 경제세력에 비해 권한이 세다고 생각할지 모르겠지만 머지않은 미래에 경제세력이 정치세력을 앞지르게 될 것이고 자기들 마음대로 나라를 움직이려는 욕심을 갖게 될 것이다. 경제세력은 언제든 위헌 소송을 걸어 '기업 활동의 자유를 침해한다'고 주장하려 들 것이다. 그때에 그들을 제어할 헌법적 장치가 필요하다." 전두환이 이 말을 듣고는, 제대로 이해했는지 모르겠지만, "그러면 그냥 그대로 넣어야겠군"이라는 한 마디에 경제민주화 조항이 헌법에 포함되었다.

차제에 소개하자면 우리나라 헌법재판소는 독일 헌재를 벤치마킹한 것이다. 독일의 민주주의 발전에 큰 역할을 한 것이 헌법재판소였다. 독일의 부가세 도입 과정을 이야기하며 소개했듯, 독일 헌재는 민주주의에 위기가 올 때마다 적절한 판단을 내려 오늘날 독일이 사회적 시장 경제에 입각한 민주주의 강국으로 성장하는데 밑거름이 되어주었다. 1987년에 6공화국 헌법 초안을 만들 때 헌법재판관 임명 절차를 다소 모호하게 규정한 것이 좀 아쉽기는 하지만 우리나라 헌재도 민주주의 발전에 큰 역할을 했다. 그때 헌재를 만드니 마니 논쟁이 많았는데, 이제 생겨난 지 30년이 넘게 지난 시점에서 그동안 헌재가 했던 역할을 되돌아보면 만들지 않은 것보다 만든 것이

백배 나았다고 판단한다.

대통령 후보의 백악관 방문

1987년을 돌아보면 기억에 남는 에피소드가 많다. 그중 하나가 직선제 개헌을 요구하는 재야 정치권과 학생 시위가 한창이던 때 미국 캔자스 대학 교수라고 자신을 소개한 어느 미국인을 만났던 일이다. 한국전쟁에도 참전한 경험이 있는 사람인데, 만나서 이야기를 나눠보니 일반적인 교수는 아닌 것 같았다. CIA 요원들이 그런 식으로 신분을 위장하고 정보 수집 활동을 하는 경우가 많았다. 그와 시국에 대한 이야기를 나누고 있는데 대뜸 88올림픽을 거론하면서 "당신 나라가 이번에 직선제 민주화를 하지 않으면 88올림픽이 어려울지도 모른다"고 말하지 않는가. 어쩌면 협박과도 같은 말이었는데 그 것을 굉장히 완곡하게 전달했다.

나중에 개헌을 하고 대통령 후보가 1노 3김(노태우, 김영삼, 김대중, 김종필)으로 확정되었다. 그즈음 미국의 지인을 통해 연락이 왔다. 미국에서 어떤 사람이 갈 테니 노태우 후보를 장시간에 걸쳐 면담할 수 있게 해달라는 것이다. 당시에 내가 노태우 후보의 자문 역할을 하고 있던터라 면담 시간을 확보할 수 있었다. 그 사람과 무슨 이야기를 나눴느냐고 노태우에게 물으니 특별하진 않았고 정치, 경제, 사회, 문화 전반에 걸친 생각을 묻더란다. 일종의 '후보자 자질 검증'이랄까, 미국에서 노태우가 어떤 사람인지 확인해보려 한 것이다.

그러더니 1987년 10월 초에 갑자기 미국 레이건 대통령으로부터 초청장이 날아왔다. 노태우 후보를 백악관으로 불러 대화를 나눠보고 싶다는 것이다. 대통령 당선자도 아닌 '후보자'가 백악관에 가서 미국 대통령을 만난다는 사실 자체가 선거운동을 준비하고 있던 사람으로서는 커다란 호재였다. 우리 대통령 후보가 미국 대통령과 다리를 꼬고 마주 앉아 대화를 나누는 사진 한 장만으로도 '준비된 지도자'라는 이미지를 만들어 선거에 적잖은 영향을 줄 수 있었다. (실제로 나중에 그런 사진이 큼지막하게 신문에 실렸다.) 갑자기 미국에서 왜 그렇게 우호적으로 나오는지 어리둥절할 정도였다.

5공화국은 쿠데타로 등장한 정권이라 집권 초기에는 미국이 공식적인 대화 상대로 인정조차 하지 않던 시기가 있었다. 박정희 정부도 그랬다. 대통령의 외국 방문은 국빈 방문, 공식 방문, 실무 방문 등으로 격格이 나뉘는데 5공화국에 이르도록 대한민국 대통령은 미국을 방문할 때 '국빈' 자격을 얻지 못했다. 우리나라 대통령이 미국을 국빈 방문한 것은 1991년 7월 노태우 대통령이 최초다. 미국이 그동안 대한민국을 어떻게 바라보고 있었는지, 그리고 1987년 개헌과 직선제, 민주화를 계기로 대한민국을 바라보는 대외적인 시선이 어떻게 달라졌는지를 가늠할 수 있는 대목이다.

1987년 개헌이 있고 3년쯤 지나 조지 슐츠 미국 국무장관이 서울을 찾았다. 슐츠는 레이건 대통령 때부터 7년동안(1982~1989년) 국무장관을 역임한 미국 역대 최장수 국무장관으로, 그만큼 여러 업적을 남겼다. 그가 장관직을 그만두고 외형상으로는 평범한 시민으로 돌아왔을 때 서울을 방문한 것인데, 그때 내가 며칠 동안 그의 일정에 함께 했다. 당시 그가 서울에 방문한 이유에 대해서는 뒤에 자세히 소개할 것이다. 어쨌든 그렇게 인연을 맺어 나와 슐츠는 한국과 미국을 오가며 오늘까지 계속 만남을 이어가고 있는데(슐츠 장관은 1920년 생으로 2020년 현재 100살이 되었다), 2001년 미국에서 만났을 때 대화 도중 갑자기 1987년 이야기를 꺼내는 것 아닌가. 슐츠가 "그때 미국 방문이 좀 도움이 되었지요?"하면서 싱긋 한쪽 눈을 깜박이며 웃었다. 무슨 말인가 했더니 노태우가 백악관에 초대되었던 그때의 일을, 이제는 비밀해제가 되었다는 듯 자세히 이야기했다.

1980년대 초중반부터 미국은 아시아의 2개국을 민주화시켜야겠다는 나름의 방침을 정해놓고 있었는데 그중 하나가 필리핀, 다른 하나는 한국이었다고 한다. 필리핀은 1985년 마르코스 정권을 물러나게 하고 민주화운동가 코라손 아키노가 대통령이 되었다. 그런데 민주화가 된 것은 좋은데 정치 상황이 굉장히 불안정하게 돌아갔고, 알다시피 필리핀은 아직도 그 후유증에서 완전히 벗어나지 못하고 있다. 미국으로서는 거기서 교훈을 얻어 '한국은 어떻게 해야 민주 국가로 연착륙할 수 있겠느냐'를 놓고 굉장히 고민하게 되었다. 그렇다고 미국이 남의 나라 선거에 직접 개입할 수는 없으니 자기들 나름대로 은근한 영향을 미칠 수 있는 여러 가지 방법을 구상했다. 어떤 후보자가 그런 연착륙을 담당할 수 있는지 먼저 가늠해봤던 것 같고, 그를 지원하기 위한 유무형의 노력을 시도한 것이다. 1987년을 전후해 내가 겪은 이런저런 일들이 비로소 이해되는 측면이 있었다.

역사는 참 많은 사람과 집단의 이해관계가 얽히면서 그들의 복합적인 노력을 통해 완성된 형체가 만들어진다. 1987년의 경험을 통해 나는 그것을 깨달을 수 있었다.

"나를 밟고 가시오"

1987년 6월을 회고하면서 짤막하게 하나의 에피소드를 더하도록 하자.

1964년 독일 뮌스터대학에 다닐 때 교내에 한국 학생이 5명뿐이었다. 당연히 서로 도움을 주고받으며 가깝게 지냈다. 당시 대학생들의 교통수단은 역시 자전거였는데, 입학하자마자 중고 자전거가 한 대 있었으면 해서 구입처를 물었더니 마침 잘됐다며, "얼마 전 귀국한 선배가 놓고 간 자전거가 기숙사 앞에 있는데, 그걸 타고 다니면 되겠다"고 했다. 도대체 어떤 사람이 이렇게 낡은 자전거를 알뜰하게 타고 다녔을까 싶을 정도로 낡았는데, 졸업할 때까지 몇 번 수리해가며 나도 잘 타고 다녔다.

얼굴도 모른 채 내게 자전거를 물려준 그 선배는 사회학과 신학을 전공한 가톨릭 학생신부였는데, 박사 과정을 8년쯤 밟다가 결국 학위를 받지 못하고 귀국했다고 한다. 운이 좀 없었는지, 자신을 지도하던 교수가 갑자기 주교가 되면서 지도교수가 바뀐 것이다. 독일에서는 그러면 논문을 처음부터 다시 시작해야 한다. 게다가 새로 부임한 지도교수가 깐깐하기 이를 데 없는 분이었다. 대충 봐줄 법도

한데, 절대 그렇게 하지 않았던가 보다. (나도 나중에 그 교수님 강의를 들은 적이 있는데, 명성 그대로였다.) 결국 그 학생신부는 그런저런 이유로 학위를 포기하고 한국으로 돌아가게 되었다. 소탈한 성격에 겸손하고 부드러운 말투, 검소한 생활 습관으로 유학생은 물론 교민들 사이에도 아주 평판이 좋았던 사람이었다. 그가 귀국한 뒤로도 칭찬하는 말을 자주 들었다. 낡디 낡은 자전거가 예사롭게 느껴지지 않았다.

그 학생신부가 바로 김수환 추기경이다. 깐깐하기 이를 데 없던 새로운 지도교수님은 훗날 베네딕토 16세 교황이 되셨다. 세상에 사람의 인연이 이럴 수 있을까 싶을 정도다.

독일에서 같은 대학 출신이라는 그런 인연 때문에 김수환이 어떤 사람이냐는 질문을 종종 받곤 했다. (추기경이 되고 그가 독일을 방문했을 때 만난 적 있다.) 박정희 정권 때 "김수환은 사상이 불순하니까 구속해야 한다"고 이야기하는 사람이 있길래 "김수환을 구속하면 대한민국은 천하의 야만 국가로 찍혀 전 세계의 손가락질을 받게 될 것이니까 어디 할 테면 해보라"고 화를 냈던 적이 있다. 굳이 말할 필요도 없이, 김수환 추기경은 대한민국의 민주화에 혁혁한 공로를 세웠다.

1987년 6월 학생들이 명동성당에 몰려가 농성할 때, 전두환이 특수부대를 투입하여 시위대를 해산하려고 계획을 세운 적이 있다. 국회에서 가톨릭 신도회장을 맡고 있던 유학성 의원이 김수환 추기경을 찾아가 그런 소식을 전했는데 추기경이 아무런 대답도 않고 조용히 옷장 문을 열더란다. 엷은 점퍼를 꺼내 사제복 위에 겹쳐 입더니 추기경이 했던 말, "그럼 나부터 밟고 지나가야 할 겁니다." 역시 김수환이구나 싶었다.

그런 많은 의지와 노력이 합쳐 오늘의 민주화가 이루어진 것이다. 그렇게 만들어진 '공화주의' 국가에서 오늘도 우리는 살아가고 있다.

14 장관은무슨물을마십니까
|1989년 수돗물 파동, 라면 파동

노태우는 그가 당 대표가 되면서 처음 만났다. 정부 행사 같은 곳에서 마주친 적은 있지만 특별히 인사도 나누지 않고 먼발치에서 바라본 정도였다. 그러다 내가 금융실명제 문제로 청와대와 다툴 때, 국무회의에서 유일하게 실명제 반대 의견을 밝힌 장관이 있다고 들었는데 그가 바로 내무부장관 노태우였다. 조용하고 고분고분한 사람인줄 알았는데 제법 합리적인 면모가 있구나 생각했다. 그러다 노태우라는 이름은 잊고 지내던 중 민정당 대표로 선출된 것이다. 나는 1986년 예산안 문제로 전두환에게 찍혀 상임위를 재차 옮기게 된 무렵이었다.

노태우가 당 대표가 되고 지방순시를 가는데 나도 수행하라고 해서 따라갔다. 영남을 한 바퀴 돌고 호남에서 전주 지역 유지 분들과 저녁 식사 자리를 가졌다. 술이 몇 순배 돌며 분위기가 화기애애할 즈음 노태우가 맨 끝 자리에 있던 나를 불렀다. 자기 옆에 앉히더니 술을 한 잔 따라주면서 "앞으로는 나를 좀 도와주세요"라고 말했다. "저는 당 대표가 무슨 일을 하라고 하면 할 수밖에 없는 입장인데 특별한 무엇이 필요하겠습니까", 나는 그런 식으로 대답했던 것 같다. 노태우가 "당신은 나를 몰라도 나는 당신을 잘 알고 있다"고 했다. 전두환이 노태우에게까지 전화해, "당에 가면 골치 아픈 녀석이 하나 있을 거야", 그렇게 이야기했다고 한다. 그날 대화는 그 정도로 마쳤다.

며칠 후 개인적으로 할 이야기가 있으니 점심을 함께 먹자고 노태우에게서 연락이 왔다. 식사 도중 그가 조심히 "내가 확신을 갖고 나설 수 있도록 도와달라"고 말했다. 노태우는 그렇게 조심스런 사람이었다. 단도직입적으로 "목표는 대통령이 되시려는 것 아니냐"하고 물었다. 노태우가 고개를 끄덕였다. "대통령이 되려면 외교, 안보, 경제, 문화, 교육 등 사전에 두루 준비를 많이 해야 합니다. 지금은 솔직히 책 보면서 공부하기에는 시간이 촉박하니 각 분야 전문가들을 모셔서 개인 교습 형식의 공부를 하시는 것이 어떨까요" 하고 권했다. 그날의 만남이 노태우를 가까이서 돕게 된 계기가 되었다. "앞으로 경제는 당신이 맡아라, 지금부터 칼을 열심히 갈아두라", 노태우는 그렇게 말했다. 내가 다른 분야 전문가들을 몇 사람 추천했는데, 정기적으로 그들을 만나 나름의 '준비'를 하고 있다는 소식을 들을 수 있었다.

김대중과 민정당의 계산

계속해서 딱딱하고 묵직한 이야기만 했으니 조금 가벼운(?) 이야기로 잠깐 건너가 보자. 나의 '낙선담'이다. 나는 국회의원 선거에 출마했다가 떨어진 적이 있다. 1988년 13대 총선 때 일이다.

새로운 헌법이 만들어지면 공화국이 바뀌면서 조기 총선을 실시하게 된다. 그래서 '신민당 돌풍'으로 기억되는 12대 국회의원들의 임기는 1년 정도 단축됐다. 대통령 선거가 끝나고 이듬해 봄 실시된 13대 총선의 특징은 '소선거구제'였다. 앞에 소개했던 것처럼 1973년 이래로 우리나라 국회의원은 1인 2구제로 선출하여 왔는데 1988년 선거부터 최다 득표자만 당선되도록 하였다. 당시 선거법 협상을 하는데 있어, 사실 김영삼 쪽은 중선거구제로 기울고 있었으나 김대중이 끝까지 소선거구제를 고집했다. 민정당도 처음엔 중선거구제를 선호했는데 막판에 갑자기 소선거구제로 입장을 바꿨다.

김대중의 의도는 이랬다. 영남은 어차피 김영삼과 민정당이 경남과 경북으로 갈라질 것이니 호남(전남, 전북)을 통째로 자신이 가져갈 경우 수도권 일부를 합산, 상당한 의석을 확보하게 될 것이라는 계산이었다. 그 계산은 실제로 맞아 떨어져 김대중이 이끄는 평화민주당은 13대 총선에서 제1야당이 되었다. 그런 결과는 김영삼이 나중에 중대한 결심을 하게 만드는 계기 가운데 하나가 되었다.

여기서 언급하자면, 1987년 대통령 선거에서 김대중이 김영삼과 후보단일화 협상에 적극적으로 호응하지 않았던 것에도 이런 계산법이 깔려 있었다. 김대중은 1971년 대통령 선거에서 박정희와 맞붙었을 때 전국 득표율 45%를 획득한 경험이 있다. 정치인들은 한번 그런 지지도를 만끽하면 그것이 언제든 재현될 수 있을 것이라 믿는 경향이 있다. 호남이 압도적으로 자신을 지지하고, 노태우, 김영삼, 김종필이 각각 경북, 경남, 충청으로 갈라지면 자신이 어렵지 않게 대통령에 당선될 수 있을 것이라 판단하였던 것이다. 정치인들은 종종 이렇게 현실 감각을 잃는다.

1988년 13대 총선에서 민정당이 소선거구제로 당론을 변경한 이유도 정치의 쓸쓸한 내면을 들여다보게 만든다. 우리나라 현대 정치사와 관련된 책에 보면 그때 민정당이 소선거구제로 당론을 변경했던 일에 대해 '민정당 최대의 실수', '전혀 이해할 수 없는 대목'이라고 소개하고 있는데, 그렇게 표현하는 것이 당연하다. 1987년 대선 결과를 보면 13대 총선 결과도 뻔히 보이기 때문이다. 노태우·김영삼·김대중·김종필을 지지하는 지역이 너무도 선명하게 구분되어 있고, 모든 정당은 그런 1인 보스를 중심으로 이미지가 각인되어 있는 상황에, 소선거구를 실시하면 민정당은 과반은커녕 3분의 1이나 제대로 얻을 수 있을지 위태로운 상황이라는 사실은 삼척동자도 알 수 있었다. 그럼에도 민정당은 소선거구제로 달려 나갔다. 민정당의 신진 계파가 중진들을 밀어내고 당권을 장악하기 위한 일종의 '낙선 전술'로 그런 정치적 모험을 감행한 것이다. 그러면서 "소선거구제를 도입하면 민정당이 전체 의석의 70%까지 확보할 수 있을 것"이라는 허황된 전망마저 이야기했다.

13대 총선 결과 민정당이 제1당이 되기는 했다. 그러나 참패한 것이나 다름없었다. 민정당은 299석 가운데 125석을 얻어 과반 확보에 실패했다. 2위는 김대중의 평화민주당(70석), 3위는 김영삼의 통일민주당(59석), 4위는 김종필의 신민주공화당(35석). 예상한 그대로 였다. 헌정사상 최초로 여소야대 국회가 만들어졌다. 이것은 또 모든 일에 조심스럽고 평안을 추구하는 노태우가 중대한 결심을 하게 만드는 계기가 되었다.

최루탄이 나뒹굴던 선거

나는 원래 1981년 실시된 총선에 이미 출마를 준비했던 적이 있다. 그런데 재정 전문가로서 전국구 의원이 되었고, 그다음 총선에서 또 전국구 의원이 되었다. 따라서 오랜 기간 특정한 지역구가 없었다. 그러다 1987년 대선 기간에 갑작스레 서울 관악구 지역을 맡게 되었다. 기존 관악구 국회의원이 거액의 횡령 사건으로 의원직을 사퇴하면서 지구당 위원장 자리가 공석으로 남게 된 것이다. 당에서 그 지역 선거운동을 지휘할 사람이 필요하다고 하여 내가 잠시 위원장직을 맡았다.

출생지로 따지자면 나는 서울 도봉구 창동 출신으로(도봉구에는 '가인 김병로길'이 있다) 관악구와는 특별한 인연이 없다. 그런데 대선 때 그렇게 잠깐 선거운동을 지휘했다는 이유로 13대 총선에서 관악구 공천을 받았다. 지역구 관리를 제대로 했을 겨를이나 있었겠나. 게다가 원래 그 지역 민정당 의원이 부정부패 혐의로 물러났던 것이니 지역민들의 여론도 극도로 좋지 않았다.

엎친 데 덮친 격, 소선거구제가 확정됐다. 무조건 1위를 해야 하는 상황이 되었다. 내가 경쟁자로 생각하고 맞대결을 준비한 상대 후보는 과거 신민당 부총재까지 지낸 통일민주당의 거물급 정치인으로, 전국 최다 득표를 한 경험까지 있는 인물이었다. 오로지 그 사람을 경쟁 상대로 여기며 선거운동을 준비했는데, 웬걸, 결과적으로는 나도 통일민주당 후보도 아닌 이름도 들어보지 못한 평민당의 신인 정치인이 당선되었다.

유권자의 선택을 받지 못한 사람이 이런 이야기를 해봤자 변명에 불과하지만, 모든 것이 악재였다. 당시 평민당 총재인 김대중 씨가 선거운동 기간 중에 세 번이나 관악구를 찾아왔다. 흔치 않은 일이 었다. 13대 총선에서 김대중은 평민당 전국구 후보 가운데 11번이었다. 그 시절에는 당비黨費를 많이 낸 사람 순서대로 전국구 공천을 받는 일이 조금도 이상하게 여겨지지 않을 정도로 노골적으로 '돈'이 정치를 좌우하는 시대였다. 그래서 당을 상징하는 대표나 유명 정치인이 일부러 전국구 '커트라인' 정도에 순위를 올리고 지지층에게 정당 투표를 독려하곤 했다. "나 김대중이 대통령도 떨어지고, 전국구 의원 하려는 것도 돈이 없어서 앞 번호를 못 받고 11번이 되었으니, 평민당 후보를 찍지 않으면 나는 국회의원도 못합니다."* 김대중이 군중들을 모아놓고 구수한 사투리를 섞어 이렇게 읍소하면 지지층이 애잔한 환호의 박수를 보내곤 했다. 관악구는 서울에서도 호남

---

* 당시에는 지금처럼 후보자-정당 투표가 분리되어 있지 않고, 특정한 후보자를 찍으면 그에게 던진 표가 곧 정당 투표로 간주됐다. 그것을 합산해 전국구(비례대표) 의석을 확정했다.

출신 주민들이 많이 살고 있는 지역으로 꼽힌다. (내가 관악구 공천을 받은 이유 중에도 '호남과의 인연'이 약간 고려되어 있었다. 조부 김병로 선생께서 전북 순창 출신이고, 나도 전남 광주에서 학교를 다녔던 적이 있다.)

한편 총선 바로 전날, MBC 방송 사고가 있었다. MBC에서 개표 방송 샘플 영상을 만들어 시험해봤는데, 그것이 그대로 송출되어 버린 것이다. 지금이야 시청자들이 그러한 샘플 영상을 이해하겠지만, 당시로서는 '사전에 결과를 조작해놓은 것 아니냐'하는 의심을 받았다. 게다가 하필이면 민정당 후보가 당선된 화면이 샘플 영상으로 송출됐다. 관악구에는 서울대가 있다. 학생들이 그 방송을 보고 '부정투표를 저지하자'면서 밤새도록 투표소 앞에서 시위를 벌이는 바람에 돌멩이와 최루탄이 나뒹구는 대혼란 속에 선거가 치러졌다.

긴 변명이 되었지만, 이것이 나의 '낙선담'이다. 철저히 준비하지 않은 선거에서 떨어진 것은 어쩌면 당연한 일이다. 개인적으로 역시 유쾌하지 않은 기억이다. 독자들로서도 그리 흥미로운 이야기는 아닐 것이다. 그럼에도 굳이 이 이야기를 꺼내어 소개하는 이유 가운데 하나는, 당시에 내가 낙선할 때 그 지역구에서 당선되었던 의원과 30년 뒤에 또 다른 인연으로 만나게 된 탓이다.

2016년 20대 총선 때 나는 민주당 비상대책위 대표로 선거를 이끌게 되었는데, 30년 전 관악구의 그 초선 당선자가 그때는 거물급 정치인이 되어 공천심사 명단에 올라 있었다. 1988년에는 물론 젊고 참신한 정치인이었지만 2016년 그때는 낡고 고루한 정치인이라는 이미지가 강했다. 결국 그는 공천에 탈락했다. 말을 지어내기 좋

아하는 호사가들이 30년 전 내가 그에게 패했던 복수를 한 것이라고
이야기하던데, 그런 엉뚱한 담화에 일일이 대꾸할 필요는 없겠지만,
크게 잘못 해석한 것이다.

나는 그 사람에 대해 일말의 감정도 없다. 선거에서 이길 수도 있
고 질 수도 있는 것이지 사사로운 감정을 가질 필요가 무엇이 있겠
는가. 당시에 나는 민주당 비상대책위 대표였지만 공천 사항에 구체
적으로 관여하지는 않았다. 그의 공천에도 특별한 관심을 기울이지
않았다. 혹여 다른 사람들의 반대를 무릅쓰고 내가 일부러 공천하자
고 말했다면 오히려 배포가 넓다는 평가를 받았을지도 모른다. 그러
나 그를 공천하는 것에 대한 여론이 극히 좋지 않아 정무적인 판단
을 내릴 수밖에 없었다. 호남은 국민의당이라는 신생 정당이 민심을
장악하고, 당시 민주당이 기댈 곳이라곤 수도권밖에 없는데, 특히
젊은 층이 거부하는 그런 인물을 공천하면 수도권을 완전히 잃을 가
능성이 높았다.

오해든 비난이든 칭찬이든 일체의 평가에 연연하지 않는다. 어쨌
든 그는 무소속으로 출마해 당선이 되었고, 지금 글을 쓰고 있는 현
재는 그가 민주당 대표를 맡아 21대 총선을 이끌고 있다. 인생은 그
렇게 돌고 도는 것이다.

'일할 준비'를 하라

그럼 이제 노태우 정부 때의 이야기를 하도록 하자.

노태우 정부 첫 내각은 '5공 2기'나 다름없었다. 핵심 부처인 재무부, 내무부, 법무부, 외무부 장관을 모두 5공 때 사람 그대로 썼고, 심지어 부총리까지 5공 장관 출신을 임명했다. 정권이 바뀐 것인지 아닌지 신선한 맛이 하나도 없었다. 그것도 13대 총선에 적잖은 영향을 끼쳤다. 정권 시작부터 민심을 잃고 출발한 것이다.

6공 초기에 전두환은 '상왕'처럼 막후에서 권력을 움직였다. 노태우는 나더러 "경제는 당신이 맡아라, 칼을 잘 갈아두고 있어라" 하더니 대통령 당선이 되고 나서는 말을 싹 거뒀다. "경제 문제와 관련해 당신과 다른 이야기를 하는 사람도 많더라" 하는 것이 노태우의 변명이었다. 할아버지께 배운 대로 정치인의 약속은 애초에 믿지 않았기 때문에, 그리고 내가 무언가 보상을 기대하고 노태우를 도왔던 것도 아니기 때문에, '그러려니' 하고 넘어갔다. 노태우가 당선되고 정권인수위원회에서 경제 부문을 맡았다가, 대통령 취임식 이후로는 만나지도 않았다. (그래서 13대 총선에도 어쩌다 갑작스레 출마하게 되었다.)

그러다 6공화국이 출범하고 1년 반 정도 지났을 때, 노태우에게 연락이 왔다. 한번 만나자는 것이다. 특별한 용건은 없었다. 그저 대통령 집무실에 마주 앉아 2시간 정도 이야기를 나눴다. 이제는 대통령이 된 집권 2년차 노태우에게 '듣기 싫은' 이야기를 좀 많이 했다. 취임 후 꽤 시간이 지났는데 정부가 왜 이토록 국민에게 인기가 없고 여론이 나쁜지, 우리나라 전직 대통령들이 왜 모두 최종적으로 실패했다는 평가를 받고 있는지, 그런 것들을 쭉 이야기했다. 노태우의 표정이 밝을 리 없었다. 내내 불쾌한 표정으로 이야기를 들었다. 하지만 노태우는 그렇게 다른 사람의 이야기를 느긋이 들어주는 강점을 지니고 있었다. 면담을 마치고 악수를 하고 나가려는데 노태우가 이런 얘길 꺼냈다. 자기를 그렇게 비난만 하지 말고 '일할 준비'를 하고 있으라고 말이다. 또 무슨 실없는 약속인가 싶어 그냥 웃고 넘어갔다.

그런 만남이 있고 두 달이 지나도록 별다른 이야기가 없었다. 그러던 어느 새벽 집으로 전화가 왔다. '대통령의 전화'라고 했다. 시계를 보니 6시를 가리키고 있었다. 이른 시간에 대체 무슨 일인가 싶어 전화를 받았더니 수화기 너머 목소리가 들렸다. "나야. 오늘부터 들어와서 일해. 당신 마음에 들는지 모르겠지만, 당신이 원래 그 분야에도 조예가 깊은 사람이니까 좀 맡아줘."

그래서 보건사회부 장관직을 맡게 되었다. "원래 노동부 장관을 시키려고 했는데 노동부 장관은 상처가 날 우려가 있으니(당시 노동쟁의가 들끓었다) 일단 보사부 일을 하고 있어" 하는 것이 노태우의 말이었다. '일단' 맡으라는 말은 무엇인지 궁금했다.

"집에서 수돗물을 마십니까?"

보사부 장관은 8개월 정도 했다. 복지 분야니까, 노태우 말대로 내가 전문성이 없는 분야가 아니다. 하지만 보사부 장관직을 맡는 동안 '사고 처리'를 했던 기억만 가득하다.

취임하자마자 '수돗물 파동'이 생겼다. 당시 건설부가 전국 수돗물 성분을 검사한 결과 중금속과 세균이 기준치 이상 검출되어 식수로 부적합하다는 보도가 나왔다. 일대 소란이 일었다. 장관 취임식을 마치고 얼마 되지도 않아 국회부터 불려갔다. 당시 보건사회부를 담당하는 국회 보사위원회에는 빈민운동가 이철용, 여성운동가 박영숙 등 재야운동권 출신의 쟁쟁한 의원들이 대거 포진하고 있었다. 자리에 앉으니 이런 질문부터 했다. "장관은 집에서 수돗물을 마십니까, 생수를 마십니까?" 수돗물을 끓여 마신다고 답했다. 솔직히 그랬으니까.

그런 질문을 왜 하는가 했더니, 보사위 소속 의원들이 곧장 내가 사는 아파트에 사람을 보내서는 경비아저씨에게 물어봤다고 한다. 우리 집에 생수가 배달되는 것을 본 적 있는지 없는지 확인한 것이다. 거짓으로 답변했으면 그것을 빌미로 집중 공격을 했을 터였다. 생수는커녕 당시 우리 집엔 정수기조차 없었다. 솔직히 답변한 것을 알고, 그 뒤로는 그들의 태도가 상당히 누그러졌다.

참고로, 우리나라에 생수 시판이 허용된 것은 1994년의 일이다. 그전에는 외국인들만 생수를 사마실 수 있었다. 88올림픽 때 잠깐 생수 판매를 허용한 적이 있었지만, 1994년 이전까지 우리나라에서는 내국인이 생수를 사마시는 일조차 엄연히 불법이었다. '물을 돈 주고 사 먹다니, 국민들 사이에 위화감을 조성한다'는 이유 때문이었다. 그럼에도 이른바 사회지도층이라는 사람들은 암암리에 다 생수를 사서 마시고 있었다.

지금이야 누구든 생수를 마시고 있지만 '마트에서 생수를 판다'라는 이야기 자체가 이해가 되지 않던 시절이 있었다. 그러한 때에 국민의 유일한 식수원인 수돗물이 '못 마실' 등급이라니, 사건의 파장이 컸다.

평생 먹을 라면을 다 먹다

수돗물 파동이 잠잠해질만 하니까 이번에는 '라면 우지 파동'이 일어났다. 중년 이상 독자들은 이 사건을 기억하고 있을 것이다. 당시 라면 업계에서 1, 2위를 다투던 기업이 공업용 기름을 사용해 라면을 튀긴다는 신고가 접수돼 검찰이 수사에 나섰고, 업체 관계자들이 여럿 구속됐다. 나중에 이 사건은 무죄로 판결이 나긴 했지만(회사에 불만을 가진 사람이 악의적인 내부고발을 한 것으로 드러났다), 해당 기업은 이미지에 큰 타격을 입었다. 이 사건으로 인해 식품안전성에 대한 국민의 불신이 높아져 라면은 물론 통닭, 튀김, 빵, 과자 등 기름을 이용한 제반 식품류 매출까지 크게 줄었다.

정확히 말하자면 공업용 기름이라기보다는 '비非식용' 기름이었다. 그것도 화학 성분의 기름이 아니라 우지牛脂 소기름이었다. 그런 비식용 기름을 수입해서는 식용으로 정제해 사용해왔던 것이다. 여기서 '비식용'이란 표현은 앞으로 어떤 형태로든 먹어서는 안 된다는 말이 아니다. '아직 정제되지 않아 그 상태 그대로는 식용에 부적합하다'는 뜻이다. 이것은 마치 원유를 수입 정제해서 휘발유를 만들어 판매하는 원리와도 같다. 그렇게 정제된 휘발유가 자동차에 넣기 적합한지 여부만 따지면 되는 것이지, '원유로는 자동차를 굴릴 수 없다'는 주장은 논리 연관성이 없지 않은가.

그런데 비식용이 '공업용'으로 와전되었고, 국민들은 그것을 마치 화학 기름 같은 독성 물질에 음식물을 튀겨왔던 것처럼 오해했다. 게다가 수사를 맡은 검찰이 "생명에 지장이 있을 수 있다"고 갑작스레 발표해버렸다. "인체와 관련된 내용을 발표할 때는 제발 신중을 기해달라"고 사전에 검찰 측에 간곡히 부탁했는데 일방적으로 그렇게 발표하는 바람에 보사부는 초비상이 걸렸다. 국립 보건원에 의뢰해 실시한 식품 안전 테스트 결과 등을 소개하며 '먹거리에는 아무런 이상이 없다'고 수차례 발표했지만 이미 국민의 신뢰는 바닥에 떨어진 상태였다.

수돗물과 우지 파동을 겪으면서 새삼 깨달은 것이 있다. 나라의 경제 수준이 높아지면 건강과 환경, 위생에 대한 국민의 관심 또한 급격히 높아진다는 사실이다. 먹고 살기 힘들었던 시절에야 수돗물에 무슨 성분이 들어있는지, 라면을 무엇으로 튀기는지 특별히 관심이나 있었을까. 정치도 그렇게 시대와 의식에 맞게 변해야 한다. 우리 사회의 발전 방향이 근본적으로 달라지고 있음을 절감할 수 있었다.

우리 사회의 불신 풍토가 생각보다 뿌리 깊다는 사실도 뼈저리게 체험했다. 우지 파동이 있던 때 TV토론회에 참석하여 국민들과 대화를 나눴다. 한 토론자가 비식용을 식용으로 정제하는 과정에 대해 "걸레를 빤다고 행주가 되느냐"고 표현하는 것을 듣고 잠깐 한숨이 나왔다. 물론 식품 안전에 대한 우려 때문이겠지만 비유의 대상이 잘못됐기 때문이다. "숟가락과 요강을 수거해 쇳물로 녹이고, 그것으로 밥그릇을 만들었다고 그릇에 요강이 들어있는 것은 아니지 않습니까"라고 설명해주었다. 아내가 식품영양학을 전공한 교수라서 우지 파동을 겪을 당시에 큰 도움이 되었다.

당시 국민을 안심시킬 방법을 찾으려고 무던히도 애썼다. 독일에서 유학하던 1966년에 미군 폭격기가 스페인 해안에 추락한 사건이 있었다. 그 폭격기에 원자탄이 몇 개 실려 있었는데 회수하지 못하여, 방사능 유출이 우려된다는 이유 때문에 스페인에 관광객이 크게 줄었다. 관광 수입이 줄어든 스페인 주민들이 아우성을 치자 미군 사령관과 스페인 주재 미국 대사가 스페인 바다에 뛰어들어 수영하는 장면을 TV로 보여주며 '스페인은 안전하다'고 홍보하던 기억이 떠올랐다. '그래, 우리도 그렇게 해보자' 하는 생각에 국회의원 식당에 방송국 기자들을 불러 보사부 직원들과 라면을 먹었다. 반응이 좋아서 여러 번 그런 행사를 열었다.

하지만 사실 나는 밀가루 종류를 잘 소화하지 못하는 체질이라 평소 라면을 그리 즐기지 않는다. 평생 먹을 라면을 그때 한꺼번에 다 먹은 것 같다. 밤마다 더부룩한 배를 부여잡고 고생했다. 장관 노릇하기도 그리 쉬운 일은 아니다.

15 약소국의 비애를 절감하며
|1990년 한소수교

보사부 장관 시절 이런 일화가 있다. 취임하고 각 국별로 업무 보고를 받는데 의정醫政국장을 맡고 있던 분께서 "산아제한을 효율적으로 잘해서 합계출산율을 1.9까지 떨어뜨렸다"고 자랑스럽게 보고하는 것 아닌가. 의정국이라면 의료 정책 전반을 담당하던 부서다. 보고를 듣고 "그동안 수고하셨습니다. 그런데 지금부터는 산아제한 정책은 철폐하는 방향으로 검토하세요"라고 말했다. 내 발언을 듣고 모두가 깜짝 놀란 표정이었다. 30년 넘게 계속하던 정책을 바꾸라고 하니까, 그것도 정반대 방향으로 바꾸라고 하니까 놀랄 만도 했다.

합계출산율은 여성이 가임기간 동안 출산하는 아이의 숫자다. 이것이 무조건 낮다고 좋은 것이 아니다. 물론 높다고 좋은 것도 아니다. 인구는 경제에 중요한 영향을 미치는 팩터factor다. 경제 규모나 복지 정책 등을 고려하여 일정 수치 이상 출산율을 유지해 줘야 한다. 어느 나라든 평균 2.1 정도 출산율은 유지해야 지속적인 사회 경제 발전이

보장된다. 그런데 우리나라는 1990년대 초에 이미 출산율이 낮았고, 심각한 문제는 출산율 감소 속도가 너무 빠르다는데 있었다.

한때 인구가 너무 많아 걱정인 시절이 있었다. "덮어놓고 낳다 보면 거지꼴을 못 면한다"는 다소 우스꽝스런 가족계획 구호까지 앞세웠던 시절도 있었다. 그때는 합계출산율이 무려 4~5에 이르던 시기였다. 1960년대만 하여도 4자녀 이상 가정이 많았다. 그러다 강력한 산아제한 정책이 시행되면서 1980년대에 접어드니 이미 2자녀 가정이 다수를 이루게 되었다. "둘만 낳아 잘 기르자"는 표어가 유행일 때였다.

다른 나라는 다자녀 가정에서 2자녀 가정의 문화로 바뀌어 가는데 보통 100년 정도 시간이 걸렸다. 그런데 우리는 20~30년 만에 그것을 이루어냈다. 우리는 경제만 압축 성장해 나간 것이 아니라 그런 것도 집약적으로 단축해버린 것이다. 뭐든 빠르게 하는 것에는 일가견이 있다고나 할까. 산아제한정책을 실시하면서 여러 자녀를 낳는 부모를 거의 죄악시하고, 셋째 아이부터는 의료보험 혜택을 주지 않기도 했으며, 남자들이 정관수술을 하면 예비군 훈련을 한번 면제해주는 등 별의별 방법을 다 동원했으니 그럴 수밖에.

하지만 산아제한정책도 적정선에서 멈춰야지 지나치면 독이 된다. 지금 상황이 보여주고 있지 않은가. 이제는 출산율이 1.0 아래로까지 떨어지면서(2019년 합계출산율 0.92) '더 많이 낳자'는 운동마저 벌이는, 과거와 정반대 상황이 전개되고 있다. 그저 관성에 의해 1990년대 중반까지 산아제한 정책을 계속하다가 불과 20년 만에 이

지경에 이른 것이다. 독일의 사상가 막스 베버Max Weber, 1864~1920는 공무원을 '영혼이 없는 존재'라고 표현했다. 관료들은 정권이 바뀌는 것에 따라 시키는 대로 따라갈 뿐이다. 그들을 뭐라고 탓할 수 없다. 그렇다면 정치인들이 방향을 바로 잡아줘야 하는데, 인구 정책이야말로 자기 임기 중에는 성과가 나타나지 않는 정책이다 보니 여야와 계파를 막론하고 모두가 손을 놓고 있다가 때를 놓친 것이다. 뒤늦게 '아이를 낳아라'고 다그치듯 이야기할 것이 아니라 청년들이 기쁘게 결혼하고 젊은 부부가 마음 놓고 아이를 낳고 기를 수 있는 사회 제반 환경을 미리 갖춰놓았어야 하는데, 이제 와서 출산 보조금 같은 것을 쥐어준다고 출산율이 높아질 턱이 없다. 보다 적극적으로 미래를 준비하지 못한 나 같은 세대의 책임이 크다.

아무튼 당시로서는 산아제한을 책임지는 주무 부처 장관인 내가 "앞으로는 산아제한 정책을 하지 말라"고 이야기했다는 소문이 나면서 여기저기서 비난의 말이 들려왔다. 특히 산아제한 캠페인 같은 것을 하면서 정부 보조금을 받아 운영되던 시민단체들이 난리였다.

"장관에게 비서를 시키면 어떡합니까"

그렇게 보사부 장관을 8개월 역임하다가 곧바로 경제수석으로 자리를 옮겨 2년간 일했다. 갑자기 경제수석비서관이 된 과정을 설명해야겠다.

1988년 13대 총선에 나는 원래 출마할 생각이 없었다. 앞에 소개했던 것처럼 노태우가 '당선되면 경제는 당신에게 맡기겠다'면서 '칼을 열심히 갈아두고 있으라'길래 부지런히 그런 계획만 세워두고 있었다. 우리나라 헌법에 경제민주화 조항을 넣어둔 조건 하에서, 경제정책을 책임지게 되면 이제는 대한민국 경제를 전면적으로 개조해나갈 수 있도록 내 나름의 '수술 준비'를 하고 있던 중이었다. 노태우 선거운동을 준비하는 과정에 전두환 쪽에서 '정책의 지속성을 위해 현 경제수석의 카운터 파트 역할을 할 수 있는 사람을 지명해달라'는 요청이 있었는데, 그때도 노태우가 나를 임명했다. 그런데 막상 당선이 되고 나니 "당신과 생각이 다른 사람들이 많아"하면서 나를 도외시했는데, 그 표면적인 이유라는 것이 1987년 블랙먼데이 때 일반적인 견해와 전혀 다른 진단을 했던 사례를 이유로 들었다.

1987년 10월 19일 미국 증시가 대폭락했다. 주가가 하루아침에 20% 이상 떨어졌는데, 월요일에 벌어진 일이라 '블랙먼데이'라고 불렀다. 그 사건은 당연히 1929년 10월의 월가 대폭락을 연상하게 만들었다. 알다시피 1929년 대폭락은 대공황으로 이어졌고, 장기간에 걸쳐 세계 경제에 큰 상처를 남겼다. "다시 세계적인 경제공황이 발생할지 모르니 선제적인 경기부양책을 써야 한다"는 것이 당시 경제팀 각료들의 일반적인 주장이었다. 하지만 나는 생각이 달랐다. 1929년에는 월가에 참여한 투자자들이 개미들이었는데 지금은 제도권 금융기관이 참여하고 있으니 50년 전과 같은 투매 현상은 일어나지 않을 것이다. 중앙은행 간의 공조도 잘 이루어지고 있기 때문에 국제경제에 미치는 파장도 그리 크지 않을 것이었다. 그러니 팽창정책을 써서는 안 된다고 주장했다. 특히 이듬해 올림픽이 있어 수요가 더욱 팽창할 것이니 인위적인 부양책을 쓸 필요가 없다고 진단했다. 결국 내 주장이 옳은 것으로 드러났지만 다수 견해와 다른 목소리를 내는 것에 대해 시비하는 사람들이 많았고, 노태우가 그런 사람들에게 둘러싸이면서 나를 멀리하게 된 것이다. 대통령에 당선되면 그의 주위에는 첩첩산중 사람의 장벽이 세워지기 마련이다.

그래서 노태우 정부 초기 내각에 포함되지 못하고 13대 총선에 나서게 되었던 것인데, 그동안 경제는 정말 난리도 아니었다. 정부 출범과 동시에 부동산 가격은 폭등하고, 올림픽이 끝나자마자 물가는 더욱 뛰어오르고, 근로자들의 전국적인 파업이 계속되고, 수출과 투자는 바닥을 치고, 전셋값 대란이 일어나고…… . 오죽했으면 그때 '총체적 난국'이라는 표현이 등장하여 지금도 정치권에서 시국이 어지러울 때 관용적으로 사용하는 용어가 되었다. 결국 1989년 12월, 경제위기가 선언됐다. 부총리가 경제부처 장관들을 소집해서 현재 한국 경제가 위기 상태라고 공식 발표하고 '경제위기관리위원회'까지 설치하기로 했다. 그러자 다음날 주가가 폭락해서 혼란스러운 상황은 극에 달했다.

경제위기가 선언된 며칠 후 보사부 보고 사항이 있어 청와대에 갔더니 대통령이 "보고는 필요 없고 오늘은 다른 이야기를 하자"면서 앉으라고 했다. 보통 보사부 보고를 할 때는 경제수석이 배석하는데 그날은 대기실에 기다리고 있어도 수석이 내려오지 않았다. 그래서 좀 이상하다는 생각은 하고 있었다. 자리에 앉자 대통령이 "당신,

내 옆으로 와야겠어"라고 말했다. 경제수석을 맡으라는 뜻임을 직감할 수 있었다. 내가 일부러 장난스럽게 "장관직을 맡고 있는 사람을 비서로 오라고 하시면 어떡합니까"라고 했더니 노태우가 퍼뜩 화를 냈다. "내가 도와달라는데 그런 식으로 말할 수 있느냐" 하면서 말이다. 노태우가 그렇게 화를 내는 경우는 흔치 않아 속으로 놀랐다. 농담이 좀 지나쳤나 싶었다. 그만큼 당시 대통령의 신경이 날카로워져 있었다. 임기 중반을 넘어섰는데 뚜렷한 성과는 없고 경제위기까지 선언한 마당이었으니 말이다.

빨리 청와대로 들어오라기에, "들어가는 건 좋은데 경제팀과 호흡이 맞아야 할 텐데 재무장관과 부총리는 누구를 생각하고 계십니까?"하고 물었다. 대통령중심제 하에서 경제정책의 최종 책임은 물론 대통령에게 있지만, '경제 브레인' 역할을 하는 경제수석이 실무적 역할을 하는 부총리 등과 손발이 맞아야 할 것 아닌가. 대통령이 염두에 둔 사람들의 이름을 들어보니 나랑 함께 일할 수 있을 만한 분들이 아니었다. 그래서 못하겠다고 했다. 대통령은 이미 예상했다는 듯 "경제팀 인선은 조정할 테니 어쨌든 무조건 일할 준비를 하라"고 했다. 나는 "대한민국의 경제 규모가 이제 상당히 커졌고, 지금 단기적으로 할 수 있는 일은 없는 것 같습니다. 중장기적으로 해야 할 일이 많은데, 그런 일을 하시겠으면 저를 청와대로 부르시고, 아니면 다른 사람에게 경제수석을 맡기십시오"라고 말했다. 노태우는 고개를 끄덕였다. "경제수석이 되면 제가 무슨 일을 할 수 있고 무슨 일은 할 수 없는지 요약해서 일주일 이내에 서면으로 보고하겠습니다"

하고 물러갔다.

일주일 후에 서면 보고를 했더니 대통령이 쭉 읽어보고는 "알았어" 하고 말했다. 다 받아들이겠다는 뜻이었다. 그때 내가 대통령에게 보고했던 내용에 대해서는 독자들에게 차차 알려드리겠다.

그래서 금방 인사가 날 줄 알았더니 한 달이 지나도록 연락이 없었다. 다른 경제팀 인선에 어려움을 겪는 듯했다. 내가 경제수석비서관으로 발표되기 전날 대통령에게서 전화가 왔다. 몇 사람의 이름을 불러주고는 "이 사람들이랑 같이 일할 수 있겠어?"라고 묻는다. 누구는 괜찮고, 누구랑은 안 맞는 것 같다고 답했다. 최종 인사권자는 대통령인데 내가 반대한들 어쩌겠는가. 이러든 저러든 이제는 일할 각오를 하고 있었다. 다음날 발표 내용을 보니 내 의견이 그대로 반영되어 있었다.

적의 친구는 나의 적

그럼 이제 경제수석 때 했던 일들을 회고해야 하는데, 경제수석을 했던 사람이 왜 외교 정책을 이야기하느냐고 고개를 갸웃할 독자들이 많겠지만, 먼저 '북방정책' 이야기부터 해볼까 한다.

'북방정책'이라는 용어가 지금 젊은이들에게는 생소하게 느껴질 테지만 1970년대 이전 태생 독자들은 사회나 역사 과목에서 배워 기억하고 있을 것이다. 독일의 동방정책에 빗대 북방정책이라 명명한 정책을 노태우 정부 시절 집중적으로 추진했다. 동유럽 사회주의 국가들을 비롯해 소련, 중국 등 사회주의 종주국과 우리나라가 잇달아 외교 관계를 수립한 일이다. 그들 국가가 대부분 위도 상 북쪽에 있어, 혹은 궁극적으로 북한을 겨냥한 정책이라는 측면에서, '북방정책'이라는 이름이 붙었다.

2차대전 직후 세계에는 두 개의 대표적인 분단국가가 생겨났다. 하나는 독일, 다른 하나는 한국.* 독일은 2차대전 발발의 책임을 지고 승전국에 의해 분할된 것이지만 우리의 분단은 참으로 어처구니없고 억울한 일이다. 분단되어 독일은 동서, 한국은 남북에 각기 다른 정부가 수립된 후, 모든 정부는 할슈타인 원칙에 따랐다. 할슈타인 원칙은 독일 외교관 발터 할슈타인Walter Hallstein, 1901~1982이 1955년에 천명한 원칙으로, 서독은 동독과 수교한 국가와 외교 관계를 맺지 않고, 남한은 북한과 수교한 국가를 상대하지 않는 식이다. 그야말로 '적의 친구 또한 나의 적'이라는 원칙으로, 그렇게 해서 상대를 고립시켜버리려는 의도를 담고 있었다. 그런데 서독이 1969년 할슈타인 원칙을 전격 폐기하면서 '동방정책'을 내세웠고 그 결과 1990년 통일까지 이루어냈다. 우리도 그걸 벤치마킹하는 식으로 북방정책을 선언한 것이다.

지금부터 북방정책의 진행 과정을 자세히 소개하게 될 텐데, 그 이유는 그것이 단순한 외교 정책이나 통일 정책이 아니기 때문이다. 1990년 이후 30년이 넘는 시간 동안 우리 경제가 지금껏 이 정도까

---

* 독일과 한국 이외에도 베트남과 예멘이 이념적으로 분단되어 있었다.

지 버텨올 수 있었던 비결 가운데 하나는 북방정책에 있다. 북방정책은 외교·통일 정책이기도 했지만 결과적으로는 '경제' 정책이었다.

혹자는 "노태우가 아니라 다른 누가 대통령이 되었더라도 북방정책과 비슷한 정책을 펼쳤을 것"이라고 깎아내리기도 한다. 그것은 "박정희가 아니라 누구라도 경제성장을 이루었을 것"이라는 주장만큼이나 의미 없는 가정이다. 민주화운동에 참여한 사람들에게 "당신들이 아니었어도 민주화는 이루어졌을 것"이라고 이야기한다면 그들이 쉽게 받아들일까? 역사에 가정이란 없다. 과정과 결과가 있을 따름이고, 그 시대에 맡겨진 과제 앞에 주역들이 얼마나 충실했는지 뒤돌아 살펴볼 따름이다.

기둥을 베어내는 방법

경제수석이 되고 나서 대통령에게 보고를 하러 올라갔다. 보고를 마치고 시간이 좀 남은 김에 "북방정책을 하신다는데 잘 되십니까?" 하고 물었더니 답답한 표정으로 "틀은 짜놨는데 진척이 잘 안 돼" 하고 말하는 것이다.

당시 상황을 소개하자면 북방정책을 시작하고 1989년 헝가리, 폴란드, 유고슬라비아 등 사회주의 국가와 수교하고, 1990년에도 체코슬로바키아, 불가리아 등과 수교가 약속되어 있었는데 정작 중요한 소련, 중국 쪽에서는 아무런 기별이 없는 상태였다. 이것은 마치 나무를 베어내는데 가지치기만 잔뜩 해놓고 기둥은 건드려보지도 못하고 있는 처지나 다름없었다.

그도 그럴 것이 소련에 수교 협상을 타진하겠다고 만나는 루트가 일본 도쿄에 소련 잡지사 특파원으로 나와 있는 KGB요원을 접촉하는 수준이었기 때문이다. 사회주의 국가는 공산당 정치국 결정 없이는 국가적인 문제에 꿈쩍하지 않는다. 맨 하급 간부나 첩보원들만 상대하면서 그들을 계단 삼아 상층 연결고리를 확보할 지극히 초보적인 생각이나 하고 있었으니, 대국을 상대하는 일이 지지부진할 수밖에 없었다. 오랫동안 단절된 상태로 살다 보니 대對공산권 인맥이 전무하던 시기였다.

"우리는 솔직히 그렇게 큰 나라들을 상대로 외교를 해본 경험이 없는 실정 아닙니까. 그런 나라를 오랫동안 상대해본 적이 있는 사람에게 도움을 받는 것이 어떻겠습니까?" 그렇게 말했더니 대통령이 눈을 빛내며 "그런 사람이 있어?"하고 묻는다. 그가 바로 조지 슐츠 미국 국무장관이었다.

앞에 잠깐 소개했던 대로 슐츠 장관은 레이건 정부 시기 7년 넘게 국무장관을 역임한 인물로 미사일협상 등을 타결하는 과정에 고르바초프 당시 소련 공산당 서기장과도 친분이 두터웠다. 슐츠는 우리나라 민주화 과정에도 적잖은 영향을 미쳤고, 88올림픽이 반쪽짜리 올림픽이 되지 않도록 (자본주의-사회주의 진영이 서로를 보이콧함으로써 1980년 모스크바올림픽과 1984년 LA올림픽은 각각 반쪽 올림픽으로 치러졌다.) 사회주의 국가들을 설득하는데도 앞장섰다. 북한이 올림픽을 방해하면 강력하게 응징하겠다는 메시지를 보내 무사히 올림픽을 치를 수 있도록 도와준 것도 슐츠의 공로다.

"당신이 그 사람을 데려올 수 있겠어?" 대통령이 물었다. 나는 친서를 하나 써달라고 부탁했다. 그렇게 해서 1990년 4월 조지 슐츠 전미국 국무장관이 대한민국 대통령 초청으로 서울을 방문하게 되었다.

"골프나 칩시다"

슐츠를 통해 문제가 제법 간단히 풀렸다. 그가 한국을 방문하고 돌아가는 날 작별 인사차 청와대에 들러 대통령을 면담했는데 아주 희망적인 메시지를 전했다. 고르바초프가 곧 미국을 방문하게 되어 있는데 자기와 스탠퍼드 대학이 공동으로 초청 강연을 개최할 예정이니 그때 좋은 일이 있을지 모른다는 소식이었다.

과연 그럴 수 있을까? 슐츠의 말을 듣고 반신반의했는데 슐츠가 돌아가고 일본 도쿄에서 전직 국가수반 회의가 열렸다. 회의에 참석했던 사람들이 한국에 들렀는데, 소련 정부 외교 고문 아나톨리 도브리닌(주미 소련대사를 25년이나 지낸 인물)도 그때 서울에 왔다. 그가 슐츠와 같은 말을 전했다. "고르바초프가 6월에 미국 샌프란시스코에 가는데 그때 한국 대통령을 만날 수도 있다"고 말이다.

만날 '수도' 있다는 말은 대체 무엇인가. 도브리닌은 조건을 걸었다. "소련 대통령이 한국 대통령을 만나주기는 할 텐데 주제를 경협(경제협력)으로 한정하라. 경협을 얼마나 어떻게 할 수 있는지 구체적으로 준비해 놓아라. 그리고 미국에서 한소회담이 열린다는 소식이 사전에 유출되면 회담 자체를 취소할 수도 있다." 이런 내용이었다. 힘이 잔뜩 들어간 조건이었다.

5월 말에 노태우 대통령이 일본을 국빈 방문했다. 고르바초프와 샌프란시스코 회담은 6월 초로 예정되어 있었다. 그러니 일본을 방문하고 돌아온 대통령 전용기가 김포공항으로 돌아가지 않고 그대로 서울공항*에 대기하고 있었다. 며칠 후 다시 움직여야 하니 말이다. 이것을 기자들이 이상하게 생각했다. 대통령이 또 어디를 가느냐고 물었다. 비밀을 유지하기 힘들 것 같아 기자들에게 엠바고를 걸어놓고 '미국에서 한소정상회담이 열릴 수도 있다'고 발표했다. ……어떻게 되었을까? 대통령이 미국에 가기 이틀 전 부산의 어느 신문사가 그 엠바고를 깨뜨려 버렸다. 그것 때문에 회담이 취소될까 봐 어찌나 조마조마했던지…….

대통령을 실은 비행기가 샌프란시스코에 도착하자 슐츠가 영접하러 공항에 나와 있었다. 비행기에서 내리자마자 슐츠가 했던 말이 귀를 의심하게 했다. "대통령과 함께 골프나 치러 갑시다" 하는 것이다. 이런 역사적인 순간을 앞두고 골프를 치자니, 무슨 엉뚱한 말인가 싶었다. 그랬더니 슐츠의 대답인즉 "이럴 때일수록 느긋한 자세를 보여야 한다"는 것이다. 우리가 소련에 매달리는 듯한 모습을 보이면 안 된다는 것이다. 과연 협상의 대가답다고 감탄했다.

---

* 경기도 성남에 위치한 공군기지로, 대통령이 해외 방문을 하거나 해외 국빈이 방한할 때 이용한다.

대통령에게 이 이야기를 전했더니 고개를 흔들었다. 한국에서 출발하기 전부터 대통령은 대단히 초조해하고 있었다. 이루어질지 말지조차 모르는 회담을 위해 일국의 대통령이 지구 반대편까지 날아간 것 아닌가. 일종의 도박으로 보일 수도 있는 일이었다. 이미 언론에 보도가 되었기 때문에, 회담이 무산되면 전 세계적으로 창피한 일이었다. 미국에 도착해 대통령은 계속 호텔 방에만 머물러 있었다. 노태우 특유의 소심함에 좀 애잔하기도 하고, 약소국의 설움이란 이런 것인가 하는 생각도 들었다. 우리는 고르바초프가 샌프란시스코에 언제 도착하는지조차 정확히 모르고 있었다.

엘리베이터에 끼인 대통령

다음날, 한국 측 3인과 소련 측 2인이 실무 예비 접촉을 가졌다. 한국 측에서는 나, 비서실장, 외교안보보좌관이 나갔고, 소련 측에서는 외교 고문 도브리닌과 부수상 마슈코프가 나왔다. 소련 측에서 고르바초프를 만나는 조건을 두었는데, 대통령을 제외한 5명만 회담장에 들어오라는 것이다. 그래서 우리끼리 회의를 했다. 외교안보보좌관, 외무장관, 통역, 이렇게 3명은 기본으로 들어가야 하고, 회담 결과를 대외적으로 알려야 하니까 대변인도 배석하기로 했다. 그렇다면 나머지 한 명은 누구로 정할 것인가.

외무부 쪽에서는 모스크바 총영사를 배석시키려고 했다. 소련과 수교가 이루어지지 않았을 때이니 당시 한국과 소련 관계에서는 총영사가 제일 직위가 높았다. 외교부 사람들은 이렇게 의전이나 프로토콜을 중시하는 경향이 있다. 그래서 그렇게 결정했는데, 다음날 아침 워싱턴에서 미국 국무성 극동 담당 차관보가 날아왔다. 한국과 소련의 수교와 관련된 일이니 백악관에서도 크게 관심을 기울이고 있었다. 차관보가 배석자 명단을 듣더니 노태우에게 "경제수석이 배석하는 것이 좋겠다"고 조언했다. 미국 차관보가 우리나라 외교의 세부적인 내용까지 개입하는 것이 의아했지만 이유를 들어보니 모두가 고개를 끄덕였다. "소련이 이번에 회담에 응한 이유는 오로지 경협 때문이다. 경제 분야에 대해 책임 있는 이야기를 할 수 있는 사람이 참석하는 것이 성과를 높일 수 있다." 그렇게 해서 모스크바 총영사가 빠지고 내가 한소회담에 참석하게 되었다.

1990년 6월 4일 역사적인 한소 정상회담이 열렸다. 사실 우리는 회담이 언제 열릴지, 과연 열릴 수나 있을지, 전날이 되어서야 알았다. 정확한 회담 시간도 당일 오전 소련 측에서 '오후 4시 페어몬트 호텔 회의실에서 만나자'는 연락이 와서야 확정됐다. 약소국의 비애를 여러모로 느꼈다.

회의실에 올라가면서도 씁쓸했다. 노태우 대통령은 엘리베이터로 이동했다. 그래도 일국의 대통령이니 엘리베이터를 단독으로 이용해 우리 경호원만 대동하고 탑승해야 할 텐데, 소련의 비밀경찰과 미국 안전요원들까지 엘리베이터에 가득 차 우리 대통령은 납작하게 끼인 상태로 올라가야 했다. 우리가 회의장에 먼저 도착해 소련 측을 기다렸다. 조금 있으니 고르바초프가 등장했다.

16 천둥 번개 요란한데 비는 내리지 않고
| 1992년 한중수교

대한민국 대통령이 소련 공산당 최고 지도자와 처음으로 악수를 나눴다. 두 지도자가 배석한 참모들을 한 명씩 서로에게 소개했다. 노태우 대통령이 '경제를 책임지고 있는 참모'라고 나를 소개하니까 고르바초프가 잠깐 장난스런 표정으로 바라보더니 갑자기 내 옆구리를 툭 치는 것 아닌가. 왜 그런가 했더니 내가 왼손에 들고 있던 파일을 가리키며 "이게 왜 이렇게 얇습니까?"하고 물었다. 그러니까 그날은 경협을 주로 의논하기로 한 날인데 우리가 준비한 '선물'이 좀 부족한 것 아니냐는 다소 뼈 있는 말이었다. 회담의 긴장을 깨는 그의 농담에 모두 함께 웃었다.

자리에 앉고 보니 소련 측에서 공식적인 직함을 가진 사람은 대통령을 제외하고는 부총리 한 명뿐이었다. 모두 아무런 서류도 없고, 고르바초프는 연필 한 자루만 들고 왔다. 우리만 괜스레 격식을 차리느라 누구는 배석하고 누구는 빼고 하면서 고민했던 것이다. (소련 측 배석자는 모두 고르바초프 개인 보좌관들이었다.) 우리 대통령은 비서실에서 미리 준비한 말씀자료를 읽고, 고르바초프는 자기가 하고 싶은 말을 즉석에서 했다.

고르바초프는 은유적인 화법을 즐기는 사람이었다. 경협이라는 용어조차 사용하지 않고 "양적인 발전을 통해 질적인 발전을 도모하자"라고 말했다. 경협부터 하고 성과가 쌓이면 나중에 수교를 해도 늦지 않다는 뜻이었다. "사과가 익기도 전에 따서 먹으면 맛이 없다"는 비유를 사용하기도 했다. 소련 측에서 경협에 그렇게 적극적인 태도를 보이니까 우리도 경협을 추진할 의사를 밝히면서 "어느 정도 달러를 경협 자금으로 제공할 의사가 있다"고 말했는데, 통역관이 '어느 정도 달러'라는 부분을 '수십 억 달러several billion dollars'라고 통역하는 바람에, 별다른 의미 없이 바꿔 말했던 그 표현이 나중에 시빗거리가 될 줄은 몰랐다.

회담이 끝나고 양측이 함께 사진을 찍자고 하니까 소련 측은 그것도 찍지 않으려 했다. 당시 회담을 소련 측이 어떻게 받아들이고 있었는지 알 수 있는 대목이다. 양측이 만났다는 사실을 기념은 해야 하지 않겠냐고 간곡히 설득해서 양측 정상만 어색하게 나란히 서서 사진 한 장을 찍었다. 발표문도 서로 조율하지 않고, 우리는 우리가 준비한대로 회담 결과를 발표했다. 다음 날 워싱턴으로 가서 미국 대통령에게 회담 결과를 설명했다. 노태우 대통령으로서는 회담이 성사되었다는 사실 하나만으로 대단히 기분이 좋아 보였다. 될지 안 될지도 모르는 회담을 위해 미국까지 날아갔던 것 아닌가.

수교 먼저 vs 경협 먼저

그런데 귀국하고 한 달이 지나도록 소련에서 연락이 오지 않았다. 7월 20일이 되자 전문이 하나 날아왔다. 8월 2일에 경협 회담을 하자. 장소는 모스크바. 단장은 반드시 경제를 다루는 사람이어야 하고, 외무부 관료는 오지 말라는 조건이었다. 내가 단장이 되어 외무부 차관보를 비롯한 20여 명의 협상단을 이끌고 모스크바로 갔다.

그 뒤 한소수교와 경협 협상이 진행된 과정은 이 책의 성격상 지나치게 구체적으로 소개할 필요는 없겠다. 소련에 갔더니 이 사람들은 오로지 '경협 자금을 얼마나 받을 수 있을 것인가'에 대해서만 관심이 있었다. 겉으로는 사회주의 강대국이지만 소련은 안으로 완전히 무너져가는 중이었다. 1차 경협회담때 내 카운터파트인 소련 측 관료는 제1부수상 마슐리코프였는데, 그와 소련 경제에 대해 많은 이야기를 나눴다. 독일에서 유학하던 시절 소련 경제를 공부해두었던 것이 그때 큰 도움이 되었다. 어쨌든 소련 사람들은 '경협 먼저, 수교 나중'이라는 입장이 확고해보였고, 우리 외교부에서도 "사회주의 국가들은 일단 돈부터 쥐어줘야 협상이 잘 풀린다"면서 경험론부터 하자는 주장을 펼쳤다. 내 생각은 달랐다. 한번 부딪혀보기로 했다. 되든 안 되든 '수교 먼저'를 주장해 보기라도 해야 할 것 아닌가.

마슐리코프에게 "당신 나라 대통령은 양적 발전을 하고 나서 질적 발전을 하자고 하는데 거꾸로 해보는 게 어떤가. 우리는 작은 나라이고 당신들은 대국이다. 설마 우리가 당신들을 속이고 약속을 어길

리야 있겠는가"하고 단도직입적으로 말을 꺼내 보았다. 그의 반응이 그리 부정적이지 않았다. 그러자 더 구체적으로 설득했다. "당신나라와 우리나라는 시스템이 다르다. 우리는 민주주의 국가다. 당신나라는 대통령이 하라고 하면 그렇게 되지만 우리는 국민이 있고 언론이 있어 대통령 마음대로 모든 일을 할 수 있는 나라가 아니다. 특히 우리나라 사람들은 돈거래에 굉장히 신중한 편이다. 서로를 승인하지도 않는 적대국끼리 어떻게 돈거래를 할 수 있느냐 하는 비판의 목소리가 나오면 나도 감당할 방법이 없다. 그러니 수교부터 먼저하자." 이런저런 대화가 오간 끝에 내가 이렇게 말했다. "당신이 혼자 결정할 수 없다는 것을 안다. 고르바초프가 휴가 중이라는 사실도 익히 알고 있다. 이 자리에서 결정하기 어려울 테니 어떻게든 고르바초프의 다짐을 받고 내일 오후에 다시 만나자."

다음날 오후 4시쯤 마슐리코프를 다시 만났는데 갑작스레 "고르바초프가 그러는데 당신을 극진하게 잘 대접하라고 합디다"라는 말부터 하길래 대체 무슨 뜻인가 했다. 그러더니 활짝 웃으면서 "수교부터 하자"고 했다. 휴가지에 있는 고르바초프에게 지시를 받았다는 것이다. 정공법이 통했다. 청와대에 곧장 그 소식을 전하니 무척이나 좋아했는데, 소련 사람들이 도통 합의문 같은 것을 작성하려 들지 않아 또 애를 먹었다. 말은 그렇게 해놓고 나중에 혹시라도 뒤집어버리면 어떡할 텐가. 어떻게든 '기록'을 남겨야겠다는 생각에, 그날 저녁 리셉션을 하는 자리에 KBS 기자를 불렀다. 내가 마슐리코프랑 이야기 나누는 장면을 촬영하도록 하고, 인터뷰 가운데 마슐리코프의 입을 통해 자연스럽게 "수교부터 하기로 했다"는 말이 나오도록 유도했다. 국제무대에서 우리 외교 역량이 한없이 초라했던 때라, 돌이켜보면 이렇게 블랙유머 같은 에피소드가 많았다.

그리하여 그해 9월 유엔총회에서 우리 외무장관과 소련 외무장관이 만나 수교 협정서에 서명했다. 북한의 '형님'뻘인 나라와 그렇게 수교를 하자 이듬해 남북한 유엔 동시 가입도 자연스럽게 이루어졌다.

젊은 독자들을 위해 부연 설명을 해두자. 우리나라는 한국전쟁 때 유엔군의 도움을 받아 간신히 살아났을 정도로 유엔에게 생명의 빚을 진 나라다. 그래서 유엔 창립일인 10월 24일을 국가기념일(유엔의 날)로 정하여 1975년까지는 공휴일로 삼았을 정도로 유엔에 각별한 감정을 표해왔다. 그럼에도 불구하고 정부 수립 후 50년 가까이 우리는 유엔 정식 회원국으로 인정받지 못했다. 북한이 "유엔 가입은 분단 고착화"라고 극렬하게 반대했기 때문이다. 북한이 그리 반대하니 북한의 우방으로 안보리 상임이사국인 소련과 중국이 남북한 유엔 가입을 승인할 리 없었다. 그래서 우리는 오래도록 유엔총회에도 참석하지 못했고, 본회의장이 아니라 참관석에 앉거나 복도를 서성여야 했으며, 일체의 발언권도 얻지 못했다. 북한의 입장이 바뀌어 남북한이 유엔에 나란히 함께 가입하게 된 것은 북방정책과 한소수교가 결정적인 계기였다.

대한민국 정부가 수립되고 이승만 정부 때 수교한 국가가 15개국에 불과했다. 박정희 정부는 수출 정책을 펼치면서 경제 영토를 넓히기 위해 75개국과 수교했다. 전두환 정부 때 수교한 국가는 10개국이었는데, 노태우 정부 들어 새롭게 외교 관계를 수립한 국가가 26개국에 달했다. 노태우 정부 시기는 대한민국 역사상 짧은 기간에 가장 많은 국가와 수교 관계를 맺은 시기로 꼽힌다. 거의 모두 사회주의 국가들이었다. 그렇게 외교 관계를 맺은 시기를 전후해 그들 국가가 대부분 시장경제 체제로 전환했고, 그로 인해 우리의 경제 영토는 본격적으로 세계로 확장됐다. 이념의 장벽에 가로막혀 반세기 동안 들어갈 수조차 없던 불모의 시장을 개척할 수 있게 된 것이다. 북방정책은 봉인되어 있던 세상의 절반을 열어놓았다.

북중 관계는 그리 간단하지 않다

1990년 8월 소련과 경협 협상을 마치고 서울에 돌아왔는데 대통령 비서실장이 해외에 나갈 준비를 하라는 것이다. "방금 돌아왔는데 또 어딜 가라고 하느냐"고 웃으며 물었더니 이번엔 중국이라고 했다. 나를 왜 중국에 보내는 것인지 의아했다. 게다가 대통령과 비서실장만 이 사실을 알고 있으니 주위에 누구에게도 알리지 말라고 했다. 청와대 출입 기자들에게는 여름휴가를 떠난다고 말하고 일본행 비행기에 올랐다. 수행하는 사람도 달랑 보좌관 한 명뿐이었다. (당시에는 중국으로 가는 직항편이 없어 일본을 경유했다.) 일본으로 가는 비행기 안에서 우연히 항공사 임원이 옆자리에 앉았는데, 어디를 가시는 거냐고 자꾸 최종 목적지를 알려고 들어 진땀을 뺐다.

베이징 공항에 도착하니 비행기 트랩 앞에 이미 자동차가 대기하고 있었다. 입국 수속도 비행기 안에서 마쳤다. 리무진 승용차를 타고 마치 연행을 당하듯 어딘가로 이동했다. 도착하고 보니 중국의 국빈들이 묵는 조어대釣魚臺였다.

원래 한국에서 출발할 때는 중국 최고지도자 덩샤오핑鄧小平, 1904~1997을 만나게 될 것이라 기대하고 있었다. 나를 중국으로 초대한 루트가 덩샤오핑의 아들 덩푸팡鄧樸方이었기 때문이다. 덩푸팡은 중국 문화혁명 때 홍위병들에게 쫓기다 건물에서 뛰어내려 하반신을 크게 다치는 바람에 장애인이 되었고, 개혁파가 집권한 뒤로는 중국장애인협회 회장직을 맡고 있었다. 그래서 조어대에 도착하자마자 "덩샤오핑을 만나게 해달라" 요청했는데 중국 측에서는 "덩샤오핑은 만날 수 없고 보이보薄一波, 1908~2007를 만나라"는 것이다. 사실 나는 그때 보이보가 누군지도 몰랐다.

당시 중국은 이른바 '8대 원로'라 불리는 사람들이 모든 실권을 쥐고 있었다. 덩샤오핑도 공산당 총서기나 국가주석이 아니라 '원로회의(중앙고문위원회) 대표' 자격으로 막후에서 권력을 휘둘렀다.* 보이보는 그 '8대 원로' 가운데 한 명으로, 주로 경제 분야를 담당하고 있었다. 머리가 허연 80대 노인이었다. 산전수전 다 겪은 정치인답게 기세가 등등하고 목소리도 카랑카랑하며 도도했다.

---

* 실제로 덩샤오핑은 한 번도 공산당 총서기나 국가주석직을 맡은 적이 없다. 그러면서 20년 가까이 대내외적으로 중국의 최고지도자 역할을 수행한 신비로운 인물이다.

보이보와 마주 앉자 한중수교에 대해 물었는데, 역시 중국인답게 그는 시적으로 표현했다. "지금 당신 나라가 하는 행위를 보면 베이징 하늘에 시커먼 구름이 몰려오고 천둥 번개가 요란한데 비는 한 방울도 떨어지지 않는 것과 같다." 이게 무슨 말인가 했더니 그동안 한중수교를 성사시킨다고 수많은 사람들이 중국을 들락거렸는데 '비는 한 방울도 내리지 않았다', 즉 아무런 성과가 없었다는 말이었다. 사실이 그랬다. 중국에서 사업하는 사람, 중국 고위층과 친분이 있다고 자랑하는 사람, 중국에 친인척이 있는 사람 등 온갖 사람이 등장해서 자기가 중국 지도부와 수교 협상을 주선할 수 있다고 중매쟁이처럼 얼굴을 내밀던 시절이었다. 그들을 위해 대통령 친서를 얼마나 많이 써줬는지 모른다. 나중에 알고 보니 그게 모두 중국공산당 과장급 책상 서랍 정도에서 굴러다니고 있었다. '천둥 번개만 요란'했던 것이다.

"그러면 어떻게 하면 좋겠습니까"하고 물으니 "당신들이 자꾸 찾아와서 북한과 멀리하고 남한과 가까워지라고 하는데 북한과 우리(중국) 관계는 당신들이 생각하는 것처럼 간단하지 않다. 우리는 혈맹이다. 그러니 쓸데없는 소리 말라"고 잘라 말했다. 물론 공식적인 외교회담이 아니고, 내가 그보다 나이도 훨씬 어렸지만, 어쨌든 정부를 대표해서 찾아온 사람을 애송이 취급하는 것이 썩 유쾌하지는 않았다. 나를 하대하는 것은 참을 수 있지만 우리나라를 작은 나라 취급하며 무시하는 태도가 강하게 느껴졌다. 보이보와는 그렇게 헤어졌다. 장애인협회에서 초대했으니 협회에 기부금도 내고, 덩푸팡과 인

민대회당에서 식사도 하고, 공산당 교육원도 둘러보고, 그렇게 일주일쯤 정말 여행을 하는 모양으로 보내다가 귀국했다.

"대만은 어떻게 할 겁니까?"

귀국해 대통령에게 방중 결과를 보고하는 자리에서 "지금부터는 휴식기를 가져야겠습니다"라고 말했다. 여기저기서 한중수교를 추진하는 작업을 올스톱시켰다.

수천 명 정부 관료 가운데 중국이 나를 콕 집어 만나자고 했던 이유는 무엇일까. 내가 소련과 수교 협상에서 전면에 나서고 있는 국내외 언론 보도를 보고 대통령과 직접 소통할 수 있는 인물이라고 짐작했던 것 같다. 중국을 방문했을 때에도 '한소수교가 어느 정도까지 진척되고 있는지' 나에게 넌지시 묻곤 했다. 한국과 소련이 먼저 수교해야 자기들도 북한의 불만을 최소화하면서 한중수교를 추진할 수 있다는 계산이었을 것이다.

그리하여 중국은 북방정책의 맨 마지막 열차에 올라탄 국가가 되었다. 소련과 수교하고, 남북한 유엔 가입이 성사되고 나서야 중국과 수교를 본격적으로 준비할 수 있었다. 그때 역시 슐츠 장관을 메신저로 띄우기로 했다.

슐츠 장관이 덩샤오핑 초청을 받고 베이징에 간다는 소식이 들렸다. 가는 길에 서울에 들렀다 가겠다는 연락을 받았다. 그는 일본이나 중국에 갈 때면 늘 그렇게 서울을 거쳐 가곤 했다. 이때다 싶어 대통령과 슐츠 장관의 면담 자리를 마련했다. 슐츠에게 이번에는 "중국과 다리를 놓아달라" 부탁했다.

슐츠는 역시 노련한 사람이었다. 이야기를 듣자마자 "대만은 어떻게 할 겁니까?"하고 물었다. 우리는 그 문제에 대해 이미 결심이 서 있었다. "단교를 하는 수밖에 없지요." 그가 "진심이냐?"하고 다시 물었다. 그렇다고 했더니 심각한 눈빛으로 고개를 끄덕였다. 지금도 그렇지만 중국은 '하나의 중국' 원칙을 철저히 고수한다. 대만과 외교 관계를 수립한 나라와는 일절 관계를 맺지 않는다. 그래서 우리가 중국과 수교하려면 대만과는 어떻게든 관계를 정리해야 했다. 대만과 미국 관계가 또 보통이 아니지 않은가. 슐츠가 '왜 나한테 이런 부탁을 해서 난처하게 만드냐'는 표정을 지으며 베이징으로 떠났다.

그가 베이징에 우리의 뜻을 제대로 전달해 줄 수 있을지 반신반의했는데 며칠 후 전화가 왔다. "덩샤오핑, 장쩌민江澤民(당시 국가주석)을 모두 만났는데 다음 달에 좋은 소식이 있을 테니 기다리라"는 것이다. 과연 한 달 후 서울에서 아시아태평양경제협력체APEC 외무장관 회의가 열렸는데, 그 회의에 참석한 중국 외무장관이 우리 대통령을 따로 만나고 싶다고 독대를 요청했다. 그가 "외무부 실무급에서 협상을 시작하라는 지도부 지시가 있었다"는 메시지를 전했다.

1992년 8월 한국과 중국이 수교 협정서에 서명했다. 12월에는 우리와 총을 들고 싸운 적이 있는 베트남과도 외교 관계를 수립했다. 북방정책이 완성됐다. 수십억 '시장'이 새로 열렸다.

3

1990년대,
‘대한민국’의
벽돌을 쌓으며

17 재벌의 탐욕, 그 끝은 어디인가
1990년 비업무용 부동산 매각 조치

내가 청와대 경제수석으로 임명되던 시점은 그 몇 달 전 정부가 경제 위기를 공식 선언했을 정도로 상황이 좋지 않았다.

물가가 빠르게 올랐다. 그 이유를 독자들은 이제 익히 알게 되었을 것이다. 눌려있던 모든 것이 한꺼번에 터져나왔다. 무엇보다 부동산 문제가 심각했다. 땅값, 집값이 하루가 다르게 뛰었다. 1980년부터 1987년까지 땅값 상승률은 연평균 10% 내외였는데 1988년부터 매년 30% 가까이 뛰어올랐다. 1989년 32.0%, 1990년 20.6% 지가地價 상승률을 보였다. 모든 것을 동결시키는 과정에 아파트 분양가까지 동결시켰다가 풀어놓으니 1989~1991년에만 서울 아파트 평균 가격이 2.6배나 올랐다.

세 들어 사는 세입자들을 보호한다며 임대차보호법을 개정해 전세 계약 기간을 기존 1년에서 2년으로 늘렸는데, 그것 때문에 집주인들이 2년 치 보증금을 한꺼번에 올리는 바람에 전셋값이 폭등했다. (사회적 약자를 보호한다는 정책이 오히려 사회적 약자를 막다른 골목에 밀어 넣는 역설은 정책 결정자들이 흔히 범하는 오류다. 지금 이 순간에도 되풀이되고 있다.) 집값은 1988년 13.2%, 1989년 14.6%, 1990년에는 21.0% 올랐고, 전셋값은 1989년에만 30% 가까이 뛰었다. 인상된 전세 보증금을 감당하지 못해 길바닥에 쫓겨나게 된 일가족이 극단적인 선택을 하는 사건까지 발생했다. 그야말로 정책의 대참사였다.

되풀이하는 얘기지만 자연과학을 실험하다 사고가 나면 실험자 홀로 다치는 것으로 끝나지만, 사회과학을 실험하다 오류가 발생하면 국민이 죽는다. 그러고도 책임지는 사람 하나 없고 양심의 가책조차 느끼지 않는다.

주택 2백만 호 건설

뛰어오르는 집값을 잡겠다고 내 전임 경제팀에서는 먼저 '공급을 늘리는' 방법을 동원했다. 공급이 늘어나면 가격이 내려간다는 고전 경제 이론에 입각한 것이다. 그 목표가 '주택 200만 호 건설'이었다. 당시 우리나라 전체 주택이 700만 호가 되지 않을 때다. 그런데 단기간에 200만 호를 짓겠다니, 정치 경제를 막론하고 뭐든 이렇게 갑작스런 정책에는 부작용이 따르기 마련이다. 경제팀에서 그것을 모를 리 없었지만 무조건 밀어 붙였다. 전임 경제수석의 스타일이 그랬다. (전두환 정부에서 예산 동결 할 때 경제기획원 예산국장을 맡았던 분이다.) 이왕 시작한 일이니 내가 경제수석을 맡고 나서도 일단 그렇게 밀고 나가 결속을 짓는 수밖에 없었다.

주택 200만 호 건설은 노태우 대통령 선거 공약이기도 했다. 노태우는 당선된 후 집무실에 공약 500개 항목을 차트로 만들어 걸어놓고 항목마다 스스로 점수를 매겨 진행 사항을 체크할 정도로 지나치게 성실한 면모를 지니고 있었다. 노태우 대통령을 직접 상대해본 사람은 익히 알고 있는 사실이지만 그런 우직함은 노태우의 장점이자 단점이었다.

갑작스레 그렇게 많은 집을 한꺼번에 지으면 어떤 일이 벌어질까? 쉽게 짐작할 수 있다. 모래, 시멘트, 벽돌, 철근, 목재, 무엇 하나 충분하지 않은 상태에서 그 많은 집을 지으려니 무엇보다 건축자재 품귀 현상이 일어났다. 자재를 구입하려고 건설업자들이 판매점 앞에 새벽부터 길게 줄을 늘어서는 광경마저 벌어졌다. 자재 가격이 폭등하니 제반 물가에 다시 영향을 주었다. 임금이 오르고, 일손은 부족하고, 엎친 데 덮친 격으로 사태가 꼬였다.

그런 우여곡절 끝에 지어진 신도시가 지금의 일산, 분당, 평촌, 산본 등이다. 차차 인기 있는 신도시가 되었지만 막 지어졌을 때만 해도 교육, 교통, 문화, 상업시설 등 제반 인프라를 고려하지 않아 주민들이 생활에 적잖은 불편을 겪었다. 어쨌든 그 정책은 부작용을 각오하고라도 밀어붙일 수밖에 없었던 일이다. 긍정적인 효과는 5년, 10년에 걸쳐 천천히 나타나기 시작했다. 이런 정책에 대해서는 잘했다 못했다 일방적으로 평가하기 어렵다.

정작 문제는 따로 있었다. 내 전임 경제팀에서 부동산 가격을 잡겠다고 동원한 또 다른 방법이 문제였다. 바로 '토지공개념'이다. 지금도 이 용어를 진보의 상징처럼 내세우는 사람들이 있는데, 토지가 공공公共의 재산이라는 개념이다. 토지는 원천적으로 누구의 것도 아닌 모두의 것이니 거기에 특별한 세금을 거둬야 한다는 논리다. 그래서 등장한 것이 택지소유상한제, 개발이익환수제, 토지초과이득세 등 이른바 '토지공개념 3법'으로 불린 법안이었다.

이름을 들어보면 알겠지만 가구당 일정 면적 이상 택지를 소유하는 것을 금지한다든지, 택지 개발로 얻은 이익을 정부가 환수한다든지, 토지 가격이 인상되면 거기에 중과세를 한다든지 하는 내용을 담고 있었다. 상식적으로 생각해보아도, 이것이 위헌적인 요소로 가득하단 사실을 누구나 알 수 있을 것이다. 그런데도 정부는 그것을 기어이 밀어붙였다. 당시 나는 보건사회부 장관을 맡고 있을 때인데, 국무회의에서 토지공개념 3법에 얼마나 반대했는지 모른다. "이거 통과되어봤자 나중에 헌법재판소에서 분명히 위헌 판결이 날 것"이라고 대통령에게 몇 차례나 강하게 이야기했다.

소설과 영화를 보고?

내가 토지공개념에 반대한 것을 두고 '진보적이지 않다'고 비판하는 사람들이 있는데, 진보니 보수니 하는 엉뚱한 이분법에는 전혀 상관하지 않지만, 진보든 보수든 간에 현행 헌법에 어긋나는 일을 어떻게 묵과할 수 있는가. 토지공개념의 유래에 대해 어떤 사람들은 미국 경제학자 헨리 조지의 이론까지 들고 나오면서 이론적 근거를 강조한다. 좋다, 그런 이론이 있다고 하자. 하지만 이론과 현실은 다르다. 이론에서는 토지의 공적인 '개념'을 설정할 수 있을지 모르지만, 현실의 법률과 행정에서는 그렇게 두루뭉술하고 모호한 잣대를 적용할 수 없다. 현실에서 토지는 둘 중 하나다. 공유지이거나, 사유지이거나. 그 중간에 공적인 '개념'이라는 토지는 없다. 이론적으로 상상하는 일은 자유지만 그것을 현실에 실행하는 일은 자유가 아니다. 법적인 울타리 안에 존재해야 한다.

우리나라에 토지공개념이라는 용어가 유행하게 된 데에는 알려지지 않은 유래가 있다. 박정희 정부 때 건설부 장관을 하던 사람이 일본 소설《불모지대》를 읽고 큰 감명을 받은 적이 있다. 그 소설은 2차 대전 때 관동군으로 참전했다가 포로로 잡혀 소련 수용소에 갇혀 있다 1958년 일본에 돌아간 실존 인물을 모델로 하고 있는데, 거기에 소련의 토지 국유화를 긍정적으로 바라보는 내용이 등장한다. 그것을 읽고 감격한 장관이 '토지공개념'이라는 용어를 들먹이기 시작했고, 경제기획원에서 그것을 받아 사용한 것이 토지공개념의 한국적 유래다. 소설의 모델은 일본 5대 종합상사 가운데 하나인 이토추상사 세지마 류조瀬島龍三, 1911~2007 회장으로, 그는 박정희가 존경했던 인물이고 전두환과 노태우의 멘토 역할을 하기도 했다.《불모지대》는 군사정부 시절 정재계 인사들의 필독서로 통했다. 그런 것을 지금의 소위 진보 진영 사람들이 숭배하고 있다니, 아이러니다.

정치인이 소설이나 영화를 보고 감명을 받는 것은 있을 수 있는 일이다. 개인적인 자유다. 하지만 소설과 영화로부터 받은 감동을 국가 정책에까지 적용하려 든다면 그것은 문제가 달라진다. 과거로 거슬러 올라갈 필요도 없다. 그런 일은 2020년 지금도 반복되고 있다. 이론과 현실, 소설과 현실, 영화와 현실을 구분하지 못하는 정치인이 아직도 존재한다는 사실은 참으로 한숨 나오는 일이다. 낭만적인 이론이나 개인적인 감정 때문에 국민을 실험 대상으로 삼은 격이다.

예상했던 대로 토지공개념 3법은 헌법재판소에서 모두 위헌 또는 헌법불합치 판정을 받았다.

"사전에 알면 안 된다"

6공 초기에 갑자기 그렇게 부동산 가격이 뛰어오른 이유는 뭘까? 5공 내내 긴축정책을 펼치면서 눌러놓았던 것들이 터져 나온 측면과 함께 직접적인 원인이 따로 있다.

1986~1989년 사이 우리나라에 국제수지 흑자가 330억 불쯤 발생했다. (당시 갑자기 그렇게 흑자가 늘어난 이유에 대해서는 뒤에 자세히 설명하겠다.) 국제수지 흑자면 기업이 무역으로 돈을 번 것인데, 그렇게 번 돈을 다 어디에 썼을까? 그중 130억 불을 국내 토지 매입에 썼다. 번 돈의 3분의 1 가량을 그런 비생산적인 분야에 매몰하듯 투입했다면, 그건 투자가 아니라 분명 투기라고 말해야 한다. 재벌이 땅 투기를 한 것이다.

노태우 대통령이 '청와대에 들어와서 일하라'고 하니까 내가 "할 수 있는 일과 할 수 없는 일을 구분해서 서면으로 보고하겠다" 말했던 사실은 앞에서 소개한 바 있다. 그 보고서의 첫째가 '부동산 투기 억제에 총력을 기울이겠다'는 것이었다. 실행 방도에 대해서는 대통령에게 구체적으로 제시하지 않았다. "당신이 무슨 재주로 그걸 해결할 수 있겠어?"하고 묻기에 "사전에 알려드리면 아무것도 안 됩니다"하고 입을 다물었다.

경제수석이 되고 며칠 후 대통령에게 "5대 재벌 총수들을 저녁 식사에 초대하십시오"라고 제의했다. 총수들과 만찬에 앞서 '재벌이 부동산에 투자해 부동산 가격이 올라간다는 말이 나오면 절대로 안 된다', '당신들이 지금껏 국가의 혜택을 받고 이만큼 성장했으니 이제는 국가와 정부의 안정에 동참해달라', '기업이 윤리경영을 하면서 솔선수범해달라', '기업이 사업과 관계없이 갖고 있는 토지를 처분하라', '방만하게 중복 투자하지 말고 각 기업이 잘할 수 있는 업종에만 집중하라' 이렇게 다섯 가지 정도 내용을 말씀자료로 작성해 대통령에게 드렸다. 이것이 여러 서적과 언론을 통해 소개된 '재벌의 비업무용 토지 매각 조치'의 시작이다. 지금껏 역사나 정치, 경제 관련 서적에서 나를 언급할 때면 그 조치를 주도한 사람으로 기록되고 있다. 다른 일도 많은데 굳이 그것이 도드라지게 부각되는 것이 약간 섭섭한 측면도 있는 건 사실이지만, 후대의 평가에 연연하며 그런 일을 했던 것은 아니니까 그러려니 하고 생각한다. 그만큼 노태우 정부 시절 시행한 정책 가운데 가장 인상적인 정책으로 꼽는다. 전무후무한 일이었다.

결과적으로 말하자면 우리나라 10대 재벌이 갖고 있던 토지 1,800만 평을 단번에 매각하도록 만들었다. 나중에 30대 재벌까지 동참하면서 5,000만 평 이상을 자연 매각시켰다. 부동산 상승률이 그 순간 싹 사라졌다. 토지 가격 상승률은 1991년부터 12.8%로 떨어지더니 1992년에는 1%대로 내려갔다. 주택 가격은 1991년에 0.3% 하락하는 결과가 나타났다. 그러면서 물가와 증시도 안정되기 시작했다. 그러나 그 정책을 시행하는 과정이 절대 평탄하지는 않았다. 각오했던 바, 재벌들의 저항이 대단했다. 그래서 대통령에게 '사전에 알려드리면 아무것도 안 된다'고 말했던 것이다.

외국으로 나가버린 대기업 총수

대통령이 재벌들에게 부동산 매각을 지시하니까 재벌들이 즉각 호응하고……. 전혀 그러지 않았다. 대통령과 재벌의 만찬이 있고나서 일주일이 지나도록 아무런 반응이 없었다. 그래서 총리를 찾아가 "대통령께서 재벌에게 이러저런 말씀을 하셨는데 재벌들이 아무런 반응이 없습니다. 상기시키는 의미에서 총리께서 다시 불러 강조해주십시오"라고 부탁드렸다. 일주일 뒤 총리에게 전화가 왔다. "총리는 아무런 힘이 없나봐." 자기가 초청을 하니까 시간이 없다고 이 핑계 저 핑계 대면서 아무도 호응하지 않더란다. 그들도 왜 자신들을 다시 부르는 것인지 눈치 채고 있었을 것이다.

사실 이런 후속 조치는 재무부나 경제기획원 관료들이 해야 할 일인데 거기서 일하는 사람들은 재벌에게 어떤 제재를 가하는 일을 거의 금기처럼 생각한다. 그러니 내가 직접 나설 수밖에 없게 되었다.

경제수석이 재벌 총수를 불러모으면 건방지고 월권이라고 할까 봐 10대 재벌 기조실장들을 불렀다. 지금은 거의 없어진 직책이지만 당시 재벌 그룹마다 기조실장이라는 자리가 있어 전반적인 사업 방향을 결정했다. 그들을 불러 지난번 대통령과 재벌 총수 만찬을 이야기하며 "대통령이 그렇게 협조를 요청했는데 이걸 묵살하는 이유는 대체 뭐냐" 하고 따져 물었다. "이제 경제세력의 힘이 더 세졌으니 어디 한번 할 테면 해보라는 것이냐, 아니면 대통령 임기는 3년 정도 남았으니 기다리면 그만이라는 뜻이냐", 이런 말까지 했던 것 같다. "당신들이 모시는 총수를 찾아가 그날 모임에 대해 여쭤보고, 앞으로 어떻게 할 것인지 스스로 방안을 마련해보시라" 말하고 돌려보냈다. 그렇게 해서 10대 재벌의 1,800만 평 토지 매각 계획이 마련되었다. 경제수석실 산업담당 비서관이 10대 재벌 담당자들과 호텔에 투숙해서 이틀 동안 논쟁을 거듭한 끝에 도출한 결론이었다.

웃지 못 할 일도 있었다. "이번 토지매각 조치는 당신들이 자발적으로 합의한 방침이니 당신들 스스로 발표하라"고 10대 재벌 총수들에게 말했는데, 발표를 맡기로 한 국내 최대 기업 총수가 갑자기 런던으로 출장을 떠나버렸다. 발표하기 싫다는 노골적인 거부였다. 빨리 들어오라고 재촉해서 결국 발표하도록 만들었다. 그렇게 도망간 사람은 지금은 전자산업으로 세계 굴지의 기업이 된 재벌의 총수인데, 내가 경제수석으로 있는 기간 동안 자기 회사가 자동차 사업도 할 수 있게 해달라고 어찌나 졸라댔는지 모른다. 그 이야기는 뒤에 자세히 소개할 것이다.

그런데 그렇게 매각 계획을 밝히고도 몰래 부동산 매입을 계속하는 재벌이 있었다. 그 와중에 말이다. 그 재벌의 간부가 청와대에 투서를 했다. '당신들이 아무리 노력해봐야 우리 재벌은 부동산을 계속 구입하려 들 것이다. 부동산을 잘 골라 오는 임직원에게 포상까지 하면서 우대하는데 투기가 근절될 리 없다'는 내용이었다. 그 재벌이 누구인지 확인하고 대통령이 경제 관련 행사가 있을 때 총수를 만나 면박 준 일이 있었는데, 곧바로 그 재벌에서는 고발자가 누구인지 찾느라 일대 소동을 벌였다는 소식이 들렸다.

당시 경제수석실에 비서관이 10명 있었다. 모두가 "수석님, 그런 식으로 하시다가 다치십니다"라고 걱정해주었다. "다쳐도 내가 다치는 것이니 당신들은 열심히 일만 하라"라고 다독였다. 10대 재벌에게 그런 일이 있자 30대 재벌도 언젠가 자기들에게도 차례가 닥칠 것이라 생각했는지 상공부 장관에게 먼저 연락해 '우리도 투기 근절에 동참하게 해달라'고 부탁하는 흥미로운 일이 벌어졌다. 그래서 10대 재벌과 30대 재벌을 합쳐 5,000만 평을 자연 매각하게 되었다. 그러자 경제기획원을 비롯한 행정부처에서 너도나도 부동산 투기 억제를 위한 각종 대책을 만들어 발표하기 시작했다. 우리나라 관료 사회가 이렇다.

당시 현황을 보면 1989년 말 기준으로 30대 재벌이 보유하고 있는 부동산은 토지만 1억 2,320만 평이었다. 지금 서울시 면적(1억

8,000만 평)과 맞먹는다. 그중 10% 이상이 1987~1989년 매입한 것이다. 땅값 폭등의 원인이 무엇인지 분명히 알 수 있을 것이다. "아무리 그래도 그렇지 기업이 적법한 절차를 거쳐 구입한 토지를 정부가 개입해 매각을 강제할 수 있느냐", 이런 비판의 목소리가 있다는 것은 익히 알고 있다. 우리나라 헌법의 경제민주화 조항(제119조 2항)은 이런 내용으로 되어 있다. "국가는 균형 있는 국민경제의 성장 및 안정과 적정한 소득의 분배를 유지하고, 시장의 지배와 경제력의 남용을 방지하며, 경제주체간의 조화를 통한 경제의 민주화를 위하여 경제에 관한 규제와 조정을 할 수 있다." 바로 이런 순간에 적용하라고 만든 조항 아니겠는가.

부동산 대책을 세운다며 세금을 올리고, 대출을 규제하고, 속된 말로 '잔챙이'들만 힘들게 만드는 정책이 오늘도 계속되고 있다. 그렇게 해서는 결코 문제를 해결할 수 없다. '근원'을 손대야 한다.

"마누라 교육 좀 시켜줘"

재벌의 부동산을 매각시켰다고 해서 빌딩이나 공장, 연구시설처럼 기업이 일하는 용도로 사용하고 있는 부동산을 매각시켰다는 말이 아니다. '비업무용' 부동산을 매각시켰다는 말이다. 지가 상승을 노리고 업무와는 관련 없이 재벌이 습관적으로 매입한 토지를 매각시킨 것이다.

이루 말할 수 없는 유무형의 압력이 밀려들었다. 공산주의자, 겉은 파란데 속은 시뻘건 놈, 나쁜 놈, 건방진 놈……. 온갖 악담을 다 들었다. 한국에서 경제학을 공부하지 않은 나는 국내에선 스승님도 없고 선배 후배도 없다. 나는 학자 출신 관료들의 어떤 인맥에도 들어있지 않고, 정치적 파벌에도 속해있지 않고, 내가 따르는 정치적 보스도 있어본 적이 없다. (그것이 지금껏 어디에도 휘둘리지 않고 살아온 배경 가운데 하나다.) 그러니 학연이든 지연이든 혈연이든 정치적 인맥이든 나에게 접근할 방법이 없어 재벌들은 더욱 안달이었다. 하루는 대통령이 나를 불렀다. "우리 마누라 교육 좀 시켜줘." 무슨 영문인가 했다. 들어보니 사람들이 나를 만날 수 없으니 영부인을 통해 그토록 로비를 시도했던가 보다. 그래도 안 되니 영부인에게 내 욕을 엄청나게 해대고 있었다. 경제수석을 잘못 들었다, 그런 사람이 대통령 옆에 있으면 대통령께서 성공한 대통령이 되지 못한다, 원래 공산주의자 같은 사람이다……. 이런 험담이었다. "제가 어찌 영부인을 '교육' 한단 말입니까"하고 말했더니 대통령도 빙긋 웃으면서 "당신이라면 할 수 있을 거야"라고 말했다. 영부인 면담 신청을 하고 전후 사정을 설명드렸다.

목장에서 소 키우는 항공사

무슨 일이든 하다 보면 시행착오는 있기 마련이다. 재벌이 갖고 있는 1억 평이 넘는 토지의 성격을 일일이 파악하고 조사하는 일은 애초에 어려운 일이다. 그래서 이실직고하도록 재벌의 자발성에 맡겼던 것인데, 거기에 행정부처가 개입하다 보니 이런저런 착오가 있었던 것도 사실이다. 현재 업무용으로 활용되고 있거나 나중에 업무용으로 필요할 것이 분명한 토지를 비업무용으로 판정한 경우가 있다. 또 분명 비업무용이긴 하지만 재벌이 투기용으로 샀던 것이 아니라 지난 정부에서 구입을 강권한 경우도 있었다. 박정희 정부 때 산림녹화나 낙농업 우대 정책 등으로 기업에게 사도록 지시한 임야와 토지가 있다. 거기에 이의를 제기하는 사례가 몇 건 있었다. 그것을 정부에서 판단해 예외를 인정해주면 원칙에 어긋나게 된다. 너도나도 정부에서 판정해달라고 아우성을 치게 될 것이니 말이다. 그래서 일체의 예외를 둘 수 없다고 못 박고 '정 억울하면 법원에 소송을 걸라'고 했다.

"대기업이 토지를 매각해봤자 그 부동산을 구입할 수 있을만한 재력을 갖춘 큰손은 결국 다시 대기업밖에 없다. 그러니 부동산 매각 조치는 쓸데없는 정책이다." 이런 어림없는 논리를 퍼뜨리는 재벌도 있었다. 그러면 국가에서 매입하겠다고 했더니 그런 주장은 쏙 들어갔다.

예나 지금이나 재벌이 언론을 손에 쥐고 여론을 조작하려는 시도는 변치 않고 계속 된다. 당시 어느 경제신문에 "무모한 짓을 하다"라는 제목의 특종 기사가 실렸다. 1면 톱으로 그런 제목을 달고 사진까지 실렸는데, 사진을 보니 청와대 경제비서관이 각 기업에 비업무용 부동산을 처분하도록 지시하는 내용의 공문이 있었다. 이건 청와대 행정의 기본을 모르는 유치한 소행이다. 청와대에서는 대통령을 제외하고는 누구도 개인적인 이름으로 공문을 내보낼 수 없다. 절대로 있을 수 없는 일이며, 그런 문서 양식 자체가 존재하지 않는다. 게다가 그 공문은 워드프로세서로 작성한 것이 아니라 육필로 작성한 문서였다. 필적 감정을 해보니 어느 재벌 기업에서 만든 문서와 똑같은 필적이 발견됐다. 재벌이 문서를 조작한 것이다. 그 기업 사장이 해임되는 것으로 사건은 일단락되었지만, 우리나라 재벌의 행태라는 것이 이렇다. 목적 달성을 위해서는 수단과 방법을 가리지 않는다.

어느 항공 재벌 총수는 4백만 평에 달하는 제주도 목장을 업무용 토지로 인정해달라고 여러 경로를 통해 집요하게 로비를 계속했다. 총수가 대통령을 개별적으로 만나 떼를 쓰기까지 했다. 대통령을 만난 후 나를 찾아와 "대통령께서 매각 대상에서 제외시키라고 하셨다"고 하기에 "나는 대통령께 그런 말씀을 들은 적이 없다"고 대답했다. 확인해보니 대통령을 독대하는 자리에서 제주도에 조종사 훈련용 공항을 만들겠다느니, 군용비행장으로 활용하겠다느니 하는 계획을 혼란스럽게 이야기하다가 "어떻습니까?"하고 물으니 대통령이 고개를 끄덕였나 보다. 그것을 '대통령이 매각 대상에서 제외시키라 하였다'고 둔갑시킨 것이다.

제주도 그 땅을 결국 매각하게 되자 항공사는 땅을 4등분해서 기증했다. 1백만 평은 서울대, 1백만 평은 항공사가 운영하는 대학, 1백만 평은 항공사가 소유하는 재단에 기증하고, 중간에 알짜배기 땅은 비행장을 만든다며 남겨놓았다. 비행장을 중심으로 어떤 구획도 제대로 활용되지 못하도록 교묘하게 찢어놓은 것이다. 서울대에 기증한 땅은 이전등기를 하지 않은 상태에서 흐지부지하더니 정권이 바뀌자 항공사가 다시 가져가 버렸다. 지금도 항공사는 그 땅을 그대로 소유하고 있으며, 거기서 청정 한우와 토종닭, 유기농 농산물을 재배해 일등석 기내식으로 제공하고 있다고 자랑하고 있다. 이런 일이 과연 '항공'사가 할 일인가. 현재 그 땅의 감정 가격은 수천억 원에 이른다. 지금 글을 쓰고 있는 이 순간, 그 재벌 총수의 자녀들은 서로 기업을 갖겠다며 볼썽사나운 재산 싸움을 벌이는 중이다. 이것이 '대한'이라는 자랑스러운 이름을 항공사 명칭에 내걸 수 있도록 국민들이 오랫동안 심정적으로 인정해줬던 기업의 적나라한 민낯이다.

작은 에피소드인데, 그 항공사 총수가 어떤 국회의원과 식사를 하다가 내 욕을 했던 적이 있다. "청와대 경제수석이란 사람이 딱 공산주의자"라고 말이다. 그런데 그날 그가 만난 국회의원이 하필 이춘구 씨였다. 이춘구 씨가 국회 교통체신위원회 소속이라 만났던 것인데, 재벌 총수는 이춘구 씨와 나의 관계를 모르고 함부로 그런 이야기까지 했다. 이춘구 씨가 얼굴을 붉히며 '그렇게 이야기하면 안 된다', '경제수석은 그런 사람 아니다'라고 타일러서 보냈다고 한다. 나에게 전화를 걸어 그 사실을 알려주며 "세상이 어떻게 돌아가는 것인지 개탄할 노릇"이라고 한숨을 내쉬었다. 물론 우리나라 기업인이 모두 이런 사람인 것은 결코 아니다. 그 재벌 총수는 내가 만났던 기업인 가운데 가장 한심한 축에 속했다.

그 항공사 총수 다음으로 한심하게 생각했던 재벌 총수가 있다. 그는 유력 신문사 사주를 만나 "청와대 경제수석이 공산주의자니까 그를 비판하는 기사를 많이 써달라"고 부탁 아닌 부탁을 했던 것 같다. 그 신문사 사주가 나를 만나자고 해서 봤더니 그런 이야기를 전하며 "그 회장이 요새 도대체 왜 그러는지 모르겠다"고 혀를 끌끌 찼다. 내가 "'경제수석은 공산주의자'라고 사실대로 한번 써보시지요"라고 농담을 건네 함께 크게 웃은 적이 있다. 그 총수가 자기 계열사를 동원해 청와대 문건까지 조작하며 언론에 기사를 싣게 만든 장본인이다.

재벌의 비업무용 부동산 처분 조치를 한창 진행하고 있던 1990년 말, 언론에 내가 부총리로 물망에 오른다는 보도가 잇따랐다. 재벌들이 사주하여 언론이 분위기를 그렇게 몰고 가는가 했더니, 대통령도 그런 의사를 살짝 내비쳤다. 경제수석을 하다가 부총리가 되는 것은 외형상으로는 영전이다. 하지만 나는 그 의도를 알기에 "차라리 사표를 받고 저를 내보내십시오"라고 대통령에게 말했다.

우리나라 재벌의 행태가 이렇다. 처음에는 회유하고, 회유해서 안 되면 협박하고, 협박해서 안 되면 '도려내려' 한다. 높은 자리로 유혹하면 소기의 목적을 달성할 수 있으리라 예상했을 것이다.

18 구조조정 실행 못한 후회와 반성
|어느 전자 기업의 자동차 사업 진출

내가 청년 세대에게 사과해야 할 일이 하나 있다. 재벌에 대한 구조조정을 제대로 이루어내지 못한 것이다. 청와대에 들어갈 때 '이것만은 꼭 해야 한다'고 대통령에게 다짐을 받아놓은 내용이 있었다. 크게 네 가지를 제안했는데, 그중 세 가지는 어느 정도 성과를 거두었다고 생각하지만 하나는 계획만 세워놓고 제대로 실행하지 못했다. 그것이 구조조정이다.

우리나라 재벌은 문어발식으로 확장을 거듭해왔다. 특기를 갖는 주력업종에 집중하며 전문성을 키워나간 것이 아니라 이것저것 다양한 사업을 만물상萬物商처럼 쭉 늘어놓고 그중 잘되는 일이 생기면 그것으로 '돌려막으며' 살아가는 방식을 택한 것이다. 다른 재벌이 하면 우리도 꼭 해야 한다는 '우물 안 경쟁심'에 사로잡혀, 이 사업 저 사업 손대지 않는 사업이 없을 정도로 촉수를 뻗치면서 수익성보다는 영토 확장에 주력해왔다. 1970년대 재벌 형성 초기부터 그런 조짐을 보였고 1980년대에 심화되는 현상을 보였다. 1990년에는 이미 심각한 상황이라 제어를 해야 했는데 이런저런 이유로 기회를 놓쳤다. 결국 그것은 과잉(중복) 투자, 과잉 시설, 과잉 부채로 이어졌고, IMF 외환위기의 주요 원인이 되었다. 김대중 정부 시기가 구조조정을 할 수 있는 절호의 기회였는데 역시 흐지부지되었고, 오늘까지 한국 사회의 커다란 병폐이자 과제로 남았다. 청년들에게 이런 세상을 물려주어 미안하다.

빗나간 자동차 사랑

기성세대로서 변명처럼 들리겠지만 재벌 구조조정이 왜 실패했는지, 아니 시도조차 제대로 해볼 수 없었는지, 어느 재벌 기업의 예를 들어 소개하겠다.

1990년에는 비업무용 부동산을 처분하도록 조치했고, 뒤이어 1991년에는 기업이 여러 업종에 진출하지 말고 잘할 수 있는 업종 3가지에만 주력하도록 방침을 정해 발표했다. 대통령이 직접 그런 정책을 발표했는데, 바로 그즈음 신규 사업을 시작하겠다고 나선 재벌이 있었다. 정부의 정책쯤이야 안중에도 없다는 태도가 아니고 무엇일까. 게다가 전자 산업이 주력인 재벌이었는데 느닷없이 자동차 사업을 하겠다는 것이다. 무작정 자동차 사업을 한다고 하면 정부에서 허가해주지 않을 것이라 판단했는지 '상용商用차만 만들겠다'고 했다. 트럭이나 버스 같은 차량만 생산하겠다고 말이다. 세상에 상용차만 만드는 자동차 사업이 어디있을까. 일단 상용차만 하겠다고 신청해놓고 허가를 받고 나면 이런저런 핑계를 대며 승용차도 만들게 될 것이 불을 보듯 뻔했다. 내가 경제수석으로 있는 동안에는 자동차 사업을 허가해주는 일은 절대로 없을 것이라고 의사 표시를 분명히 했다. 그랬더니 전직 총리, 장관, 대통령 측근 등 온갖 인맥을 동원해 엄청나게 로비를 해댔다.

한번은 그 재벌 회장을 만났더니 대뜸 이렇게 말했다. "나는 대통령이랑 형님 동생 하는 사이란 말이야. 어젯밤에도 대통령 안방에서 대통령 부부랑 우리 부부가 함께 식사를 했어." 내게 그런 말을 하는 이유가 대체 무엇이었을까? "회장님께서 대통령을 만나 저녁을 드신 것이 저랑 무슨 관계가 있습니까?" 하고 물으니 "그래도 허가를 안 해주겠나?"하고 묻더라. 그때 우리나라에 자동차 회사가 벌써 4개(현대, 대우, 기아, 쌍용)나 있었다. "국내뿐 아니라 세계 시장을 보아도 승용차 생산이 포화 상태에 있는데 그런 사업을 해서 이익을 낼 수 있겠습니까?"하고 물으니 "5,000억 원씩 10년 동안 적자를 내도 괜찮다"라고 대답하는 것 아닌가. 깜짝 놀랐다. 그것이 설령 오롯이 자기 돈이라 하여도, 5,000억씩 10년간 적자를 내도 된다는 말을 어찌 그렇게 간단히 말할 수 있을까? 기업의 자산을 개인의 쌈짓돈 정도로 여기는 사고방식이 배어있고, 기업의 사회적 책임과 역할에 대한 개념 자체가 없는 생각이다. 자원이 풍부하지 않은 우리나라에서, 가장 규모가 크다는 재벌 기업이, 그렇게 자원을 소각하듯 하늘에 날려버려도 되는 것인가.

게다가 그 회장이 자동차 사업을 시작하려는 이유 가운데 하나는 자기 자신의 자동차에 대한 애정 때문이었다. 그 회장은 세계 유명 브랜드 고급 차량을 수집하는 것이 취미였다. 나중에 외환위기가 발생하여 IMF 관계자가 우리나라를 방문했을 때, 그 재벌이 자동차 사업까지 진출하려 했다는 이야기를 듣고는, "오너가 자동차에 개인적인 애정이 있으면 자동차 박물관을 만들어 후원하면 되는 일이지 왜 자동차 공장을 만드느냐"고 비판했다는 우스갯소리가 있다. 부끄러운 일이다.

그 회장은 협박에 가까운 이야기를 종종 했다. 한번은 "나는 한번 하려고 하는 일은 무슨 일이 있어도 한다"고 말했다. 자기 자존심을 걸고 자동차 사업을 꼭 시작할 테니까 어디 두고 보라고도 했다. 나중에는 지역 상공회의소까지 동원해 "지역 경제 발전을 위해서 허가해달라"는 성명서를 발표하게 만들었다. 이런저런 루트를 통해 하도 많이 로비를 벌이니까 대통령이 "그냥 그거 해주면 안 될까?" 하고 조심히 물어볼 정도였다.

한번은 상공부 장관이 대통령 결재를 받으러 청와대에 왔다가 나랑 우연히 마주쳤다. 무슨 결재인가 하고 봤더니 그 기업의 자동차 사업을 승인하는 내용이었다. 사전 협의도 없이 이런 결재를 올리는 경우가 어디 있느냐고 항의했더니 그냥 되돌아갔다. 대통령에게 '차라리 나를 내보내고 그것을 승인하라'고, 그것만은 절대 동의할 수 없다고 말했다.

상공부는 그 서류를 취소하지 않고 그냥 보류만 시켜놨다. 내가 경제수석 자리에서 물러나니까 2개월만에 그 재벌의 자동차 사업은 승인이 떨어졌다. 역시 상용차뿐 아니라 승용차까지 생산하기 시작했다. IMF 외환위기가 터지면서 상용차 부문이 먼저 날아갔고, 승용차도 문제가 생겨 결국 외국 기업에 넘어갔다. 그렇게 5조 원 가량을 허공에 날렸다. 한 사람의 소원을 위해 5조 원을 소각한 셈이다. 국가 경제의 합리성이란 개념은 안중에도 없는 사람들이다.

"100살까지 경영할 것"

어떤 재벌 총수는 긴히 할 이야기가 있다고 해서 만났더니 대뜸 "당신 지금 몇 살이야?" 하면서 따지듯 물었다. 그때 내 나이가 50대 초반이었다. 그 총수는 자기 나이는 70세를 넘었다며, '그래도 100살까지는 살 것이고 100살까지 경영을 계속할 것'이라고 말했다. "당신은 이 자리에 있어봤자 대통령 임기 끝나면 물러나야 할 사람 아니냐. 기껏 2~3년 후면 임기가 끝난다. 그때 되면 당신은 아직도 50대이고, 앞으로 50년은 더 살 텐데, 도대체 앞으로 어떻게 살려고 그러나." 이건 완전히 협박이었다. 대통령에게 무언가를 자꾸 부탁했는데 그것이 안 되니까, 내가 가로막고 있어 그런 것이라 생각하고 씩씩거리며 찾아온 것이었다. "대통령은 문제가 없는데 당신이 문제야!"라는 말까지 했다.

"저에게 왜 그런 이야기를 하십니까. 저는 이 자리에 있지 않으면 회장님을 만날 일도 없습니다. 이 자리에 있는 이상 제가 해야 할 역할을 하는 것이고, 그 이후 제 인생에 대해서는 회장님이 이렇고 저렇고 말씀하실 권한이 없습니다. 제가 회장님께 신세질 일은 없을 것이니 원칙대로 하십시다"라고 말했다. 그랬더니 그 총수가 금세 또 태도가 바뀌어 "나는 한번 신세진 사람에 대해서는 영원히 잊지 않아"라고 말했다. 재벌로 성장한 분들이 다른 사람을 다루는 방식이 대체로 이렇다. 바로 그 자리에서 협박도 했다가, 회유도 했다가……

이런 측면에서 우리나라 관료들이 이해되는 측면이 있다. 재벌과 관련한 정책에 있어서는 가급적 개입하지 않고 뒤로 빠지고 무척이나 소심하게 접근하는 이유 말이다. 그 총수의 말처럼 인생은 100살까지고, 60대에 퇴임하면 인생의 나머지 절반 가량을 연금으로 살아야 할 텐데, 공직에 있는 동안 기업과 좋은 관계를 맺어놓아야 나중에 자리라도 하나 건질 수 있을 것 아닌가. 그런 식으로 장관이나 총리직을 마치고 일말의 부끄러움도 없이 재벌 기업에 들어가 명함을 바꾼 관료들이 수두룩하니, 오늘도 성실하게 일하고 있는 공무원들이 싸잡아 비난받는 것이다. 그런 사람들을 비판하는 한편으로 우리나라 재벌의 협박과 회유가 얼마나 집요한지도 알아둘 필요가 있다.

기어이 자동차 사업을 하겠다며 "나는 한번 하려고 하는 일은 무슨 일이 있어도 한다"라고 말했던 그 재벌 총수의 회사는 30년 후에 큰일을 저질렀다. 대통령 최측근에 있는 이른바 '비선실세'에게 접근해 재벌의 부자父子 승계 문제 해결을 잘 협조해달라고 청탁했던 일이 드러났다. 그런 사건 등으로 대통령이 탄핵되었고, 총수의 아들도 수갑을 차고 감옥엘 갔다. 그때 내가 놀랐던 것은 정권의 비선실세가 과연 누구인지, 누구에게 어떻게 접근해야 영향력을 행사할 수 있을지, 그 재벌이 아주 정확하게 파악하고 있었다는 사실이다. 다른 재벌들이 엉뚱한 사람을 비선실세로 잘못 알고 허튼 로비를 시도하고 있을 때에도, 모든 언론이 비선실세의 이름조차 알지 못하던 시절에도, 오직 그 재벌만은 누가 비선실세이며 그가 무엇을 필요로 하는지 취향과 요구까지 정확히 알고 접근했다. 과연 그들은 '하려고 하는 일은 무슨 일이 있어도 해내는' 영악함과 집요함을 지녔다. 지금 이 순간에도 돈을 무기로 온갖 정보와 인맥을 사들이고 있을 것이다.

내게 자신은 100살까지 살 것이고 100살까지 경영을 계속 할 것이라고 말했던 재벌 총수는 이제 고인이 되었다. 어차피 죽으면 똑같이 흙으로 돌아가는 인생일진대 왜 그렇게 욕심을 부리며 살았던 것일까.

총수의 술주정

당시 재벌과 대통령의 관계에 대해 내가 경험한 일이 하나 있다.

경제수석을 하던 때에 대통령 공관이 하나 새로 완성됐다. 그동안 재벌들이 불만이 많고 자기들 일이 안 풀린다는 원성이 높으니 마침 이럴 때 기업인들을 초청해 저녁을 함께 하시는 것이 어떻겠냐고 대통령에게 제안했다. 그래서 대통령과 30대 기업 총수 만찬 자리가 만들어졌다.

나랑 비서실장이 배석했는데 어느 재벌 총수가 식사 자리에서 자꾸 불만을 토로했다. 기업을 너무 옥죄는 것 아니냐는 말이었다. 물론 대통령에게 그런 불만을 표현하는 것은 자유지만 그 수위가 아슬아슬했다. 그 사람에게 주의를 좀 주려고 했는데 비서실장이 그냥 참으라고 나를 붙잡았다.

저녁을 먹고 차를 마시기 위해 자리를 옮겼는데, 이번에는 다른 재벌 총수가 술에 취했는지 아주 심한 말을 하기 시작했다. "독재 국가가 아니고서는 이럴 수가 없다"는 것이다. 기업이 근로자를 위해 아파트를 지으면 정부가 기업에 금융 혜택을 주는 제도가 있었다. 근로자 주택 확보 차원에서 그랬다. 그의 불만인즉, 그런 혜택을 왜 대기업에게는 주지 않느냐는 것이다. "대기업이라고 차별하는 일은 독재정권에서나 있을 수 있는 일"이라면서 비꼬는 듯 말했다. 그 말을 듣고는 대통령이 기분이 크게 상해 자리를 박차고 나가버렸다. 그렇지 않아도 아슬아슬했던 분위기가 완전히 얼어붙었다. 나랑 비서실장이 자리를 수습하고 모두 돌아가도록 조치했다.

총수들을 보내고 차를 마시던 곳으로 돌아와보니 대통령이 다시 그 자리에 기가 차다는 표정으로 앉아 있었다. 어떻게 대통령 면전에서 그런 이야기를 할 수 있느냐고 한숨을 내쉬었다. "대통령께서 재벌 총수들을 자꾸 독대해주시니까 저 사람들이 기고만장해서 그러는 것 아닙니까. 앞으로는 독대를 하지 마십시오" 하고 말씀드렸다. 사람과 일대일로 만나서 이야기를 들어보면 누구의 사연이라도 일리 있어 보이기 마련이다. 국가 정책이 그런 개인적 사연이나 요구에 따라 좌우될 수는 없는 일 아닌가. 게다가 그 '개인'이 재벌 총수라면 더욱 그렇다. 그래서 대통령은 사람을 넓고 고르게 만나되, 만나는 자리와 형식을 가려야 한다. 재벌이 면담을 요청하는 대로 대통령이 만나주면서 그 자리에서 이해한다는 듯 고개를 끄덕여주니 그들은 그것을 허가의 뜻으로 받아 들였다. 그러다 허가를 안 해주면 대통령이 말을 바꾼다고 생각했다. 노태우 대통령은 당시 '물태우'라는 별명으로 불렸는데 그런 유약함의 탓이 컸다.

독대를 하지 말라고 조언을 드렸더니 3개월 정도 대통령이 누군가를 따로 만나는 자리가 없어졌다. 그러자 이번에는 정보기관에서 "경제수석이 건방지게 대통령이 만나는 사람까지 사전에 통제한다", "대통령의 눈과 귀를 가리고 있다는 소문이 돈다"는 보고서를 만들어 대통령에게 올렸다. 이른바 '문고리 권력'이라는 말을 듣기 싫어, 그 뒤로는 대통령이 누굴 만나든 신경 쓰지 않았다. 노태우 대통령은 퇴임 시까지 그런 독대의 습관을 버리지 못했고, 나중에 그것이 문제를 빚었다.

부총리와 경제수석

재벌이 정치권력을 무서워하지 않게 된 것은 대략 1980년대 중반부터 일이다. 물론 기업이 정치권력 앞에 복종해야 한다는 말이 아니다. 법이 무서운 줄 알고 여론을 두려워해야 하는데, 1980년대 중반 정도부터 우리나라 재벌은 자신들이 세상을 다 가진 것처럼 말하고 행동하기 시작했다. 의회도 장악하고, 행정부 관료들도 마음대로 좌지우지하고, 언론도 소유하고, 여론주도층도 자신들이 장악하면서, '돈만 있으면 어떤 일이든 할 수 있다'는 생각을 강하게 갖고 있던 시절이다. 지금은 인터넷이 발달하며 재벌도 여론의 눈치를 많이 보고 있지만 '돈이면 된다'라는 기본적인 속성은 크게 달라지지 않은 것 같다.

앞에 잠깐 회고했던 것처럼 경제수석이 되고 10개월 만에 내가 부총리가 된다는 기사가 신문에 실렸다. 내가 부총리로 가버리는 편이 낫겠다고 판단한 세력이 저지른 일이다. 그날 신문을 보고 '부총리 내정을 축하한다'고 전화를 걸어온 사람들이 많아 해명하느라 혼났다.

사람들은 종종 우리나라 경제정책의 총책임자를 부총리라고 생각하는데 전혀 그렇지 않다. 대한민국 경제정책의 최고 결정자는 명실상부 대통령이다. 부총리는 '관리자'나 '집행인' 정도의 역할을 담당하는데, 본질상 대통령의 지시를 받아 실행하는 사람이다. 그런 측면에서 경제수석과 부총리의 역할은 서로 다르다. 행정적인 권한은 부총리가 훨씬 크지만 '기획자'로서의 창의성은 경제수석이 더 크게 발휘할 수 있다. 대신 경제수석은 행정적인 권한은 거의 없다시피 한다. 경제수석이 대통령과 협의해 대통령이 그것을 '받아들여야' 구체적인 실현이 가능하다. 그런 의미에서 나는 경제수석으로 일한 기간 동안 실행되었던 여러 가지 정책을 '내가 한 일'이라고 결코 생각하지 않는다. 성과가 좋았건 좋지 않았건, 대통령중심제 하에서 모든 결정은 최종적으로 '대통령이 한 일'이고 대통령의 역할과 책임으로 귀결된다. 나는 참모 가운데 한 명으로 그것을 거들었을 뿐이다. 책임을 회피하려는 것은 결코 아니지만 재벌의 주력업종을 설정하는 일에 대통령이 그리 열의를 보이지 않았다. 대통령이 받아들이지 않는데 경제수석이 억지로 하라고 할 수도 없고, 그렇지 않아도 재벌과 관련된 일에 개입하기 꺼리는 우리나라의 경제 관료들이 그런 일을 적극적으로 실행해 나갈 가능성도 없었다.

중화학 기업이 백화점도 하는 나라

"재벌이 문어발식 확장을 중단하고 잘할 수 있는 사업 3가지씩만 선정해 그것을 주력업종으로 집중하게 만들자"고 주장했을 때, 당시 우리나라에는 '구조정책'이라는 용어조차 생경했다. 통화정책이니 재정정책이니 외환정책이니 하는 말은 많아도 구조정책은 경제정책의 한 분야로 전혀 받아들여지지 않고 있었다. 그것을 정부의 역할이라고 생각하는 사람 또한 별로 없었다. 재벌을 구조조정하자고 했더니 "왜 평온한 경제에 쓸데없이 돌을 던지려고 하느냐"고 귀찮게 생각하는 경제 각료들이 태반이었다.

왜 그렇게 재벌을 구조조정하려고 집착과도 같은 관심을 기울였던 것이냐. 여러 이유가 있지만 1990년대 들어 우루과이라운드 협상이 더욱 속도를 올리면서 본격화되고 있었다. 우루과이라운드는 관세와 무역 장벽을 철폐하고 세계 시장을 더욱 개방적으로 열어놓자는 취지의 다자간 협상으로, 현재 세계무역기구^{WTO} 체제가 탄생한 모태와도 같은 협상이다. 그동안 우리나라는 정부 주도로 수출 위주 경제정책을 펼치면서 제반 제도와 조건이 국내 기업에게 유리하도록 환경을 조성해놓고 있었다. 협상이 체결되면 외국 기업과 우리 기업이 점차 동일한 조건에서 경쟁하게 되는데, 그것을 이겨내려면 우리 기업의 경쟁력이 더욱 강화되어야 하는 것이 분명한 이치다. 상황이 그러함에도 제철소를 운영하는 기업이 백화점을 운영하고 싶다면서 정부에 허가해 달라 떼를 쓰는 식이고, 전자 산업을 주력으로 하는 기업이 자동차 사업은 백번 양보해 그렇다치고 외식업과 면세점까지 운영하겠다고 나서는 실정이니…….

노태우 정부에서 일했던 핵심 참모의 한 명으로 나는 그 시기에 분명히 처리해야 했던 시대적 과제인 재벌의 구조조정 작업을 제대로 이루어내지 못한 것에 대해 후회하고 반성한다. 다음 정부에서라도 그것을 인식하고 실행했어야 하는데, 다음 정부는 완전히 정반대 방향으로 나아갔다.

김영삼 정부는 '기업이 성장해야 경제가 살아난다'는 그럴듯한 명분 아래 재벌을 더욱 자유롭게 내버려 두었다. 그것이 민주주의이고 자유시장경제라고 자랑하곤 했다. 김영삼 정부는 이른바 '신경제 100일 계획'이라는 만들어 실시했는데, 그런 과정에 금융기관이 마음대로 자금을 운용할 수 있도록 허용해주었다. 그렇게 해서 해외에서 빌려온 막대한 자금은 재벌에게 무한정 빨려 들어가 그들이 이것저것 가리지 않고 중복 투자를 할 수 있는 '재벌의 천국'과도 같은 여건을 제공해주었고, 우리 경제의 과잉투자, 과잉 시설, 과잉 부채는 가장 심각한 상태로까지 빠져 들었다. 그것은 결국 외환유동성에 문제를 일으켜 경제 주권을 IMF에 넘겨주는 치욕스러운 결과를 맞게 했다. 환율이 국가 경제에 어떤 영향을 미치는지조차 제대로 이해하지 못하는 지도자가 국민소득 1만 불 시대를 열겠다고 큰소리를 치다가 1만 불은커녕 이전 정부에서 물려받은 밑천조차 홀라당 까먹고 나라를 통째 위기 상황으로 몰아넣은 것이다.

외환위기가 발생하고 IMF 총재가 우리나라를 방문했을 때 했던 말이 있다. "당신들이 7년 전에 하려고 했던 그 일을 했더라면 지금과 같은 사태는 없었을 것"이라고 말이다. '그 일'이 바로 구조조정이었다. (IMF 경제위기 이전에 우리나라에는 구조조정이라는 용어를 이해하는 사람조차 없더니 IMF 이후 구조조정이 화두가 되자 여러 사람이 '구조조정 전문가'라고 자임하고 나서는 웃지 못할 풍경 또한 벌어졌다.)

차제에 이야기하자면 우리나라 대통령들은 모두 하나씩 콤플렉스를 갖고 있었는데, 그것은 바로 자신이 정치적 라이벌로 삼았던 대상자를 어떻게든 이기려고 노력하는 콤플렉스다. 그런 경쟁의식이 좋은 방향으로 발현되면 좋으련만 그렇지 않은 경우가 많았다. 김영삼의 경우 '박정희 콤플렉스'가 컸다. "박정희가 자기가 잘 나서 경제를 발전시켰나? 다 관료들이 했던 일이지!"하고 말하면서, 박정희가 이룩한 경제성장 지표 정도는 자신도 쉽게 이룩할 수 있다고 큰소리를 쳤다. 그래서 시대가 바뀌었음에도 성장 담론을 벗어나지 못했고, '어떻게 하면 성장률을 높일 수 있을까'하는 것만 고민하다가 '재벌에 투자해야 성장할 수 있다'는 말을 듣고 규제를 풀어주며 우대하다 결국 그런 파국을 맞았다. 김영삼은 박정희 콤플렉스에 갇혀 박정희 의 유령과 싸우다 끝내 박정희에게 패배한 셈이다. '경제개발 5개년 계획'을 한껏 뛰어넘은 김영삼의 '신경제 100일 계획'이라는 무모한 계획은 바로 그러한 배경에서 탄생했다.

지도자를 잘 뽑아야 한다. '우루과이라운드'가 무슨 말인지도 몰라 "우루과이 사태"라고 말했던 사람, 전술핵에 대해 어떻게 생각하느 냐고 묻자 "원자로 말입니까?"라고 되물었던 사람, 한소수교를 준비 하는 때에 소련에 찾아가 "100억 불 차관이라도 줄 수 있다"고 나랏 돈이 마치 자기 돈인 것처럼 큰소리를 쳤던 사람……. 그런 사람이 대통령이 되면서부터 IMF의 비극은 예고되어 있었다. 우리 국민은 어찌 그렇게 대통령 복이 없는 것인가. 이것도 후대에게 미안한 일 이다.

19 KTX를 반대했던 사람들
1991년 사회간접자본투자단

 기업의 주력업종을 정한다는 것은 대기업을 옥죄겠다는 뜻이 결코 아니다. 오히려 대기업이 더 잘 될 수 있도록 돕겠다는 뜻이다. 기업이 전문 업종으로 택한 분야에 대해서는 최대한 지원을 아끼지 않겠다는 의미를 포함한다. 전문화를 해야 궁극적으로 기업이 살고 국민이 살고 나라 경제도 살아난다. 언제까지 '여기서 잃는 돈 저기서 벌면 된다'는 식으로 재벌이 온갖 사업 영역에 다 뛰어들면서 잡화점식 경영을 계속하도록 만들 것인가. 세계 1위 휴대폰 회사가 한국에서는 빵집과 커피숍도 운영했다는 사실을 공개하면 세상 창피할 일이다.

 경제수석으로 일하던 때, 한번은 어느 전자 회사 부회장이 산업비서관을 통해 면담 신청을 했다. (자동차 사업까지 하겠다는 그 전자 회사였다.) 만나보니 어려움이 있다면서 자신들이 반도체 라인 5개를 증설하려고 하는데 한 개 라인에 투자되는 금액이 1억 불 정도라고 했다. 그래서 5억 불 현금 차관이 필요하다는 것이다. 당시는 정부에서 모든 기업에 현금 차관을 금지하고 있던 때다. 반도체는 우리나라 수출에 중핵 역할을 담당할 미래 산업 분야로 꼽고 있었다. 그런데 자금이 없어 라인을 증설하지 못하고 있다니, 그것도 자금을 마련할 수 있는 통로가 정부의 규제 때문에 막혀 있다니, 국가 전체로 볼 때 큰 손해 아닌가. 비업무용 부동산을 매각 대상에서 제외시켜 달라고 떼를 쓰는 예외 같은 것은 인정할 수 없어도 그런 '건전한' 예외는 인정해줄 수 있는 것이다.

서울대 공대 확대를 반대한 이유

또 한 번은 전자 업종 대표들을 한자리에서 만날 기회가 있었다. 그들의 목소리를 들어보니 연구 인력을 확보하는데 어려움이 있다는 이야기가 많았다. 조금 자존심 상하는 과거지만 우리나라 전자산업은 사실 일본의 것을 그대로 흉내 내면서 첫걸음을 뗐다. 일본 제품을 베끼거나 저가형으로 바꾸어 세계 시장에 팔며 경쟁력을 키웠는데(중국이 우리나라 것을 베껴 성장하고 있는 방식과 똑같다), 그런 전자산업도 점차 발달하다보니 수준 높은 연구 인력이 필요하게 되었다. 일본을 흉내 내는 수준을 뛰어넘을 때가 된 것이다. 당시 전자업종 대표들의 말에 따르면 '학력고사 280점 이상 수재들'을 연구 인력으로 데려와야 하는데 이런 인재들을 확보하기 어렵다는 것이다. 수도권 공과대학 졸업자들을 채용하기 어렵고, 특히 서울대 공대 출신은 한 명도 확보할 수 없다고 어려움을 토로했다. 지방에도 공과대학이 많은데 그런 인재들을 채용하면 되지 않느냐고 했더니, 지방대를 차별하는 말은 아니지만, 채용해서 일을 시켜보니 연구 인력으로 활용하기에는 아직 수준이 충분치 않다는 것이다. 그래서 수도권 공과대학의 정원을 좀 늘려달라는 것이다.

그들의 청원이 아니더라도 산업 발전을 위해 공과대학을 더욱 활성화할 필요가 있었다. 너무 오랫동안 공과대학 정원을 묶어두고 있었다. 그런데 당시만 하더라도 수도권 대학의 정원을 늘리려면 교육부장관이 아니라 건설부장관 허가가 필요했다. 박정희 정부 시절에 수도권 인구 집중을 막으려고 그런 규제까지 만들어두었던 것이다. 내가 책임지고 공과대학 정원을 늘려주겠다고 약속했다.

그런데 공과대학이라는 곳은 정원만 늘린다고 교육을 시킬 수 있는 것이 아니지 않은가. 흑판, 백묵, 도서관만으로 안 되고 각종 실험 실습을 위한 장비가 있어야 하고, 안전하게 잘 갖추어진 시설이 확보되어야 한다. 상당한 비용이 투입되는 일이다. 기업 인재를 확보하기 위한 일이니 정부는 정원을 풀어주겠다, 그러니 기업은 대학 시설에 투자를 해주는 것이 어떻겠냐고 물었다. 모두 흔쾌히 그러겠다고 했다. 그래서 수도권 공과대학의 정원은 두 배로 늘렸고, 기업체들은 실험 실습을 위한 기금으로 1,000억 원을 모금했다. 당시로서는 대학을 몇 개 정도 설립할 수 있는 상당한 금액이었다. 그 1,000억 원의 사용처를 내가 지정하면 혹여 뒷말이 나올까 봐 기업들의 자율적인 선택에 맡겼다. 기부하고 싶은 대학에 스스로 기부하라고 말이다. 서울공대에 400억 원을 1차로 지원했고, 다른 대학에도 골고루 기부금이 돌아갔다.

대학 정원을 늘린다고 하니까 서울공대 사람들은 처음에는 굉장히 반대했다. 정원을 늘리면 교육 수준이 저하된다는 이유를 들었지만 서울공대라는 희소성의 가치가 떨어지는 것도 염려하였을 것이다. 무슨 일이든 정책의 설계자는 아무리 선의에서 판단했더라도 막상 실행하다보면 이렇게 여러 집단의 복잡한 이해관계에 직면하게 된다. 학생이 늘어나는 만큼 교수도 늘려야 해서 그에 대한 정원도 확대하고 교육부 지원금도 늘리도록 했다. 또한 대학에 기부금을 낸 기업에 대해서는 세제상 혜택을 주도록 했다. 각 대학에 기업의 이름을 딴 건물이나 시설이 그때부터 생겨나기 시작했다. 1990년대 초반 정원이 늘어난 공과대학의 졸업생들은 IMF 이후 벤처기업을 육성할 때 소중한 인적 자원이 되었다.

SOC 투자단을 만들다

청와대에 들어가면서 대통령에게 다짐받은 네 가지 약속 가운데 하나는 사회간접자본SOC을 대대적으로 확충하는 일이었다. 경제수석으로 대통령을 보좌하며 했던 일 가운데 다소 미흡했다 생각되는 일이 있고, 재벌 구조조정처럼 후대에 대단히 미안한 마음이 드는 일이 있는가 하면, 내가 그 일을 대체 왜 했을까 후회하는 일도 있는 것이 사실이지만, SOC 투자만큼은 후대의 평가에 상관없이 스스로 자랑스럽게 여기는 일이다.

먼저 눈길을 돌렸던 부분은 물류였다. 물류는 생산과 유통의 핏줄과 같은 역할을 한다. 아무리 좋은 제품을 만들어도 그것을 운반하는 도로 사정이 좋지 않고 창고가 넉넉하지 않다면 가격에도 영향을 미친다. 물가 상승에는 여러 가지 원인이 있지만 당시에는 낙후한 물류 인프라의 영향도 적지 않았다. 몸집은 커졌는데 옷은 그대로 옛날 사이즈를 입고 있는 격이었다.

도로, 철도, 항만, 항공 등 물류 인프라를 구축하는 일은 당연히 대부분 정부의 책임에 속한다. 정부의 고유한 역할이기도 하다. 기업이 자기 돈을 들여 도로나 철도를 놓을 수는 없는 일 아닌가. 세금은 그런데 사용하라고 걷는 것이다. 그런데 5공 시절 내내 물가 안정을 한다면서 재정을 억제하다보니 그런 인프라를 구축할 예산마저 10년 가까이 동결하다시피 했다. 물류가 엉망이었다.

SOC사업은 기본적으로 경제기획원에서 해야 할 일이다. 그런데 경제수석이 되고 기획원 장관을 만나 대대적인 SOC 사업을 하자고 했더니 "매년 조금씩 하면 되지 뭘 그렇게 급작스럽게 하려고 하느냐"고 시큰둥한 반응을 보였다. 5년이라는 짧은 임기 동안 이런 일을 역동성 있게 추진하려면 (게다가 임기가 이미 절반이나 지나있었다) 결국 청와대가 직접 나서는 수밖에 없었다. 1991년 1월 청와대 직속으로 '사회간접자본투자단'을 만들었다. 단장은 내가 직접 맡았다. 서울외곽순환도로, 경부선 4차선 확장, 영동고속도로 확장, 철도 장대화, 고속철도KTX 사업, 영종도 신공항(인천국제공항) 등의 밑그림을 그때 그랬다.

각 부처 공무원을 동원해 3개월에 걸쳐 전반적인 실무 작업은 마쳤으나 역시 문제는 예산이었다. 갑자기 큰돈이 들어가는 일이니 안 된다며 먼저 기획원이 반대 입장을 밝혔다. 청와대에서도 비서실장 이하 전 수석이 반대했다. 예산을 만들려면 추경을 편성해야 했는데 그러려면 임시국회를 소집해야 했다. 그것이 귀찮아 여당에서도 반대했다. 오로지 나 혼자만 하자고 주장하는 꼴이었다.

다른 누구보다 대통령과 먼저 담판을 벌여야 했다. "하시기로 약속 했는데 어쩌실 겁니까?" 대통령에게 부총리와 비서실장을 불러 직접 지시를 내려달라고 부탁했다. 그 뒤로는 그들도 SOC 사업을 지원하는 일에 협조하게 되었다.

인천공항이 늦어진 배경

당시 수도권 국제공항은 김포공항뿐이었다. 예측해보니 1996년쯤 되면 김포공항은 포화 상태가 되어 어려움을 겪을 것이 분명했다. 경제가 성장하면 해외여행이 증가하면서 여객이 늘고, 항공화물 수요도 늘어나게 된다. 성장에 따른 수요의 크기는 성장의 제곱에 이를 정도로 폭발적으로 늘어난다. 조만간 새로운 공항이 필요하다는 사실은 그때쯤 누구나 알고 있었지만 앞장서는 사람이 없으니 추진력이 부족했다. 우물쭈물하고 있다가 큰일 나겠다 싶었다.

88올림픽 때 김포공항 활주로를 늘려 조금 확장하긴 했지만 향후 수요를 감당하기에는 어림도 없었다. 또 항공 수요가 늘어나면 공항이 24시간 운영되어야 하는데, 소음으로 인한 주민 피해도 만만찮았다. 과거에야 정부가 하는 일에 국민은 무조건 따라야 한다는 권위적인 분위기가 있었지만 앞으로 민주화가 진행될수록 국민의 권리의식이 높아지는 것도 충분히 감안해야 했다. 김포공항이 처음 생길 때는 주위에 아무것도 없는 논밭 한가운데 덩그러니 있었지만 1990년대 초반에는 빼곡히 주택가가 들어선 한복판에 있었다. 그렇잖아도 김포공항의 소음피해로 인한 소송이 이어지고 있었고, 앞으로는 감당하기 어려울 것이 뻔했다. 이런 모든 것을 염두에 두고 새로운 공항의 위치를 정하다 보니 바다밖에 답이 나오지 않았다. 그래서 영종도로 가게 된 것이다.

영종도 공항은 원래 1997~1998년쯤 개항하는 것을 목표로 했다. 그런데 막상 사업을 설계하고 보니 또 누가 주관하느냐를 갖고 말이 많았다. 공항관리공단에서는 자기들이 하겠다고 하는데, 당시 그 공기업의 능력과 추진력으로는 목표한 시간내에 감당하기 어려운 일이었다. 영종도공항건설공단을 별도로 만들었다. 그렇게 해서 개항하자마자 일본의 간사이공항보다 훌륭하다는 평가를 받고 차츰 세계 일류 공항으로 성장한 오늘날의 인천국제공항이 만들어졌다.

인천국제공항은 예정보다 개항이 4~5년 늦어졌는데, 바다 위에 그렇게 대규모 공항을 건설하는 경험이 부족한 탓도 있었지만, 김영삼 정부가 들어서면서 인천공항을 만든 배경을 의심했기 때문이다. 정치자금을 조성하기 위한 사업이라고 주장하며 그걸 조사한다는 이유로 1년간 공사를 멈추게 만들었다. 공사를 멈추면 당연히 정부가 시공사 측에 지연배상금을 지급해야 한다. 건설자금도 많이 들고 공사 기간도 늘어나는 결과를 빚었다. 굳이 공사를 멈추면서까지 그렇게 할 이유가 있었을까?

"한국에 고속철이 왜 필요합니까?"

대한민국은 정부 수립 이후로 새로운 철도를 놓아본 적이 없었다. 일제강점기 때 골간이 만들어진 철도 기본 노선을 연장하거나 개보수하는 수준에서 철로가 유지되었다. 자존심 상하는 이야기이긴 하지만 그것이 솔직한 역사다. 하지만 KTX는 '우리 손으로 직접 새로운 철도를 만든' 의미 있는 역사라고 할 수 있겠다.

KTX를 만들자고 하는데도 또 그것을 반대하는 사람들이 있었다. 국토가 좁은 우리 실정에 무슨 고속철도 같은 것이 필요하냐는 주장이었다. 제주도에 목장을 만들어 기내식을 공급한다는 항공사를 기억하시는지? 그 항공사 총수가 자꾸 대통령을 찾아가 "한국에 고속철도가 대체 왜 필요합니까?"하면서 딴지를 걸었다. 고속버스 업자들도 아우성이었다. 자기들의 수입이 줄어든다는 이유다.

우리나라 철도청은 처음에는 스스로 KTX 건설 사업을 할 수 있을 것처럼 얘기하더니 역시나 자신들 역량에 역부족인 일이라는 걸 깨달았다. 그래서 또 할 수 없이 고속철건설기획단을 따로 만들었다. 고속철은 굉장히 빠른 속도로 달리기 때문에 사고가 일어나면 대형사고로 연결된다. 설계 단계부터 철저하게 안정성을 확보하지 않으면 안 된다. 그런데 우리는 그런 일을 해본 적이 없으니 미국 회사에 설계와 감리를 맡겼다. 서울~대전을 잇는 KTX 1단계 건설은 미국 벡텔사가 맡았다. 그러는 과정에 곁눈질로 보고 배운 기술을 지금은 다른 나라에 수출할 수 있을 만큼 우리나라 고속철도 기술은 성장했다.

당시 세계에서 고속철을 운영하는 나라는 세 나라뿐이었다. 독일 이체에ICE, 프랑스 떼제베TGV, 일본 신칸센新幹線. 김영삼 정부 때 기종 선정을 했는데 일본은 애초에 고려 대상에 없었고, 독일과 프랑스가 경쟁하다 최종적으로 프랑스 기종을 선택했다. "고속철이 생겨봤자 그 비싼 기차를 탈 사람도 없고 사고만 잔뜩 일어날 것"이라고 반대했던 사람들은 오늘의 모습을 보면서 감히 아무런 말도 할 수 없을 것이다. KTX는 이제 대한민국에 없어서는 안 될 중요한 교통수단이 되었다.

서울~부산 고속철은 처음 설계했을 때만 해도 2시간에 운행하는 것이 목표였다. 그래서 정차역을 서울-대전-대구-부산으로 한정했다. 그런데 KTX가 지나는 중소도시 주민들의 표를 의식해 정치인들이 너도나도 정차역 추가를 요구하면서 애초의 목표보다 시간이 늘어나게 되었다.

벽돌 한 장 없은 기여

고속도로든 공항이든 철도든 모두 노태우 정부 임기 내에 완성되지 못했다. 차기, 차차기 정부에서 완성됐다. 그래서 사람들은 차기, 차차기 대통령의 업적으로 알고 있다. 계획을 입안했던 사람으로서 조금 섭섭한 마음이 있는 것은 사실이지만 애초부터 존경스런 평가를 기대하고 했던 일들이 아니니 지금 국민이 편의를 누리고 있다면 그것으로 만족하고 기쁘게 생각한다.

　SOC 사업은 단기간에 성과가 드러나는 일이 아니다. 단기간에 국민에게 생색낼 수 있는 사업 아이템은 경제정책을 다루는 사람이라면 얼마든지 종목을 알고 있고, 겉으로 드러나는 통계 수치를 그럴 듯하게 만들어 '그때 정부에서 일했던 사람들이 운영을 참 잘했구나' 하면서 후대에 착시 현상이 일어나도록 만드는 여러 가지 수단 또한 잘 알고 있다. 마음만 먹었으면 나도 그렇게 할 수 있었다. 그러나 시도하지 않았다.

　SOC 사업단을 만들고 스스로 단장이 되어 총대를 멜 때에 "대통령을 모신다는 사람이 임기 중 성과가 나타나는 일을 권해드릴 생각은 않고 공명심에 휩싸여 큰 일만 벌이려고 한다"는 비난의 말을 얼마나 많이 들었는지 모른다. 그래도 잘한 일이라고 생각한다. 오늘도 서울외곽순환도로를 달리고, 이따금 해외에 다녀오기 위해 인천공항에 가고, 지방을 오가며 KTX에 몸을 실을 때, '내가 여기에 벽돌 한 장 없는 기여 정도는 했구나' 하면서 홀로 뿌듯함을 느낀다. 그 이상 뭘 바라겠는가.

20 얽힌 실타래를 풀어나가는 과정

|1990~1992년 증시와 물가

　청와대 경제수석이 되기 전에 대통령에게 서면으로 보고하고 다짐받은 네 가지 약속 가운데 첫째는 부동산 문제를 해결하겠다는 것, 둘째는 재벌에 대한 구조조정을 하겠다는 것, 셋째는 사회간접자본 투자를 대폭 늘리겠다는 것이었다. 그리고 넷째는 대통령이 주식 시세에 너무 관심을 갖지 말아달라는 것이었다.

　우리나라 코스피 지수는 88올림픽 직후 1,000까지 올라갔는데(참고로 2020년 1월 코스피 지수는 2,000~2,200선) 내가 청와대에 들어가기 직전인 1989년 12월엔 지수가 841까지 떨어졌다. 그래서 재무장관이 한국은행 돈을 풀어서라도 주가를 올리겠다고 긴급 대책을 내놓을 정도였다. 이른바 '12.12 증시부양 대책'이라 불린 그 대책으로 투신사를 동원해 3조 원 가량 돈을 풀어 코스피 지수를 간신히 900선까지 올려놨다. 그런 상황에 대통령에게 "주식에 관심을 갖지 마십시오"라고 그랬으니 노태우 대통령이 당황스런 표정으로 나를 바라봤다. "주가라는 것은 수요 공급의 원리에 따라 움직일 뿐이니 정부가 인위적으로 개입해선 안 됩니다"라고 원론적인 대답을 해드렸다. 그런데 경제수석이 되고 나서 주가가 이제는 500선마저 무너져버렸다. 사상 초유의 일이었다. 사태가 이 지경이 됐는데도 증시부양책을 마련하지 않는다고 언론과 재계에서 난리였다. 언론에서는 연일 '금융공황이 몰려온다', '이러다 한국 경제는 완전히 붕괴될 것'이라고 대서특필했다. 나는 절대로 인위적인 개입은 하지 않겠다고 버텼다. "가만히 놔두면 저절로 올라가게 되어있다"라고만 말했다.

당시 우리 집에 협박 전화가 여러 차례 걸려왔다. 주식을 하다가 망한 사람들이었을 것이다. 차마 입에도 담기 힘든 욕설을 퍼붓고 끊거나 술에 취해 살해 협박을 하는 사람도 있었다. 그래서 한동안 집에 들어갈 때 아파트 엘리베이터 근처에 모르는 사람이 있으면 타지 않았다. 생명의 위협마저 느끼던 날들이었다.

"주식 대신 대출은 어떤가?"

재벌들도 '증시가 엉망이 되어 투자 자원을 확보하기 어렵다'고 아우성쳤다. 재벌 총수들이 주식시장 대책에 대해 대통령께 면담을 신청할 예정이라는 소문이 돌았다. 그들이 대통령을 직접 만나면 문제가 더욱 복잡해질 것이니 내가 먼저 그들을 만나기로 했다. 그래서 서울 어느 호텔에 10대 재벌 총수들을 불러 점심 식사를 함께 하면서 의견을 청취했다. 역시 그들의 주장인즉 '정부에서 돈을 더 많이 풀어 증시를 살려달라'는 것이었다. 내가 준비해간 답변은 이랬다. "얼마 전 이미 3조 원을 풀어 코스피 지수 900을 만들긴 했는데 지금은 500이 됐습니다. 그럼 그 3조 원은 어디로 갔습니까?" 내가 하는 말의 의미를 바로 알아들은 사람도 있고, 아직도 무슨 말인지 몰라 멍하니 앞만 바라보는 사람도 있었다. 그 돈은 공중에 날아가 버린 것이다.

주식뿐 아니다. 정부에서 무언가를 부양한다고 쏟아 부은 돈이 효과를 발생하지 못하면 그건 무엇을 의미하는가. 헬리콥터로 서울 상공에서 1만 원짜리 지폐 3억 장, 자그마치 3조 원을 순식간에 쏟아 부은 것이나 다름없다. 차라리 그렇게 했으면 거리에서 돈을 주운 사람이라도 있을 텐데, 주식 부양한다며 밀어 넣은 3조 원은 대체 어디로 갔을까? 돈을 '물 쓰듯' 한 정도가 아니라 수증기처럼 '증발'시켜 버린 격이다. (당시 증시부양책으로 정부가 쏟은 돈은 결과적으로 12조 원이 넘었다.) 소중한 나랏돈을 갖고 어떻게 이렇게 무책임한 짓을 저지를 수 있단 말인가.

재벌들에게 제안했다. "정부에서 돈을 마련하겠다. 그런데 그것을 주식에 몰아넣지 않고 당신들에게 대출해주겠다. '투자 재원'이 필요하다는 이유로 증시를 부양해달라고 하셨으니, 그렇게 하면 되는 것 아니냐? 그렇게 되면 나랏돈이 공중에 날아가지 않고 사용처가 분명해지는 것 아니냐." 아무도 대꾸하지 못했다. 그들이 대통령을 만날 이유도 없어졌다.

대통령의 '누구'

그 무렵 퇴근 전 보고 사안이 있어 대통령 집무실에 들어갔더니 대통령이 심각한 표정으로 앉아있었다. 무슨 일 있냐고 여쭈니 저녁을 '최측근' 모 씨와 먹기로 했는데 그가 증권협회장을 데려온다고 했다는 것이다. "분명 증시에 대한 이야기를 할 텐데 뭐라고 대답하는 게 좋을까?" 하고 내게 물었다. "듣기만 하고 아무 말도 하지 마시라"고 했다.

그런데 대통령이 정말 그렇게 했나 보다. 다음날 대통령 '최측근'에게서 전화가 왔다. 다짜고짜 "대통령 똑바로 모시라"라고 언성부터 높이는 것 아닌가. 증시가 무너지면 경제가 무너진다고 하면서 더욱 강력한 증시부양책을 써달라고 부탁하려 했는데 대통령이 아무런 대꾸도 하지 않으니 그 분풀이를 나에게 한 것이다. 그 '최측근'은 대통령의 손아래 동서였다. 5공 때 상공부 장관까지 하고 6공에서는 금융계의 실세로 통했다. 그가 하는 말을 그냥 듣고 있을 수만은 없어 "그럼 제가 이 자리를 비워드릴 테니까 경제수석을 맡아주시지요"라고 되받았다.

노태우 대통령의 치명적인 단점은 바로 이렇게 친인척 관리를 제대로 하지 못하는 점이었다. 유약하고 정이 많은 성격 탓도 있었다. 차제에 이야기하자면, 지난 수십 년간 나는 여러 대통령을 바로 곁에서 지켜보면서 '대통령의 주변'에 대한 참 많은 생각을 했다. 그동안 우리나라 정치 역사를 보면 주변이 깨끗한 대통령이 없었다. 모든 대통령이 대통령 개인의 문제보다 '주변'의 문제로 곤욕을 치렀다. 그로 인해 목숨을 끊은 대통령도 있고, 검찰 조사를 받거나 감옥 간 대통령도 여럿이다. 아들딸, 친인척, 친구, 선후배……. 한때는 세상을 다 가진 것처럼 권세를 휘두르던 일족들도 대통령 임기가 끝나면 한결같이 수난 당했다. 어느 대통령 하나 온전하게 끝난 대통령이 없다.

　대한민국에서 대통령이 휘두를 수 있는 권한은 우리가 생각하는 것 이상으로 막강하다. 엄청난 정보과 권력, 다양한 유혹이 대통령에게 집중된다. 대통령이 아무리 깨끗한 사람이라 하여도 주위 사람들이 그것을 활용할라치면 대통령 스스로 1년 365일 눈을 부릅뜨고 지켜보더라도 어쩔 도리가 없다. 어떤 대통령이든 처음에는 친인척이나 측근 관리를 좀 신경 쓰는듯하다가 조금만 시간이 지나면 관심이 소홀해지고, 그런 틈을 타서 대통령 가족과 친인척은 물론 대통령과 과거에 옷깃 한번 스친 인연이 있는 사람들까지 어디선가 기어올라와 권력의 주변에 활개를 친다. 이들을 제어해야 할 감찰부서의 담당자들도 슬슬 눈치를 보다가 종국에는 그들의 수중에 놀아나게 된다. 그런 모습을 지난 수십 년 동안 정말 지겹도록 지켜봤다. 대통령이 변해가는 모습 역시 정밀화를 감상하는 것처럼 눈앞에서 확인했다. 세상에 알려진 것 이상으로 추잡한 모습을 보고 듣고 경험했다. 훗날 박근혜에게 내가 기대를 걸었던 것도 상당 부분 이런 이유 때문이었다. 그에게는 친인척이라고 할만한 '주변'이 아예 존재하지 않았다. 혹자는 그렇게 단순한 이유로 기대를 걸 수 있느냐고 묻겠지만 나는 그런 부분에 있어 전임 대통령들에게 워낙 크게 실망해왔기 때문에 이것이 상당한 메리트로 느껴졌다. 물론 친인척보다 심각한 다른 '누구'가 있다는 사실을 나중에야 알게 되었지만.

그 당시 코스피는 470까지 내려가기도 했다. 상황이 그렇게까지 되니 대통령이 나를 불렀다. "이래도 되겠어?"하고 걱정스런 표정으로 물었다. "증시가 투매가 일어나는 상황이 되면 조치를 취할 준비가 되어 있으니 조금만 더 기다려주시라"고 말했다. 하락은 거기서 멈췄고 주가는 천천히 정상을 찾기 시작했다.

"하필이면 내 임기에 말이야"

청와대에 들어가자 가장 먼저 점검했던 분야가 전력이었다. 실물경제에 전기만큼 중요한 요소가 어디 있겠나. 경제가 발전할수록 그렇다. 동력자원부 장관을 만나 전력 수요가 부족할 것 같은데 어떻게 할 거냐고 물으니 별걸 다 걱정한다는 표정으로 예비율이 충분하다고 대답했다. 내가 경제수석이 되기 전에 파악해본 바에 따르면 전력 수급은 그리 안심할 수준이 아니었고, 그해 여름이 되면 상당히 불안한 상황이 펼쳐질 수 있겠다는 나름의 추정이 있었다. 한국전력 사장을 만났을 때도 그 이야기를 했더니 역시 괜찮다는 말만 되풀이했다. 5공 시절 물가를 잡는다고 발전 설비에 대한 투자도 거의 하지 않아 내심 불안했지만 해당 분야 책임자들이 그렇다고 하니 일단 믿을 수밖에 없었다.

그런데 7월에 무더위가 닥쳐 전력 수요가 폭발적으로 늘어나게 되니 그때서야 '전기가 모자라 위기 상황'이라는 보고가 올라왔다. 어쩌겠나. 일단 급한 대로 수요를 줄이는 수밖에. 대통령에게 건의해 청와대부터 에어컨 가동을 중단하고 공공기관 에어컨도 끄도록 했다. 그래도 안심할 수 없어 대기업에 협조를 요청해 근로자 집단 휴가를 실시해 공장 가동을 중단하도록 했다.

사태를 수습하는 한편으로 한전에 빨리 공급을 늘리는 방법을 추진하라고 지시했다. 인천에 화력발전소를 쌍둥이로 짓도록 하고 원자력발전소 건설 계획도 서둘렀다. 그런데 막상 그러려니 자금이 없다는 것이다. 자금이 없으면 돈을 꿔서라도 발전소를 지어야 할 것이 아니냐고 따지니 은행도 부채가 많아 안 되겠고 해외 차입도 불가능하다는 것이다. 주가를 올리겠다고 허공에 수십 조 원씩 날려버릴 돈은 있고 발전소 지을 돈은 없다니 기가 막힐 노릇이었다. 그럼 방법이 뭐가 있겠나. '가격'을 올리는 수밖에. 그래서 전기 요금을 올리라고 했더니 이번엔 경제기획원에서 안 된다는 것이다. 물가 상승 때문에 그럴 수 없다나. 물가 상승이 두려워서 전기 요금을 올리지 못하면 결국 전력 공급이 안 될 것이고, 그러면 나중에 생산은 무엇으로 하고 가정의 전기는 어떻게 할 거냐고 따지니 어쨌든 그래도 안 된다는 것이다. 당시 물가국장*이라는 분이 그렇게 완강히 반대하기에 도대체 왜 그러는가 했더니 부총리 때문이었다. 부총리가 "하

---

* 2020년 현재는 기획재정부 민생경제정책관이라는 이름으로 남아있는 직책이다.

필 내 임기 동안에 전기 요금을 올려서 '물가 안정에 실패한 부총리'로 만들려고 하느냐'고 화를 냈다는 것이다. "대통령 책임제 하에서 경제 정책의 총사령관은 대통령으로, 성과가 있어도 대통령, 실패를 해도 대통령 책임인데 부총리가 어디 자기 업적을 운운하느냐'고 물가국장에게 한마디 했더니 그것이 소문으로 퍼져 다음부터 그런 말은 쏙 들어가게 되었다. 그렇게 해서 전기 요금을 15%가량 올렸다. 1985~1990년 사이 물가 안정을 한다면서 전기요금이 이미 26% 가량 인하되어 있던 때였으니 사실 그렇게 현실적인 수준의 인상도 아니었다.

그때 전기 요금을 인상하고 원자력발전소 등 전력공급대책을 마련해놓아 지금껏 심각한 전력 파동은 면할 수 있었는데, 아직도 우리나라는 전기 요금이 그리 현실적인 것은 아니다. 국민의 원성을 들을까 두려워 정치권에서 전기 요금은 함부로 건드려서는 안 되는 성역 정도로 여긴다. 그러는 한편으로 글을 쓰고 있는 현재 대한민국 대통령은 개인적인 철학에 따라 원전 가동마저 중단하고 있으니 한심하고 아찔한 일이다. 미래 세대에게 계속 폭탄을 넘겨주고 있는 꼴이다.

전등 숫자로 전력수요 예측?

전력공급대책을 세울 때 이런 일이 있었다. 그즈음 우리나라는 주택공급을 단시간에 획기적으로 늘리기 위해 아파트가 대대적으로 생겨나고 있었다. "아파트촌이 새로 들어서면 민간전력 수요를 어떻게 예측하느냐"고 담당자에게 물으니 '세대 당 전등 숫자'를 근거로 수요를 예측한다는 것이다. 너무 당혹스러운 답변이었다. 아파트가 생겨나면 엘리베이터도 가동해야 하고, 수돗물도 전기로 끌어올려야 하고, 수세식 변소나 정화시설을 유지하는 데에도 모두 전기가 필요하다. 게다가 국민의 소득 수준이 높아지면서 집집마다 TV는 물론 냉장고, 세탁기, 에어컨까지 갖춘 세대가 폭발적으로 늘어나고 있었는데 그때까지 1970년대 방식을 그대로 고수하고 있었다. 전력수요를 예측한다면서 아직껏 전등 숫자나 세고 있다니, 이게 말이 되는 일인가.

설마 그럴까 싶겠지만 시대의 변화를 모르고 그저 적당히 현상만 유지하려는 경향은 오늘도 정관계에 만연하다. 당장 오늘만 바라보면서 자기 임기 내에만 무슨 일이 일어나지 않으면 된다고 생각하고 덮어버린다. 전두환이 물가 안정을 자랑했던 것이 하나의 예이고, 지금껏 정부가 여러 번 바뀌는 과정에 외형은 달라졌을지 몰라도 이러한 적당주의 사고방식은 크게 달라지는 것 같지 않다. 정부는 폭탄을 자꾸 뒤로 넘기고, 결국 어느 순간 그 폭탄이 터져 큰 상처를 입게 될 피해자는 고스란히 국민들이다.

부작용을 감당할 수 있는 배짱

주가는 떨어지고 물가는 올랐다. 경제가 엉망이라고 여기저기서 요란스러웠다. 다른 건 몰라도 물가는 그냥 맡겨두기에는 걱정이 되었는지 대통령도 자꾸 물기에 대해 물었다. 그럴 때마다 역시 원론적으로 대답해드렸다. "시장경제가 제대로 움직여 우리나라 경제가 정상화되려면 시장에서 상대가격 체제가 정상화되어야 합니다" 하고 말이다.

가격에는 절대가격과 상대가격이 있다. 절대가격이 화폐 단위로 표시된 '눈에 보이는 가격'이라면 상대가격은 '비교에 의해 형성된' 상대적 가격이다. 라면이 1,000원이고 생수가 500원이라면 일단 그것은 절대가격이다. 한편 라면이 1,000원일 때 생수가 500원인 것이 적절한가 하는 여부는 상대가격에 해당하는 사항이다. 상대가격은 시장에서 결정될 문제인데, 여기에 다른 '손'이 개입하다 보면 가격이 자꾸 왜곡된다. 물가를 안정시킨다면서 수년간 억제 정책을 쓰다 보니 자연히 상대가격이 비정상적으로 형성되어 왔다. 물가를 안정시킨다면서 임금도 동결하고 추곡수매가도 동결하고 모든 것을 동결시켜버렸으니 가격 체계가 엉망이 된 것이다. 속병을 앓으며 성장한 사람처럼, 우리나라 경제는 외형적으로는 성장했을지 모르나 내적으로는 곪아있었다. 그런 것들을 바로잡고 궁극적으로 경제를 본궤도에 올려놓는 과정으로 봐달라고 대통령을 설득했다. 1980년대 후반에서 1990년대 초반에 이르는 시기를 사람들은 '정치적 과도기'라고 말한다. 경제적으로도 그때는 과거에 억눌렸던 것을 풀어 정상적인 체계로 만들어나가는 과도기였다.

내가 경제수석으로 있는 동안에는 '물가 목표'를 아예 정하지 않겠다고 경제팀에 전했다. 경제기획원에서 물가를 담당하는 공무원들에게도 "딴 생각 말고 그동안 왜곡된 물가를 정상화하는 데에만 집중하라"고 말했다. 그동안 정부에서는 '올해 물가 몇 %'라고 목표를 정해놓고, 거기에 담당자들이 직위의 명줄을 걸었다. 학업성적 결과에 따라 체벌을 받는 학생처럼, 물가 목표를 달성하지 못했다고 자리에서 물러나게 된 공직자도 흔했다. 나는 물가 3%니 4%니 하는 과도한 목표 설정 자체를 하지 못하도록 했다. 대신 정치적으로 감내할 수 있는 수준은 한 자릿수 정도이니, 그것을 마지노선으로 생각하고 일단은 시장에 맡겨두라고 했다. 그렇게 했더니 8~9% 선에서 소비자 물가가 유지됐다.

반복해 이야기하는 것이지만 통계만 번지르르하게 만들려고 노력하면 여러 가지 방법이 있다. 수출이 적자인데 국제수지를 흑자로 만들어버릴 수도 있다. 은행에서 적자를 보전해주면 일시적으로 장부상에는 흑자가 된다. 그러면서 은행이 부실해지는 것인데 경제 지표가 괜찮으니 사람들은 별다른 문제가 없는 줄 알고 태평성세를 외치는 것이다. 은행이 그렇게 안으로 썩어 들어가다가 밖으로 터져 나오면……. 그것이 바로 우리가 IMF 외환위기를 겪게 된 기본 원리다. 물가 역시 그렇게 잡을 수 있다. 상대가격이 왜곡되든 말든 정부가 특정 상품이나 재화의 가격을 통제해버리면 적자가 흑자로 전환되는 것처럼 통계를 만들 수 있다. 그동안 우리나라 정부는, 어떤 정부를 막론하고 그러한 조삼모사와 같은 행위를 계속 반복해왔던 것이다. 글을 쓰고 있는 2019년 12월 현재 문재인 정부는 성장률이 2% 아래로 내려가는 IMF이래 최악의 경제지표를 막아보려고 공무원 월급을 미리 당겨 지급하고, 학기 중에 난데없이 칠판과 책걸상을 교체하고, 겨울에 나무심기 사업까지 하는 등 세금을 쏟아부어 일단 성장률 지표를 좋게 만들려고 안간힘을 쓰는 중이다. 과거 정부도 그랬지 않았느냐고 항변하겠지만, 목적과 방법이 갈수록 유치해진다.

경제를 운용하는 정책가들이 알아둘 점은 '예상했던 부작용'과 '예상하지 못했던 부작용'을 구분할 줄 알아야 한다는 사실이다. 앞에서 회고한 것처럼 내가 경제수석을 맡기 직전에 주택 2백만 호 건설 사업이 시작됐다. 1980년대에서 1990년대로 넘어가면서 우리나라에는 '의식주 가운데 의衣와 식食은 해결했다'는 의견이 많았다. 먹고 살 만해졌고 누더기를 걸치는 사람은 없어졌다. '이제 주住의 문제만 해결하면 된다'고 언론에서도 떠들썩했다. 주택 2백만 호 건설은 그런 차원에서 무리하게 추진되었다. 그 계획을 입안한 사람들이 다소 무모하긴 했어도 어쨌든 그들도 물가에 좋지 않은 영향을 미치리란 사실쯤은 충분히 예측하고 있었다. 그럼에도 물가와 주택 양쪽을 가늠하여, 당시로서는 주택 공급이 더 중요하다고 정책적으로 판단하고 그쪽을 택한 것이다. 단기적 성과보다 장기적인 효용 쪽을 선택하였다 볼 수 있겠다.

부작용이 큰가, 혜택이 큰가를 가늠하는 일이 정책가의 역할이다. '예상되는 부작용'을 솔직히 털어놓고 국민의 동의를 구하는 정직한 자세가 있어야 하고, '예상되는 부작용'의 반경 안에 있으면 꾸준히 그것을 밀고나가는 배짱 또한 갖추고 있어야 한다. 최근의 여러 정책 사례를 보면 정직도 없고 배짱도 없다. 무지와 무모를 배짱으로 착각하는 경향 또한 심각하다. 국민이 언젠가 선거를 통해 그런 정책을 심판할 것이지만, 그러기 전까지 다수의 국민이 한참 고통 받을 것이니, 그것이 안타까운 일이다. 또한 얽힌 실타래를 푸는 일은 언제나 곱절의 노력을 필요로 하는 법이다.

국보위의 중공업 구조조정

앞에 소개했던 것처럼 1980년 국보위에서 주택 5백만 호 건설을 계획한 적이 있다. 당시 국보위에는 공명심에 사로잡힌 사람들이 많았다. 혁명의 새 시대를 만난 듯 이 기회에 대한민국을 새로 바꾸자며 몽상적인 정책을 경쟁하듯 내놓았다. 아무것도 모르는 군인들이 칼자루를 쥐고 있을 때이니 이른바 전문가라는 사람들이 온갖 무모한 정책을 실험해보려 덤벼들었던 것이다. 5백만 호 건설도 그중 하나다. 국보위 경제과학위원회에서 그런 계획을 독자적으로 발표하려고 하기에 내가 이춘구 씨에게 "경제와 관련된 정책은 유관 분과위 동의가 없으면 발표할 수 없도록 하자"고 해서 발표를 저지한 일을 앞에서 회고한 바 있다.

그 많은 집을 짓겠다면서 건설 인력은 어떻게 확보하고, 자재는 어떻게 조달하고, 그런 것들에 대해서는 아무런 계획이 없었다. '올해 안에 내 집 마련에 성공하겠다'고 배짱 좋게 말하는 사람이 무슨 돈으로 집을 사겠다는 것인지에 대해서는 아무런 계획이 없는 것과 마찬가지다. 정치권에 있다 보면 이런 사람들을 심심찮게 만난다. 대책도 없고, 준비도 없고, 부작용을 고민한 흔적 같은 것은 찾아볼 수도 없는 꿈같은 이야기를 자신 있게 늘어놓는 사람들 말이다. '혼자 꿈을 꾸면 꿈이지만 여럿이 함께 꾸면 현실이 된다'라는 식으로 그럴듯하게 이야기하는 정치인들이 있는데, 개인이 홀로 꿈을 꾸는 일은 좋지만, 이치에 맞지 않는 자신의 꿈을 여러 사람에게 실험해보려다가 여럿이 함께 다칠 수도 있다는 책임감 같은 것은 그리 느껴지지 않는 것 같아 간혹 소름이 돋을 때도 있다.

전두환이 대통령이 되고 주택 5백만 호 건설 계획이 국정 과제로 다시 발표되어 버렸다. 물가를 안정시키겠다면서 5백만 호 건설이라니, 도저히 앞뒤가 맞지 않는 정책이다. '일단 발표만 하고 봤다'는 표현이 적당할 텐데, 5공 때 그런 일이 많았다.

국보위 시절에 중화학 공업 구조조정을 시도한 적도 있다. 국보위 상공위원회에서 대기업의 중복투자를 없애겠다며 '자동차는 현대, 대우, 기아 가운데 하나', '발전은 현대, 한국 가운데 하나', 그런 식으로 계획을 세웠다. 이것은 내가 앞에서 이야기한 '주력 업종' 제도하고는 한참 거리가 먼 구조조정이다. 재벌을 구조조정한다는 말은 전자산업을 주력으로 하는 기업이 외식, 증권, 호텔, 소매업까지 진출하겠다는 문어발식 확장, 시장을 잠식하는 방식의 확장을 제어하겠다는 것이지 마치 국유화를 하는 것처럼 '단일 업종에 단일 기업'을 설정하겠다는 말이 아니다. 시장에서 여러 기업이 경쟁하는 것은 권장할 일이고, 그것이 바로 '시장경제'다. 경제민주화란 본질적으로 '시장경제를 활성화하는 일'이다. 그런데 당시 국보위에서는 정주영이나 김우중 같은 사람들을 불러 "이 사람은 이 사업을 하겠다는데 당신은 뭐할래?"라는 식으로 구조조정을 하려고 했다. 그런 식으로 하면 일이 제대로 풀리겠는가. 애초에 가능하지도 않을 일을 할 수 있다고 큰소리 뻥뻥 치다가 결국 모든 것이 원점으로 돌아왔다. 정책을 다루는 사람들이 헛된 이상과 무지에 휩싸여서 되지도 않을 일을 저지르는 것은 국보위 시절이나 지금이나 역시 크게 달라지지 않는 것 같다.

하느님이 보우해준 나라

이번 장을 마치면서 우리나라 경제의 역사를 개괄적으로 한번 정리해보자.

우리나라는 거의 10년 주기로 경제위기가 찾아왔는데, 첫 위기라고 볼 수 있는 시점이 1965년경이었다. 군인들이 집권하고 무언가 가시적인 성과를 보여주겠다며 호기롭게 경제개발 5개년 계획을 시작했으나 그 첫해는 화폐개혁에 실패하고 가뭄까지 겹치면서 실적이 좋지 않았다. 경제개발을 하려고 해도 재원을 마련할 수 없었는데, 쿠데타로 집권한 정권이라는 이유로 미국에서도 상대를 해주지 않아 차관을 얻기 힘들었다. 한일국교정상화를 통해 일본에서 돈이 들어오기 시작하면서 비로소 자금줄이 트이며 위기를 벗어났다.

1960년대 말 베트남 전쟁이 일어나자 우리 군인을 파병하여 외화를 벌고 미국과 관계도 회복되면서 경제부흥이 가능했다.

1973년 가을에는 오일쇼크가 일어났다. 그것을 극복한 것도 국제 경기가 살아남과 동시에 중동 건설 붐이 일어난 탓이다. 기억하고 있는 독자들이 많겠지만 당시에 많은 근로자와 기술자들이 이역만리 열사의 건설현장에서 땀 흘리며 외화를 벌어들였다. 사우디아라비아 같은 나라에 도로를 지어주고 원유 파이프를 놓아주면서 달러를 벌어 국내에 송금했다. 그리하여 경제성장률이 14%에 달한 해도 있을 정도였다. 그들의 땀방울에 담긴 피 나는 노력이 아니었으면 기름 한 방울 나지 않는 국내 실정에서 오일쇼크같은 위기를 헤쳐나가기가 그리 쉽지 않았을 것이다. 위기가 있을 때마다 때마침 이런 일들이 생겨나면서 우리는 수렁에서 빠져나왔다.

1985년에는 '외채망국'이라는 말이 유행했다. 당시 총선에서 야당이 "세상에 태어나자마자 1천 불짜리 빚쟁이가 되는 겁니다"라고 비난했던 것에 대해 소개한바 있다. 그런데 그 뒤로 몇 년 동안 국제수지 흑자가 급격히 늘어나더니 우리가 드디어 선진국이 되느니 채권국이 되느니, 대한민국 전체가 복권에 당첨된 갑부라도 되는 것처럼 호들갑을 떨었다. 도대체 그동안 무슨 일이 일어났기에 그랬던 것일까?

1985년에 '플라자 협정'이라는 것이 있었다. 그해 9월 미국이 영국, 독일, 일본, 프랑스 재무장관과 중앙은행 총재들을 뉴욕 플라자 호텔로 불러들여 회의를 열고 환율을 일제히 절상하도록 만든 일이다. 회의가 열린 호텔의 이름을 빌려 플라자 협정이라고 부른다. 협정에 따라 일본 엔화의 경우 달러당 230엔에서 115엔, 독일 마르크화는 달러당 3.4마르크 하던 것이 1.7마르크로 일시에 조정되었다. 하루아침에 그렇게 만들어버린 것이다. 왜 그랬을까? 당시 미국은 소련과 경쟁하는 과정에 막대한 자금이 필요했는데, 독일, 일본 등 신흥 경제 강국과 시장경쟁에서 밀리다 보니 재정적자, 무역적자가 갈수록 심해지고 있었다. (그것을 합쳐 '쌍둥이 적자'라고 불렀다.) 이 문제를 해결하려면 경제 강국들의 화폐 가치를 올려 경쟁력을 떨어뜨리고 상대적으로 미국의 경쟁력을 키우는 방법밖에 없었는데, 그것에 5개국이 합의한 것이다.

그런데 그때 우리나라는 거꾸로 갔다. 860원 정도 하던 달러당 환율을 900원으로 올려버렸다. 다른 나라는 환율이 반 토막이 되는 사이에 우리는 오히려 올렸으니, 우리나라 수출상품의 경쟁력은 하루아침에 곱절이 되었다. 무역수지가 급격히 좋아질 수밖에 없다. 그렇게 인위적으로 흑자를 만들어놓고 선진국이 되니 채권국이 되니, 샴페인을 터트리며 만세를 불렀던 것이다. 요즘으로 말하면 우리는 완전히 환율 조작국이었던 셈이다. 1980년대 후반이 되니까 역시 미국에서 압력이 들어오기 시작했다. 환율은 700원대까지 절상되었다. 그러다보니 1990년대 초반 무역수지는 급격히 적자로 돌아섰다. (노태우 정부 시기 경제의 난맥상은 이런 이유와 중첩되어 발생했다.) 이번에는 나라가 완전히 망할 것처럼 또 아우성이었다. 3~4년 사이 여론이 이렇게 온탕과 냉탕을 왔다 갔다 했던 것이다.

요컨대 우리는 위기 때마다 국내 정책의 능력으로 살아났다기보다 외생外生 요인이 살려줬다. 위기마다 행운이 따랐다. 애국가 가사처럼 우리나라는 '하느님이 보우'해준 나라라고 보아도 될 것이다. 그렇다면 뒤이은 IMF 경제 위기는 과연 정책의 능력으로 살아났던 것일까? 역시 고개를 젓게 된다.

그동안 우리나라 역사에는 경제정책가라고 할 만한 사람이 없었다. 맨 기술자들밖에 없었다. 경제정책가라면 이론도 밝아야 하지만 창의적인 것을 끌어낼 수 있는 예술적인 기질이 있어야 하는데 그런 능력을 가진 사람이 없었다. 관료로 성장한 사람에게 그런 기질을 기대하기는 어렵고 분명 정치인 가운데 그런 사람이 등장해야 하는데 지금껏 우리 국민은 그런 행운을 누리지 못했다. 기술자들이 득세하는 나라가 아니라 정책가들이 이끄는 나라여야 한다. 그럼에도 불구하고 지금껏 이 나라가 이만큼이나 발전해온 것을 역시 다행으로 여겨야 하는 걸까?

21 김영삼과 선을 그으십시오
1990년 3당 합당

1990년 1월 22일 민정당, 민주당, 공화당의 합당이 선언됐다. 우리 정치 역사에 야당이 여당에 대항하기 위해 통합한 적은 있지만 여당과 야당이 합쳐 인위적으로 거대 여당을 만든 적은 그때가 처음이었다. 내가 보사부 장관을 하던 시기에 일어난 일이다.

이른바 '보수대연합'이라고 불린 이런 합당이 이루어진 배경은 이렇다. 1988년 13대 총선에서 민정당은 과반 의석 확보에 실패했다. 헌정사에 처음으로 여소야대가 만들어졌다. 소선거구제가 실시되면서 대구경북TK은 민정당, 호남은 김대중이 이끄는 평민당, 부산경남PK은 김영삼이 이끄는 민주당, 충청은 김종필이 이끄는 공화당으로 극명한 지역 분할 구도가 만들어졌다. 여소야대가 되자 국회의 협조 없이 어떻게 정부를 이끌 수 있겠느냐고 노태우는 좌절감을 드러냈는데, 무소속을 영입하고 사안에 따라 야당과 정책 협상을 시도하면 좀 어렵긴 해도 정국을 이끌어 가는 데는 큰 문제가 없을 것이라고 노태우를 설득했지만 소용없었다. 한 번도 그런 정치 구도를 만나본 적 없으니 불안감은 컸을 것이다. 돌다리도 두드려보고 또 두드려보는 노태우의 소심한 성격 탓일까, 결국 엉뚱한 선택을 하고 말았다.

김영삼 입장에서 봐도 그렇다. 정치적 라이벌 김대중이 이끄는 정당이 제1야당이 되었다. 정국의 주도권은 김대중에게 넘어갔다. 김영삼으로서는 '야당의 최고 지도자'라는 이미지를 김대중에게 완전히 뺏기게 될까봐 겁이 났을 것이다. 김영삼의 그런 우려를 현실에 보여주는 일들이 잇따라 일어났다. '중간평가' 공약을 노태우와 김대중이 합의해 파기해버린 사건이 대표적이다.

호남을 고립시킨 보수대연합

1987년 대선 때 노태우의 공약 가운데 하나가 '중간평가'를 실시하겠다는 것이었다. 대통령이 되면 1년 후 국민들에게 재신임 여부를 묻겠다는 것인데, 내가 줄기차게 반대했던 공약이다. 헌법에 명시된 대통령의 임기는 권한이자 책임이다. 그것을 헌법에도 없는 중간평가라는 형식을 빌어 대통령 마음대로(물론 투표로써 국민의 의사를 묻는다고 하지만) 진퇴를 결정하겠다는 것은 어떤 측면에서는 초헌법적인 발상이다. 그런 공약 없어도 충분히 당선 가능하다고 누구이 강조했는데, 역시 노태우의 소심하면서도 철저한 성격 탓에 '확실한 당선을 위해서'라며 공약에 집어넣더니, 세간의 이목이 집중되면서 핵심공약처럼 되어버렸다.

당선되고 나서 역시 그 공약이 문제가 됐다. 야당은 어떻게든 대통령을 끌어내릴 명분으로 중간평가 공약을 내세우고, 여당은 이럴 수도 저럴 수도 없는 처지가 되었다. 총선에서 여소야대로 이미 민심이 확인됐는데 중간평가를 실시하면 결과는 불을 보듯 뻔하지 않은가. 1988년 말이 되자 야당은 일제히 빨리 중간평가를 실시하라고 아우성을 쳤다. 사실 그때 여당 외곽에 중간평가 실시를 준비하기 위한 조직이 만들어져 이춘구 씨가 사무총장을 맡고 나도 그 일을 돕고 있었는데, 1989년 3월에 노태우와 김대중이 만나 '중간평가를 유보한다'고 합의해버렸다. 제1야당이 그렇게 나오니 김영삼과 김종필은 닭 쫓던 개 신세가 되었다. 그 일을 계기로 김영삼도 결심했을 것이다. 이대로 가다가는 영영 김대중에게 밀리게 될 것이라고 불안감에 휩싸였을 것이다. 김영삼과 그런 욕심과 불안감, 노태우의 소심함과 불안감, 그런 것들이 맞물려 3당 합당이라는 기괴한 정치적 조합을 만들어냈다.

당시 나는 장관이라 정치 현안에 대해 발언하기에는 입장이 애매했지만, 보사부 결재 사항이 있을 때 노태우를 따로 만나 "정 필요하면 공화당만 끌어들이면 되었는데 왜 김영삼까지 합세하게 만들었냐"고 물은 적이 있다. (나중에 경제수석이 되고 발언할 입장이 되자 3당 합당의 문제점을 공개적으로 지적해 언론에 화제가 됐다.) 노태우는 '당신은 뭘 몰라'하는 표정으로 빙그레 웃기만 했다. 노태우, 김영삼, 김종필이 내각제 실시를 약속하는 각서까지 만들어 주고받았다는 사실을 나중에 알고 "정치인들의 각서는 다 휴짓조각과 같은 것이니 절대로 믿지 마시라"고 윤보선의 각서 이야기까지 하면서 조언했건만 소용없었다.

그들은 1+1+1=3이 될 것이라고 예상했지만, 아니 4, 5가 될 것이라고 큰소리를 쳤지만, 어림도 없는 꿈이다. 정치를 하다 보면 자꾸 이렇게 현실감각을 상실하게 된다. 길게 설명할 것도 없이 3당 합당 이후 1992년 실시된 14대 총선 결과를 보자. 3당이 통합해 217석이 되면서 '공룡 여당'으로 불렸던 민주자유당(민자당)은 그 선거에서 149석으로 쪼그라들었다. 김대중의 민주당은 기존 64석에서 97석으로 크게 늘었다. 당시 정치판이 얼마나 한심했으면, 재벌 총수 정주영 씨까지 정치를 하겠다고 나서더니, 그가 만든 국민당이 생긴 지 두 달밖에 되지 않았는데 31석이나 얻었다.

이른바 보수대연합은 허망한 정치 계산법이 만들어낸 희대의 실패작이다. TK 정치세력은 어떻게든 권력을 연장해보려 하고, PK 정치세력은 어떻게든 권력을 한번 잡아보려고 하는, 양자의 욕심과 이해관계가 맞아떨어져 야합한 것, 그 이상도 이하도 아니다.

3당 합당의 결과 경상도와 충청도가 일제히 호남을 포위하는 모양새로 정치 형국이 만들어졌다. 그것은 호남의 고립감을 더욱 심화시켰다. 그렇잖아도 호남지역 주민들은 산업화 과정에 소외되었다는 상대적 박탈감을 갖고 있고, 5.18 광주 문제까지 겹쳐 설움이 있는데, 호남만 외톨이가 되는 정국이 만들어지자 '우리끼리라도 똘똘 뭉쳐야 살 수 있다'는 의지를 더욱 단단히 다졌다. 호남의 집중 투표 성향은 30년이 지난 지금까지도 크게 달라지지 않고 있다. 정치인들의 무모한 욕심이 부른 결과다.

 어쨌든 그렇게 해서 만들어진 3당 합당. 청와대 경제수석이 되어, '그럼 이렇게 국회 의석 절대다수를 차지하게 된 마당에 노동법을 통과시킬 수 있는지 한번 보자' 하면서 노동관계법 처리를 시도해봤는데 김영삼이 미적거리면서 이루어지지 못했다. 이런 합당은 대체 왜 했는가 싶었다. 아무런 실익도 없는 일을 저질렀다.

"한국은 일본과 달랐으면"

 1990년 8월 2일 새벽 2시 이라크가 쿠웨이트를 침공했다. 오래된 영토 분쟁과 석유 개발을 둘러싼 이권 다툼이 원인이었다. 쿠웨이트는 단 반나절 만에 이라크에 완전 점령됐다. 쿠웨이트 왕족은 사우디아라비아로 망명했고, 이라크는 쿠웨이트에 괴뢰정부를 세운 후 이라크의 19번째 주로 편입한다고 발표해버렸다. 1950년 북한의 남침을 연상하게 만드는 이런 과정을 유엔은 당연히 '침략 행위'로 규정하고 이라크군의 조속한 철수와 원상회복을 촉구했다. 이라크가 이를 거부하자 미국을 위시한 다국적군이 만들어져 1991년 1월 17일부터 쿠웨이트 해방을 위한 국제사회의 반격이 시작됐다. 이른바 제1차 걸프전쟁의 시작이다. 작전명은 '사막의 폭풍'이었다.

 1991년 1월 한소 경협 2차 회담을 마치고 대통령에게 보고를 하러 올라갔는데, 보고가 끝나고 "미국이 지금 바그다드를 맹렬히 폭격하고 있는데 우리는 이대로 있어도 되겠습니까?"하고 물었다. 대통령이 "그럼 뭘 한단 말인가?"하고 묻기에 "우리도 머잖아 유엔회원국이 될 것입니다. 6.25때 유엔이 우리를 도와줘 이만큼 발전했는데 이 시기에 우리도 뭔가 해야 되지 않겠습니까" 하고 말했다. 당시 다국적군에 참여하고 있는 나라가 34개국이었다. 한국전쟁 때 우리나라를 군사적으로 도운 16개국 중에도 12개국이 다국적군에 참여하고 있었다. 대통령이 "다른 사람은 그런 이야기를 안 하는데 왜 당신이 그러느냐"고 하더니, 잠시 후 "그럼 당신이 주도해서 분위기를 만들어봐" 하고 말했다.

곧 총리를 찾아갔다. 총리는 일언지하에 반대했다. 베트남 파병의 악몽과 학생들의 반미시위 등을 이야기하며 전투병력 참전은 안 된다는 것이다. 그래서 안기부장에게 전화했다. "경제수석이 직접적인 자기 소관도 아닌 일로 이런 말씀을 드려 죄송합니다만……"하면서 이야기를 꺼냈다. 그래도 경제 문제를 결합해서 설득하느라 "요즘 301조* 무역마찰 등을 해결해야 하는데, 이번 기회에 대미 관계가 호전되면 제반 문제를 해결하는데 도움이 될 것 같다"면서 안기부장이 이 문제에 좀 나서 달라고 부탁했다. 곧 안기부장 주재로 청와대 안가에서 회의가 열렸다. 대통령 비서실장, 안보보좌관, 국방장관, 외무장관, 부총리, 그리고 나, 이렇게 7명이 참석했다. 가장 반대했던

---

* 미국 통상무역법 301조는 미국이 판단하는 통상 질서에 위배되는 국가 및 지역에 대해 무역 보복을 할 수 있는 내용을 담고 있다. 1974년에 제정되었다가 1984년 강화되어 '슈퍼 301조'로 불렸다. 지금은 '스페셜 301조'로 불린다. 우리나라 기업들이 이 조항으로 몇 차례 반덤핑 관세 등의 조치를 받은 바 있다.

사람이 외무장관과 국방장관이었다. 파병은 무슨 파병이냐는 것이다. 외무장관은 "최근 미국 대사를 만났는데 파병에 대한 이야기는 일절 없었다"고 말했고, 국방장관도 "유엔군 사령관도 그런 이야기는 안 하더라" 하면서 "2차 송금만 잘해주면 되지 않겠냐"고 말했다. 당시 미국이 전쟁 비용이 부족하다며 우방국들에게 분담금을 요구해 우리나라는 이미 5억 불을 냈는데, 모자란다고 2차 분담금을 요구한 상태였다. 부총리를 제외한 나머지 사람들은 특별한 의견 없이 나더러 '왜 일을 키우느냐'는 표정이었다.

외무장관과 국방장관이 미국 대사와 유엔군 사령관을 다시 만나 의견을 들어보기로 하고 그날 회의는 해산됐다. 일주일 후에 다시 회의가 열렸다. 시간이 촉박한 사안이라 다음 회의는 대통령 주재로 열렸는데, 역시 똑같은 이야기가 반복됐다. 외무장관과 국방장관이 미국 대사와 유엔군 사령관을 만났는데 예전과 똑같은 반응이더라는 것이다. 대통령이 안기부장에게 "이런 회의를 왜 하느냐"고 추궁하듯 말하니까 안기부장이 "저는 별로 관심이 없었는데 경제수석이 하도 그래서……."라는 식으로 대답했다. 나만 우스운 사람이 될 상황이었다. 그래서 외무장관에게 "미국 대사를 만나서 했던 말을 그대로 반복해주시오"라고 했더니 이런 말을 덧붙였다. "생각해보니 대사가 헤어지면서 마지막에 '한국은 일본처럼 되지 않았으면 좋겠다'라고 하더군요"라고 말이다. 당시 일본은 전비 분담금으로 130억 불을 냈다. 세계 최대 규모이고, 우리의 30배에 가까운 분담금이다. 그럼에도 미국은 돈으로 모든 것을 해결하려는 듯한 일본의 태도에 불만을 가지고 있었다. 일본은 자위대 파병이 국내외적으로 그리 간단한 문제가 아니라 그렇다지만, 한국은 일본과 달랐으면 좋겠다⋯⋯. 이런 뜻이 아닐까?

내가 그렇게 해석하니까 모두가 그런 것 같다고 고개를 끄덕이긴 했는데 대통령이 역시 조심스러운 성격 탓에 "그럼 다음에 다시 회의를 해서 결정하자"고 말했다. 그때가 1991년 1월 말이었다. 전세는 이미 미국 쪽에 기울어있었다. 뉴스는 연일 미국이 바그다드를 폭격하는 장면을 마치 전쟁 영화 보여주듯 실시간으로 전달하고 있었다. 하도 답답해서 내가 툭 잘라 말했다. "이 전쟁은 시간이 정해진 전쟁입니다. 그러니까 회의 끝나자마자 바로 파병을 발표합시다."

회의가 끝나고 청와대 대변인이 우리 군을 중동에 파병한다는 내용을 발표했다. 다음날 언론은 온통 파병을 비난하는 내용으로 들끓었다. 시간이 촉박해 육군은 파병하지 못하고 공군, 그것도 수송기 5대만 파병하기로 한 건데 그걸 갖고도 떠들썩했다. 반면 미국에서는 당장 호의적인 반응이 날아왔다. 그렇게 해서 우리는 아시아에서 유일하게 쿠웨이트 해방을 위한 다국적군에 참여하게 되었다. 수송기가 중동에 착륙했으나 현장에 도착하고 이틀 만에 전쟁이 끝나버렸다. 우리는 비행기 연료 값 정도만 지불하고 미국을 비롯한 국제사회에 상당한 생색을 낸 셈이 되었다. 노태우 대통령에게 이는 큰 외교적 성과로 남았다. 그해 7월 노태우 대통령이 대한민국 대통령으로는 최초로 미국을 국빈 방문하게 된 것도 이러한 파병의 효과가 결정적인 이유로 작용했다.

그런 일로 나는 외교안보수석*과 상당히 껄끄러운 관계가 되어버렸다. 그렇잖아도 한소·한중수교를 추진하면서 외교안보수석은 소외되고 경제수석이 앞장서는 것에 불만이 많았는데 또 그런 일이 벌어진 것이다. (한중수교를 준비하면서 내가 일종의 특사 자격으로 비밀리에 베이징에 다녀온 사실을 대통령과 비서실장만 알고 외교안보수석조차 몰랐다. 뒤늦게 알고 상당히 섭섭하게 생각했다.) 미국 백악관에서 아시아 담당 차관보나 국무성 관리가 오면 외교안보수석보다 나를 먼저 만나자고 하는 것에도 소외감이나 섭섭함을 느꼈던 것 같다. 대통령이 미국을 방문했을 때 리셉션이 열렸는데 미국 관료들이 연거푸 나를 만나자고 청해왔다. 왜 그러는 건지 영문을 알 수 없었는데, 걸프전 파병 등에 먼저 목소리를 냈던 것이 미국 관가에도 소문이 났던가 보다. 그래서 외교안보수석뿐 아니라 다른 청와대 수석이나 장관들까지 약간 질투 어린 시선으로 바라보게 되어 난감했다. 나중에 언론 인터뷰에서 "나는 청와대 왕따였다"고 농담 반 진담 반으로 이야기한 적이 있다. 어쩌다보니 그렇게 경제 영역을 넘어 외교와 정무, 국방까지 관여하게 되었지만 대통령을 보좌하는 사람으로서 성공한 대통령이 될 수 있도록 영역에 관계없이 보좌하는 것이 우선이라는 생각뿐이었다.

---

* 원래 우리나라 청와대에는 외교안보수석이라는 직책이 없었다. 1991년 12월 처음 생겨나, 기존에 외교안보 보좌관을 하던 이가 외교안보수석이 되었다.

핵개발 비화

어디에서도 구체적으로 공개한 적 없는 이야기인데, 이제는 '비밀 해제'가 되었다는 생각으로 고백할 사건이 하나 있다. 노태우 정부 시절 우리나라가 핵개발을 추진한 적이 있다. 대통령, 안기부장, 그리고 나, 일단 이렇게 세 명만 알고 시작한 사안이었다.

어떤 상황에서 어떻게 판단했는지는 모르겠지만 하루는 대통령이 보자고 하더니 느닷없이 "우리도 핵개발을 해야 하지 않겠어?"라고 묻는 것 아닌가. 당시에는 북한이 핵개발을 하고 있다는 사실을 막 감지하고 대응책을 마련하던 시점이었다. 대통령의 어투에는 내 생각을 묻는 것이 아니라 이미 결심을 단단히 굳힌 뉘앙스가 느껴졌다. 군사 안보 쪽으로는 대통령이 나보다 훨씬 경험과 식견이 많을 터이니 그 자리에서 딱히 반박할 수도 없었다.

우리가 핵개발을 한다는 사실이 외부에 알려지면 미국이 가만있지 않으리란 것은 너무도 자명했다. 미국과 국제사회는 핵확산을 막기 위해 기존 핵무장국의 보유만 인정하는 일종의 '의도된 불평등'을 추구해왔고, 그런 논리에서 핵확산방지조약NPT; Non-Proliferation Treaty이 만들어져 준수되어왔다. 이제는 널리 알려졌다시피 박정희가 핵개발을 하려다 미국과 갈등을 일으킨 바 있고, 박정희가 죽으면서 그런 계획은 중단되었는데, 뒤이어 집권한 전두환은 미국의 지지를 받기 위해 핵개발 의지를 완전히 포기한다는 뜻을 워싱턴에 전했다. 태생에 한계가 있는 정권이다 보니 이런 부분에 있어 미국의 시선을

296

의식하지 않을 수 없었을 것이다. 그런 핵개발을 노태우가 하겠다니, 어쩌면 자신감의 표현일 수도 있고, 다른 한편으로는 그것이 몰고 올 국제사회의 파장을 그리 심각하게 예상하지 않은 결정일 수도 있었다. (향후 북한의 행보를 통해 우리는 무모한 핵개발이 한 국가를 어떻게 파멸로 몰고 가는지 오늘까지 똑똑히 목격하고 있다.)

핵개발에 경제수석은 왜 끼어들게 되었는가. 자금 조달 때문이었다. 외부에서 눈치 채지 않게 재정의 일부분을 활용해 핵개발을 추진하는 부서를 은밀히 도우라는 지시가 내려졌다. 기술적으로 개발을 담당할 곳은 역시 원자력연구소(현 원자력연구원)였다. 연구소 소장과 연구원 몇 명만 알고 과학기술처 장관도 절대 모르게 하도록 조치했다. 그런데 문제는 그 '장관'이었다. 당시 과학기술처 장관이 물리학자에 하필 원자력 전문가였다. 최연소 박사 학위 기록까지 갖고 있어 어려서부터 신동이라 불렸던 분이었는데, 워낙 두뇌가 비상하다 보니 원자력연구소에서 무언가 이상한 활동을 하고 있다는 낌새를 금방 눈치 챈 것이다. 그냥 모른 척 하면 될 텐데, 어느 정도 개발이 진척되고 있는지 구체적인 사항을 자꾸 알려고 해서 그를 우연히 마주칠 때마다 상당히 난처했다.

한참 그렇게 핵개발 준비 작업을 하고 있던 중 예상치 못한 일이 일어났다. 1991년 9월 조지 부시 미국 대통령이 주한미군이 갖고 있는 전술핵무기를 한반도에서 모두 철수한다는 계획을 발표한 것이다. 일종의 비핵화 선언이었다. 당시 유엔 가입 때문에 대통령이 뉴욕에 갔다가 멕시코를 방문하던 중이었는데, 거기서 갑작스레 그런 소식을 듣고 비상이 걸렸다. 미국이 그렇게까지 나오는데 우리가 핵개발을 계속 추진한다는 것은 미국과 정면으로 맞서겠다는 모양으로 비치지 않겠는가. 하릴없이 뒤이어 11월 노태우 대통령도 비핵화선언을 하게 되었다. 연말에 남북고위급회담에서 '한반도 비핵화 공동선언'이 만들어지면서 우리는 대외적으로든 대내적으로든 핵개발을 완전히 포기한 국가가 되었다. 물론 북한은 주민들을 굶주려 죽게 만들면서까지 비밀리에 핵개발을 계속했고, 오늘과 같이 국제사회에서 완전히 고립된 처지가 되었다.

10개월 만에 휴지가 된 각서

1970년대에 박정희는 경제 규모가 커지면서 국민의 욕구도 달라지고 있다는 사실을 가볍게 여기다 결국 목숨을 잃고 정권이 무너졌다. 시대의 변화를 읽지 못한 것이다. 1990년 민정·민주·공화당이 합당한 이른바 보수대연합은 국민의 선택으로 만들어진 여소야대를 인위적으로 뒤집으려고 만든 지극히 잘못된 선택이었다. 노태우, 김영삼, 김종필은 내각제 각서를 써서 친필 사인까지 했지만 대통령제를 골간으로 하는 1987년 헌법 개정이 이루어진지 3년밖에 지나지 않은 시점에서 또 헌법 개정을 한다는 것이 대체 말이 되는가. 민심을 정면으로 거스르는 행위다. 1980년대라면 정치인들끼리 밀실에서 합의해 추진하는 것이 가능했을지 모르지만 민주화 시대에는 불가능한 일이다. 역시 시대의 변화를 읽지 못했다. 이렇듯 현실감각을 상실한 채 애당초 되지도 않을 일을 결정해 밀고 나가는 어리석은 행위는 우리 정치 역사에 끊임없이 반복되는 병폐다.

1991년 쿠웨이트 파병을 둘러싸고 우리 정부 각료들이 보여준 태도는 우리나라의 위상이 어떻게 바뀌어나가고 있는지, 그 변화를 읽지 못한 사례다. 당시 우리는 극빈국을 벗어나 완연한 중진국 수준에 있었다. GDP로 따져 1980년만 해도 세계 25위 정도였는데 1991년쯤이면 12~13위 정도를 했다. 올림픽까지 성공적으로 치러냈다. 오랜 숙원이었던 유엔 가입까지 목전에 두고 있었다. 그런 나라가 여전히 '개발도상국'이라고 자처하면서 국제사회에서 해야 할 역할을 찾지 못한 채 어리숙하게 앉아있으려고만 했던 것이다. 오래도록 도움만 받던 처지에 있다가 급격히 경제적인 수준이 높아졌으니 어리둥절 그럴 만도 하다. 우리는 경제력의 발전 속도는 대단히 빨랐지만 그에 따른 정치, 문화, 사회적 소통과 배려의 수준은 그 속도를 따라가지 못해 오늘도 여러가지 갈등을 겪는 중이다.

1991년대에 우리나라가 비밀리에 핵개발을 준비했던 것이 과연 올바른 선택이었는지 나는 감히 단정할 수는 없지만, 어쨌든 그것도 그렇게 가치관이 혼동을 빚던 시절에 내려진 결정이었다. 뭔가 패러다임의 변화가 필요한 시점이긴 했다.

노태우는 대통령이 된 직후부터 자신을 이을 차기 대통령을 고민했다. 그것은 어느 나라 어떤 정치 지도자든 마찬가지일 것이다. 3당 합당을 하면서 내각제 각서를 썼던 것은 대통령 중심제로는 우리나라 정치의 고질병이 결코 나아지지 못할 것이라 관측하고, 혹은 자신이 퇴임한 후 정치적 안전을 도모하기 위해 추진한 일이었는데, 어차피 그것은 '안 될 일'이었다. 장기적으로 우리나라 정치체제는 대통령 중심제에서 의원내각제 유형으로 바뀌는 것이 옳지만 모든 일에는 때가 있는 법이다. 그때는 분명 때가 아니었다. 아니, 최악의 시기였다. 그 일로 인해 오히려 내각제에 대한 국민들의 불신만 높아지게 되었다. 지금도 국민들이 내각제라고 하면 '자기들끼리 돌아가며 집권하기 위한 정치적 꼼수'라고 여기게 된 것은 이런 조급한 행위의 탓이 크다. 시대와 정서를 읽지 못한 근시안적인 태도가 불러온 정치 참사다.

내각제 각서를 둘러싸고 정치적 파동이 일어났다. 김영삼은 그런 각서를 쓴 적조차 없다고 뻔히 들킬 거짓말을 계속 했는데, 본인의 사인까지 들어간 각서 내용이 언론에 공개되자 돌연 "합의문이 공개된 진상을 공개하라"고 초점을 바꾸면서 모든 당무를 거부하고 마산으로 내려가 칩거해버렸다. 김영삼이 몽니를 부리자 노태우는 결국 내각제 포기 선언을 했다. 각서가 만들어진지 10개월도 되지 않아 벌어진 일이다. 권력이란 참 비굴한 것이어서, 노태우가 김영삼에게 이렇게 휘둘리는 모양을 보이자 권력의 냄새를 맡은 자들이 급속히 김영삼 주위로 몰려들기 시작했다.

당시에 나는 기회가 있을 때마다 노태우에게 "김영삼과 차제에 완전히 선을 그어버리십시오"라고 말했다. 사실 김영삼에 대해서는 1963년 할아버지 곁에서 비서 역할을 하던 시기부터 그가 어떤 인물인지, 남들이 모르는 내막까지 나는 많이 알고 있었다. 3당 합당 이후 김영삼이 점차 권력의 중심이 되기 시작하자 나랑 같이 하자는 메시지를 몇 차례 보내오기도 했다. 물론 거절했다. 만나자고 하는 것을 이런저런 핑계를 대며 만나지 않은 적도 여러 번 있었다. 그때 그런 회유를 못이기는 척 받아들였더라면 어쩌면 내 운명이 달라질 수도 있었을 텐데 양심이 결코 허락하지 않았다. 그 시기에 김영삼과 얽힌 여러 가지 일들이 많지만 굳이 공개하지는 않으려 한다. 그런 일들이 나중에 큰 화를 자초하게 될 줄은 그때는 감히 짐작하지 못했다. 그래도 김영삼과 가까이하지 않았던 것은 아주 잘한 일이라 생각하고, 조금도 후회하지 않는다.

4

2000년대,
비상非常을
비상飛上으로

22 부끄럽고 안타까운 기억
| 비자금 사건, 노무현의 죽음

1991년 말 대통령에게 사의를 표명했다. 대통령 직속 보좌진은 일 반 회사나 기관처럼 사직서를 제출하고 자기 마음대로 자리에서 물 러나는 것이 아니다. 사의를 표명하고, 대통령이 허락하고, 후임자 까지 준비되어야 비로소 자유의 몸이 된다. 그런데 내가 그만두겠다 고 하자 대통령의 답변은 "임기 끝까지 같이 가는 것이 어때?" 라고 했다. 단순히 경제수석뿐 아니라 정무와 외교까지 도와주고 있으니 정권의 마지막까지 운명을 같이 해달라는 말이었다. 나로서는 고마 운 믿음이었지만 대통령에게 자꾸 부담이 되는 분위기가 갈수록 또 렷하게 느껴졌다. 내가 자리에서 물러나기만을 학수고대하며 기다 리는 사람들이 많았다.

자동차 사업에 새로 진출하겠다는 전자 기업이 그랬다. 당시 그 회 사는 과거 정부에서 총리까지 지낸 사람을 아예 회장으로 모셔놓고 있었는데, 그런 인맥을 총동원해 전방위 로비를 펼쳤다. 대통령 친인척은 물론이고 현직 관료에 이르기까지 로비 대상에 망라되지 않은 사람이 없을 정도였고, 그래서 대통령마저 괴롭고 귀찮은지 내게 넌지시 "그거 그냥 해주면 안 되나?"하고 물어볼 정도였다. 대통령 스스로 대기업은 주력업종 3개를 선정해서 거기에만 집중하라고 정책을 발표해놓고 어떻게 그러실 수 있냐고 따지자 그 뒤로 그런 말은 하지 않았다. 하지만 로비는 끊임없이 계속되고 있는 것이 느껴졌다.

대통령의 사돈이 총수로 있는 재벌이 이동통신 사업에 뛰어드는 문제는 더욱 난감했다. 대통령은 해주고 싶은 기색이 역력했지만 나는 "괜한 오해를 살 수 있으니 다음 정권에 넘기시는 것이 좋겠습니다"라고 말했다. 나는 이런저런 핑계를 대고 이동통신 사업자 선정 공고까지 미뤄가며 제발 대통령이 그 일에 개입하지 않기를 바랐다. 그런데 사돈은 계속 찾아와서 조르고, 대통령도 그것만은 자기 의지대로 하겠다는 뜻이 분명해 보이고, 내가 언제까지 가로막고 있을 수는 없었다. 그렇다고 내 손으로 그 일을 진행할 수는 없으니 조용히 자리를 비켜주는 것이 대통령을 위해 현실적인 도리라고 생각했다.

그런저런 일들로 내가 청와대를 나가자 곧바로 대통령 사돈 기업이 이동통신 사업자로 선정됐다. (전자 기업의 자동차 사업 진출도 승인이 났다.) 결국 그것은 노태우가 김영삼에게 약점이 잡혀 마지막까지 끌려 다닌 주요한 원인이 되었다. 김영삼이 대통령 후보가 되고 나서도 계속 그 문제를 물고 늘어진 것이다. 무슨 일만 있으면 이동통신 사업을 훼방놓겠다는 식으로 들고 나오니 노태우는 그것을 어떻게든 막아 보려고 김영삼의 이런저런 부탁을 자꾸 들어주는 수밖에 없었다. 대통령 사돈 기업은 이동통신 사업권을 잠깐 반납했다 되찾는 등 우여곡절을 겪다가 끝내 사업권을 인정받았다. 지금도 국내 최대 이동통신 회사로 군림하고 있다. 그런 과정에 여러 정권의 특혜가 없었다고 과연 말할 수 있을까?

1992년 2월이 되자 4월에 있을 국회의원 총선거 비례대표 명단이 결정되었는데 거기에 내 이름이 포함되었다. 내 스스로 청와대를 나가고 싶었고, 그런 방식으로라도 나를 청와대에서 꺼내고 싶었던 사람들의 요구가 맞아 떨어졌다고 볼 수도 있을 것이다. 그런데 대통령이 자꾸 후임자를 임명하지 않았다. 이미 비례대표로 결정이 됐는데도 "임기 끝까지 함께 가면 안 되겠나?" 하는 권유를 계속했다. 대통령은 "바로 곁에서 도울 수 없으면 다른 형태로라도 도와줄 수 없겠느냐" 묻기도 했다. (그래서 연구소를 하나 설립했는데, 그곳은 지금도 내가 출퇴근하며 운영하고 있다.) 3월이 다가올수록 조바심이 났다. 다시 당에 들어가 선거운동도 해야겠고 할 일이 많은데 당최 나를 내보내지 않는다. 내가 선거를 앞두고 기어이 청와대를 나가려고 했던 것에는 나름의 '다른' 이유가 있었다. 그것을 어떻게든 피해보려고 1991년 연말에 일찌감치 사의를 밝혔던 것인데 사임이 몇 개월간 미뤄지다가 나중에 화를 겪게 되는 결정적 원인을 초래하게 되었다.

할아버지 뵐 면목이 없다

다음 대통령 선거에 김영삼이 당선되고 정권이 바뀌자마자 나는 이른바 동화은행 비자금 사건으로 구속됐다. 사건당시 언론 보도와 관련자 증언을 찾아보면 알 수 있겠지만, 그것은 내가 14대 총선에 출마한 후보자들에게 선거자금을 지원한 사건이었다. 당시 시대상으로는 선거 시기와 맞물려 청와대에서 당으로 옮겨가게 되면 선거자금을 당에 지원하는 역할을 담당할 가능성이 높았다. 분명 그런 악역을 맡게 될 것이라 예상하고 하루속히 청와대를 나오려고 했던 것인데, 사표 처리가 늦어지면서 결국 그렇게 되고 말았다. 상황이 어떻든, 당시 시대상이 어쨌든, 그런 부정한 일에 조금이라도 개입한 것에 대해 부끄럽게 생각한다. 후대들에게 변명의 여지가 없다. 검찰에서 조사를 받을 때도 "할아버지를 뵐 면목이 없다"라고 하며 모든 것을 담담히 받아들였다.

정치의 깊은 이면을 알고 있는 사람은 이 사건의 성격을 정확히 파악하고 있다. 당시에 나는 여당 의원이었는데, 같은 당 사람이 대통령이 되자마자 가장 먼저 검찰의 수사 대상이 된 것은 과연 무엇을 의미하는가. 내가 구속되고 국회에서 나에 대한 석방 결의안이 표결에 붙여졌는데, 여당 의원을 석방하라는 결의안에 야당 의원들이 모두 찬성표를 던진 것에서 그 성격을 짐작할 수 있을 것이다. 여당 의원들 중에서도 상당히 많은 찬성표가 나왔다. 거기에 협조한 의원들을 찾아내라고 김영삼이 노발대발했다는 것에서도 사건의 성격은 드러난다. 치욕스럽고 당혹스런 사건의 소용돌이 속에서 정치란 과연 이런 것인가 하면서 한숨만 내쉬었다. 검찰에 출두하던 날, 대통령직에서 물러나 이제는 평범한 시민으로 돌아간 노태우를 찾아가 만났더니 "지나간 역사의 인물들이 아무리 자신의 입장을 옹호하려고 애써봤자 소용없는 법이지"하고 말하길래 운명을 그대로 받아들였다. 청와대 경제수석을 하면서 그 숱한 유혹도 견뎌냈는데, 근묵자흑이라고, 애초에 이런 곳에는 끼어들지조차 말았어야 하는 것인가, 한동안 정치에 대한 짙은 회의감을 안고 살기도 했다.

나에 대한 석방 결의안이 국회에서 표결될 때, 여당 출신 다른 국회의원에 대한 석방 결의안도 함께 표결에 부쳐졌다. 그 의원은 이른바 민정계 TK 핵심으로, 노태우의 뒤를 이을 유력한 차기 대통령 후보로 한때 거론되었던 인물이다. 3당 합당이 되고 김영삼이 여당에 들어오면서 서로 앙숙지간으로 유명했다. 그 역시 김영삼이 대통령이 되자마자 비리 혐의로 구속됐다. 그와 내가 나란히 '대상'이 된 것이다.

1992년 대선을 앞두고 김대중 후보의 비서실장에게서 만나자는 연락이 왔다. (나중에 김대중이 대통령이 되고 나서 대통령 비서실장까지 지낸 분이다.) 야당 후보 비서실장이 여당 의원인 나를 왜 만나자고 하는 걸까 의아하게 생각하며 나갔더니 "노태우 대통령이 이번 대선에서 김대중 후보를 좀 지원해줬으면 좋겠다"는 의사를 전했다. 그것이 김대중 후보의 메시지라는데, 노태우에게 그런 메시지를 직접 전달할 수 있을 만한 인물로 내가 적합하다 여겨 만나자고 했다는 것이다. 나는 "현직 대통령이 여당 후보를 놔두고 야당 후보를 몰래 돕는다는 것이 상식에 맞지 않는 일이지만 여하튼 대통령에게 그런 뜻은 전달하겠다" 말하고 헤어졌다.

독자들도 의아하겠지만 완전히 상식에 어긋난 제의는 아니다. 이른바 정치 공학적으로는 얼마든지 있을 수 있는 일이다. 뒤이은 1997년 대선에서 김영삼은 여당 이회창 후보가 아니라 오랜 라이벌 김대중 후보의 당선을 오히려 도왔다. 오랜 세월 김대중을 겪으면서 그의 성향을 아주 잘 알고 있던 김영삼은 김대중이 대통령이 되면 정치 보복을 하지 않을 것이라고 확신했던 것이다. 실제로 그 예측은 정확히 맞았다. 한편 김대중은 1992년 김영삼이 대통령이 되자마자 정계 은퇴를 선언하며 한동안 영국에 가서 칩거해버렸다. 김대중 역시 김영삼의 스타일을 잘 알고 있었던 것이다. 나중에 다시 복귀해 결국 대통령까지 된 것을 보면 김대중의 정치적 노련함은 경탄할 만하다.

정치 이면의 흐름과 내막을 잘 모르는 사람들은 정치를 외양만 보고 직관적으로 판단하고 재단하는 경향이 있는데, 이런 복잡한 사연들이 숨겨져 있다. 실은 3당 합당 이전에 노태우는 김대중에게 먼저 합당을 제의했던 것으로 알려져 있다. 김대중이 만약 그것을 받아들였다면 지금 우리나라의 정치 형세는 어떻게 달라졌을까. 정치란 한 치 앞도 알 수 없으면서 숨어 있는 말이 가득한 장기판과도 같다. 아무튼 나는 대선 지원과 관련한 김대중의 그런 뜻을 노태우에게 전달했고, 나중에 알게 된 사실이지만 노태우가 상당한 금액을 김대중에게 전달해준 것이 드러났다. 1995년 김대중은 노태우에게 20억 원을 받았다는 사실을 시인했다. 그러면서 김영삼은 더 큰 돈을 받았다고 폭로했다. (노태우는 나중에 회고록에서 "김영삼에게는 3천 억을 줬다"고 밝혔다.) 정치라는 것이 바로 그런 복마전이다.

여기서 이야기하자면 지금껏 우리나라 대통령은 믿을 수 있을 것이라 생각했던 후임자들에게 고초를 겪었다. 그것 또한 어쩔 수 없는 권력의 속성이다. 전임자를 완전히 주저앉혀야 자기에게 권력이 집중된다고 착각하기 때문이다. 성격이 무른 노태우가 평생 친구인 전두환을 백담사로 유배 보낼 것이라 누가 상상이나 했던가. 김영삼은 자신을 대통령으로 만드는데 가장 큰 기여를 한 노태우를 구속시켰다. 노무현은 김대중 정부 대북송금 문제를 수사하며 주위를 놀라게 했다. 이명박은 노무현 가족의 비위를 공개하며 그를 죽음으로 몰고 갔고, 박근혜는 이명박 계열을 몰아내기 위해 이른바 '공천학살'을 하다가 총선에서 완패했다. 그것이 탄핵으로까지 이어졌다. 앞으로 어떤 대통령인들 무사할 수 있을까?

수술을 중단한 김대중 정부

부끄럽고 다시 떠올리기 싫은 기억이지만, 어떤 이유가 되었든 다시는 나 같은 실수를 되풀이하는 정치인이 없기를 바라는 마음에 이렇게 기록을 남긴다. 구치소에서 회한과 반성의 시간을 가졌다. 당시 면회 온 지인에게 "옛날 같았으면 나는 임금이 되는 것을 반대했던 사람인 셈이다. 그러면 삼족을 멸했는데 지금은 그런 꼴은 당하지 않았으니 다행이지 않으냐" 담담히 말했던 기억이 있다.

1990년대까지만 해도 정치를 한다면서 선거에 몇 번 나섰다가 거의 패가망신 수준으로 망하는 사람들이 많았다. 그만큼 정치에는 많은 비용이 소요된다. 그러니 당선이 되면 검은돈의 유혹에 빠지기 쉬운 환경이기도 하다. 그런 시절에 이른바 정치자금이 암암리에 오갔고, 여당이든 야당이든 정치자금을 잘 만들고 그것을 잘 베푸는 정치인을 보스의 능력으로 여겼다. 오죽했으면 국회 회의장에서 "여기서 정치자금 받지 않은 사람 있으면 손들어보라"고 하니까 딱 한 명이 손들었다는(농민운동가 출신 국회의원이었다) 웃지 못할 일화도 있다. 공당公黨이 "전국구 10번까지는 30억, 20번까지는 20억, 30번까지는 10억"하는 식으로 노골적으로 공천 헌금을 받기도 했다. 지금은 이른바 선거공영제를 도입해서 선거에서 일정한 득표를 한 후보는 낙선을 하더라도 투입된 비용을 거의 그대로 되돌려 받을 수 있는 세상이 되었다. 정당에 대한 국고보조금도 연간 수십, 수백억 원에 이를 정도로 상당하다. 정치자금은 과거에 비할 바 없이 투명하게 모금되고 집행되고 있다. 그런 점에서 우리 정치는 굉장히 나아지고 있는 편이다.

집행유예로 풀려나고 나중에 사면복권까지 되었지만, 상당한 기간 나는 정치와는 인연을 끊고 살다시피 했다. 연구소에 출퇴근하면서 책 읽고 자료 살피고 정책을 연구하면서 나름대로 바쁜 시간을 보냈다. 김대중이 대통령에 당선되자, 아마도 미안하고 고마운 마음이었던지, 입각 제의를 했는데 고사했다. 정치적으로 재기할 수 있는 좋은 기회라고 주위에서 권하는 사람들이 많았지만 실질적으로 일을 할 수 있는 자리가 아니면 하지 않는 것이 도리라고 판단했다.

　김대중 정부 시기 경제정책에 대해 간단히 언급하자면, 누구나 지적하듯 그때는 우리 경제의 위기이자 기회의 순간이었다. 김대중이 정치 보복을 하지 않은 것은 김대중 개인의 심성이 선량한 탓도 있지만 김영삼과 김대중의 측근이 과거에 서로 긴밀히 연결되어 있던 측면도 있었다. 그리고 IMF 환란의 책임을 지고 김영삼 계열이 일제히 숨죽이고 있던 시점인 탓도 있었다. 경제 문제를 타개하기도 어려운 시기에 정치보복까지 한다는 여론의 비난 역시 감안했을 것이다. 김대중 정부 시기는 그야말로 개혁의 최적기였다. 금 모으기 운동 등으로 정부에 대한 신뢰와 지지도가 높고, 2002년 월드컵 등으로 국민의 사기마저 높아, 전반적으로 사회 분위기가 좋을 때였다. 그런 때에 재벌에 대한 구조조정을 비롯한 제반 개혁을 완전히 완수했어야 했다. 그런데 악성종양으로 수술대에 오른 환자의 배를 갈라보고는, 눈에 보이는 부스럼 몇 개만 긁어낸 다음, '이제 수술이 끝났습니다' 하고 덮어버린 의사와도 같았다. 밖에서 지켜보고 있자니 안타까운 측면이 많았다.

"대통령이 되고 싶습니다"

　2001년 1월, 현직 장관에게서 연락이 왔다. 언론을 통해 명성은 알고 있었지만 따로 만나 이야기해 본 적은 없던 사람이다. "선생님을 뵙고 싶습니다"라고 친근하게 인사하면서 약속 시간을 정하던 목소리가 아직 기억에 선하다. 며칠 뒤 내 연구소에서 만나 대화를 나눴는데 그때에는 특별한 이야기가 없었다. 그러다 저녁식사를 함께 하자고 해서 마주 앉았는데 그 자리에서 갑자기 "대통령에 출마하려고 하는데 도와주십시오"라고 청하는 것 아닌가. 당시 그가 대선 후보군 명단에 오르내리기는 했으나 여론조사 지지도가 1.5% 정도 나오던 시절이었다. 그 정치인을 아예 조사 대상에 포함하지 않는 조사기관이 있을 정도로 인지도가 낮았다. "대통령 후보가 되려면 최소한 1년 이상은 준비해야 할 텐데 그러려면 일단 장관부터 그만둬라, 장관 자리가 당신 마음대로 그만둘 수 있는 자리가 아니니 나중에 우물쭈물하지 말고 지금 당장 사의를 표명하는 것이 좋겠다"라고 조언했다. 그는 자기가 장관직을 맡으면서 계획한 일이 있는데 그걸 완수하려면 아직 6개월 정도 남았으니 그동안에는 계속 자리에 있으려 한다고 말했다. '그게 아닌데……' 하는 생각이 들었지만 본인이 그렇게 고집하니 어쩔 수 있겠나. 그 장관이 바로 노무현이다.

일주일 후에 노무현을 다시 만났다. 첫 만남에서는 잘 몰랐지만 다시 깊이 있게 이야기를 나눠보니 솔직하고 소탈한 점이 마음에 들었다. 이런 사람이면 나라를 근본적으로 바꿀 수도 있겠구나 하는 기대를 가져보았다. 그리고 열흘쯤 지났을까, 갑작스레 노무현이 해양수산부 장관직에서 물러나게 되었다. 내가 권했던 일이 자연스럽게 현실이 되어버린 것이다. 그러자 시간이 많아져서 그랬는지 이따금 내 연구소를 찾아왔다. 올 때마다 정치, 경제, 사회 전반적인 이야기를 많이 나눴다. 그 뒤 노무현이 후보 경선 과정을 거치고 대통령이 되기까지 겪은 대역전의 드라마는 굳이 언급할 필요가 없겠다.

노무현이 "당선되면 김종인 같은 분을 총리로 모시겠다"고 이야기했던 것은 그냥 우연이 아니었다. 그러한 배경과 인연이 있었다. 그런데 대통령이 되고나서 독대했을 때 그에게 들은 첫 이야기는 "저희랑 코드가 맞지 않으신 것 같더군요"였다. 순수한 노무현이라는 개인이 '저희'로 탈바꿈하는 순간이었다. 내가 친미적인 성향을 갖고 있다고 노무현을 둘러싼 그룹의 사람들이 이야기했던가 보다. 사실은 그동안 노무현에게 "개인적으로 반미 감정을 갖는 것은 좋은데 대한민국을 이끄는 지도자로서 절대 그것을 외부에 표출하지 말라"고 몇 번 당부한 적이 있었다. 그를 만나면서 개인적으로 무엇을 기대한 바는 없었지만 무언가 심상찮은 기운이 느껴졌다.

나중에 청와대에 원로분과회의라는 것이 만들어져 5명 위원 가운데 한 명으로 나도 그 회의에 참석하게 되었다. 부동산 대책을 그렇게 해서는 안 된다, 이라크에 파병하는 것이 옳다는 등 정책 조언을 하긴 했는데 높은 장벽 앞에 서서 이야기하는 기분이었다. 1년 후에 그 회의마저 없어졌다. 없어진 이유가 "현장 중심 실물경제 전문가들의 목소리를 중시하겠다"는 것이었다. 그리고는 경제단체와 대기업 연구소 출신 인물들로 이른바 '경제자문'들이 교체되었다. 상황이 어디로 흘러갈지 뻔히 보였다. 노무현 정부는 임기 내내 그렇게 좌충우돌을 거듭하다가 지지율이 완전히 바닥에 떨어진 상태에서 '폐족'이라는 용어로 스스로를 표현하며 이명박 정부에게 정권을 넘겨주고 말았다. 노무현 정부의 실패가 이명박 정부를 불러들였다.

노무현의 비극

2004년 3월 12일 국회에서 대통령 탄핵소추안이 가결되었다. 찬성 193표, 반대는 2표였다. 노무현을 대통령으로 만든 정당이 탄핵에 참여한 것이다. 사태가 그렇게까지 최악으로 치달은 것에는 정치주체 각자의 책임이 일정하게 있지만, 대통령이 자신을 당선시킨 정당을 버리고 새로운 정당을 만든 것에서 갈등이 본격화 되었다.

당시 민주당은 전통적인 야당 정치인에 운동권 출신 젊은 정치인들이 결합하고, 거기에 호남지역 정치인들이 연대한 한 지붕 세 가족과 같은 구조였다. 이들이 계속 삐걱거리다 결국엔 노무현이 자기 세력을 데리고 나와 '열린우리당'이라는 일종의 친위 정당을 만들어 버렸다. 그러니 민주당에 잔류한 세력이 국회에서 노무현 탄핵안 가결에 참여하게 된 것이다. 결과적으로 그것은 국민의 동정 여론을 불러일으켜, 그해 4월 치러진 17대 국회의원 총선거에서 열린우리당이 과반 의석을 차지하는 대반전의 결과로 나타났고, 탄핵안도 헌재에서 기각됐다. 혹자들은 그것을 '노무현의 승부사 기질'이라고 하지만, 정치가 그런 아슬아슬한 게임장처럼 되어도 괜찮은 걸까?

17대 국회에서 나는 새천년민주당 소속으로 의정 활동을 했다. 10년 만의 정계 복귀였다. 원래 정치를 다시 할 생각이 없어 민주당에서 여러 차례 찾아와도 거절했었다. 하지만 '미스터 클린'이라는 별명으로 불리는 조순형 의원의 권유는 차마 뿌리칠 수 없었다. 민주당이 '정책 정당'으로 거듭나려고 하니 도와달라는 것이다. 그동안 우리나라 정당에 너무도 실망한 바가 커서 정책 정당을 만드는 일이 의미 있는 도전이겠다 싶어 큰 맘 먹고 참여했는데, 민주당이 탄핵 역풍으로 총선에서 9석밖에 얻지 못해 그야말로 '꼬마정당'이 되어버렸다. 원래 59석이던 의석이 그렇게 줄어버렸으니 당시 국민의 마음을 읽을 수 있을 것이다. 원내교섭단체도 만들지 못하고 국민의 지탄을 받는 정당에서 무슨 정치적인 힘을 발휘할 수 있었겠는가.

이명박이 당선되고 노무현이 극단적인 선택을 하는 것을 보면서 만감이 교차했다. '노무현처럼 선량하고 순박한 사람도 가족과 측근을 제대로 관리하지 못했구나' 하면서 과연 이런 문제가 '사람'의 문제인가 하는 회의를 가졌고, 그러한 비리를 이유로 전직 대통령을 인격적으로 모욕하는 권력의 속성에 또 한 번 기시감을 느끼며 한숨을 내쉬었다. 원하든 원치 않든 특정한 정치 그룹의 리더가 되어버린 입장에서 지지자들을 생각하며 결기 있게 그 위기를 헤쳐 나갔어야 했는데, 물론 천성이 소탈한 탓이겠지만, 한순간 세상을 등진 노무현에게도 깊은 안타까움을 느꼈다. 다시는 그런 비극이 없어야 하겠다.

23 보수는 빼고
경제민주화는 넣고
| 2012년 19대 총선

2011년 8월 24일 서울시에서 해괴한 투표가 실시됐다. 초등학생들에게 급식을 무료로 제공할 것인가 말 것인가를 투표로 결정하는 절차였다. 이른바 '무상급식 주민 투표'다.

당시 투표를 실시한 사람들은 "정확한 투표 내용은 무상급식을 '지금 당장 전면적으로' 실시할 것인가, 저소득층부터 '단계적으로' 실시할 것인가 였다"고 변명할 것이다. 그러니까 자신들도 무상급식 자체에 반대한 것은 아니었다고 말이다. 다만 서울시 재정 여건 등을 감안해 일단 저소득층부터 실시하자는 의견이었다고 말한 것이다. 물론 그런 의견은 있을 수 있다. 하지만 그것을 '주민 투표'에 붙였다는 사실 자체가 이들의 정치 감각이 얼마나 미숙한지 알 수 있는 대목이다. 여론이 뭔지, 국민의 의식과 정서가 어떻게 변해 가는지, 전혀 관심이 없는 사람들이다.

우리나라에서 주민 투표는 흔히 유례를 찾아볼 수 없는 특별한 정치 행위다. 인구 1천만 명에 이르는 서울 주민들을 상대로 어떤 사안에 대해 주민 투표까지 실시한다는 것은 굉장히 중차대한 문제가 아니고서는 있을 수 없는 일이다. 그런 주민 투표의 첫 사례라고 볼 수 있는 대상이 '아이들 먹는 문제'였다니, 학교 급식을 정치적 시빗거리로 삼다니, 어떤 명분으로든 그런 투표 자체가 세상 부끄러운 일이다.

게다가 투표 결과에 시장이 '조건'을 걸었다. 투표율이 요건을 충족하지 않아 투표 자체가 무산되면 시장 직에서 사퇴하겠다고 말이다. 다른 일도 아니고 아이들 무상급식을 훼방 놓는 일에 인구 1천만 살림을 책임지는 시장이 자신의 임기를 거래 조건처럼 흥정하며 배수진을 치고 있으니 점입가경 한심한 일이다. 결국 그 투표는 참여율이 25%밖에 되지 않아 개표조차 해보지 못하고 무산되었다. (주민 투표는 유권자 3분의 1 이상이 참여해야 개표할 수 있다.) 임기가 4년이나 남은 시장은 자기 발언에 책임을 지기 위해서 스스로 시장 직을 내려놓아야 했다. 정치인이 무언가에 잘못 홀리면 이런 기괴한 일까지 저지르게 된다는 것을 보여주는 대표적인 사례다.

민심을 읽지 못한 서글픈 윤회

그 시장은 바로 오세훈이다. 오세훈 시장은 당선이 되었을 때부터 자신이 당선된 의미를 되돌아보았어야 했다. 그는 민선 서울시장 가운데 최초로 재선에 성공한 사람이다. 2006년 지방선거에서 당선되었고 2010년 다시 당선되었다. 그런데 2006년 선거에서는 61%를 얻어 쉽게 당선되었는데 2010년에는 47%로 굉장히 어렵게 당선됐다.

2010년 서울시장 선거 개표는 대역전의 드라마로 관심을 모았다. 개표 초반 오세훈 후보는 이기는 것으로 예상됐다. 그런데 중반 이후로는 줄곧 지는 것으로 나타났고 차이는 쉽게 좁혀지지 않았다. 그래서 패배를 예상하고 집에 돌아가기까지 했다. 새벽녘에야 강남 3구(강남, 서초, 송파) 투표소에 대한 개표를 진행했는데 거기서 몰표를 얻어 최종적으로 0.6% 차이로 간신히 이겼다. 결과가 의미심장했다. 서울에 25개 구區가 있는데 오세훈 후보는 17개 구에서 지고 8개 구에서만 이겼다. 미국 대선 방식으로 따지면 패배한 선거다. 그럼에도 총 득표수에서는 0.6% 앞질러, 그것도 강남에서 몰표가 나와 이기긴 이겼다. 그래서 그를 서울시장이 아니라 '강남시장'이라 비웃기도 했다.

그렇게 당선이 되었으면 오세훈 시장과 그가 몸담은 여당이었던 한나라당은 선거 결과가 갖는 의미를 분명히 읽었어야 했다. 2006년에는 쉽게 이겼는데 2010년에는 아슬아슬하게, 기적에 가까운 박빙의 차이로 이긴 상황을 바탕으로 민심의 변화를 읽었어야 했다. (당시 지방선거에서 경기도 선거 결과 역시 마찬가지다. 한나라당은 도지사 재선에는 성공했지만 시장·군수 31곳 가운데 10곳에서만 당선되었고, 도의원 전체 113석 가운데 겨우 36석을 얻었다. 4년 전 선거에서 시장·군수 27명, 도의원 71석을 차지한 것과 비교해보면 그 의미를 금방 읽을 수 있을 것이다.

우리나라 선거에서 수도권 민심은 여론의 흐름을 읽는 바로미터다.)

정치인들이 선거 결과를 제대로 읽지 못하고 무덤덤하게 반응하다가, 혹은 민심에 역행하다가, 비극의 연쇄 효과를 맞은 적이 어디 한두 번인가. 지금까지 소개한 사례들을 쭉 다시 떠올려보자. 1958년 4대 총선에 자유당은 서울 선거에서 참패하고도 그 의미가 무엇인지 모르고 국민의 의사에 반응을 보이지 않다가 급기야 부정선거까지 저질러 대통령이 해외로 쫓겨나게 되었다. 1978년 총선에 공화당은 외형상으로는 겨우 1.2% 차이로 패배했지만 관권 금권을 총동원한 선거에서 그 정도 차이밖에 나지 않았으니 실질적으로는 대패한 것이나 다름없었다. 그런데도 국민의 뜻을 읽지 못하고 YH 사건, 부마사건 등에 강압적으로 대처하다가 지배층 내부가 분열하고 대통령이 시해당하면서 처참히 무너지고 말았다. 그에 비교해 5공은 그나마 선거 결과에 어느 정도 순응한 편이었다. 민정당은 1985년 총선에서 패하자(과반 의석을 넘겼으니 사실 그리 심각한 수준의 패배는 아니었음에도) 처음에는 국민의 뜻을 거부하려 했지만 결국에는 대통령 직선제를 받아들여 더 큰 파국을 면했다. 민정당이 개헌을 받아들은 것은 국민들의 민주화 요구와 미국의 압력, 곧이어 88올림픽이 열릴 예정이었던 상황이 복합적으로 작용했다.

훗날 박근혜 정부도 그렇다. 2016년 20대 총선에서 여당인 새누리당은 초기에는 과반은 물론 개헌선까지 확보할 수 있을 것처럼 자신하다가 결과적으로는 122석밖에 얻지 못했다. 과반에 훨씬 미치지 못하는 대참패다. 반면 선거 직전만 해도 쓰러질 것 같던 민주당이 순식간에 재기해서 123석을 얻고, 호남을 제패한 국민의당과 합쳐 야당이 과반을 넘었다. 선거에서 그렇게 국민의 의사를 확인했으면 그동안 무엇이 잘못되었는지 철저히 분석해서 대책을 마련했어야 한다. 그러나 대통령과 새누리당은 아무런 변화도 없이 고집만 부리다가 헌정 사상 최초로 대통령이 탄핵되는 사태까지 맞게 되었다. 국민의 여론이란 이토록 무섭다. 믿고 지지할만한 정당이 생기면 순식간에 그쪽으로 집결한다. 정당에 대한 신뢰도가 그리 탄탄하지 않은 탓이다. 이러한 사실을 우리나라 정치인들은 흔히 망각하곤 한다. 자신들을 지지해주는 사람들을 '고정 불변의 상수常數' 정도로 여기면서 잘못을 수정하지 않다가 순식간에 무너지고 만다.

뒤이어 집권한 문재인 정부 역시 다르지 않다. 이들은 박근혜 정부를 무너뜨린 국민들의 촛불시위 결과 탄생했다. 그래서 스스로 '촛불정권'이라고 말하는데, 그 촛불의 정신이 자신들을 지지한다고 자신할라치면 전임 대통령이 탄핵되고 만들어진 그토록 일방적인 선거에서 최소한 75% 이상 압도적인 지지를 받았어야 정상이다. 하지만 41% 밖에 얻지 못했다. 박근혜가 당선되었을 때 얻은 득표율보다 오히려 낮았다. 그렇다면 이들은 자신들을 지지하지 않은 59%의 의미는 무엇인지, 59%의 빈자리는 과연 무엇으로 채워야 하는지, 그런 것들을 먼저 생각했어야 한다. 하지만 마치 자신들이 세상을 다 가진 듯, 하늘에서 절대 권력이라도 부여받은 듯 일방적인 독주를 계속하는 중이다. 초기에는 협치와 통합을 이야기하더니 나중에는 그런 표현조차 쏙 들어가 버렸다.

특히 현 정부를 보면서 답답한 점은, 자신들이 야당일 때 여당의 어떤 잘못을 지적했으면 자신들이 여당이 되고 나서는 그것을 고쳐야 할 텐데 그것을 그대로 답습한다는 사실이다. 정권을 잡았으면 정책을 잘 세우고 집행하여 국민의 마음을 얻고, 그것으로 정치생명을 연장할 생각을 않고 '시스템'을 자신에게 유리한 방향으로 바꾸는 것에만 온통 관심을 기울이고 있다는 사실이다. 국민의 마음을 얻을 능력이 없고, 정책의 성과로써 승부할 자신이 없으니, 자꾸 반칙으로 이길 생각만 한다. 그래서 기껏 한다는 일이 사법부를 장악하고, 검찰을 충신들로 채우고, 언론을 장악하고, 선거법을 바꾸고, 그런 류의 낡은 시도만 계속하는 중이다. 박근혜 정부 지지율이 갑자기 그렇게 곤두박질치고 탄핵까지 당하게 될 줄 그 몇 개월 전만 해도 상상이나 할 수 있었던가. 순식간에 벌어진 일이다. 문재인 정부라고 예외일 수 없다.

선거 결과를 제대로 읽지 못하고 갈수록 권력에 심취하는 행태는 이른바 진보든 보수든 똑같다. 역사는 왜 이렇게 좋지 않은 것만 윤회하는 것인지, 참으로 안타까운 일이다.

다시 2010년 서울시장 선거 이야기를 해보자. 개표가 점차 진행되면서 자신이 질 것처럼 보이자 오세훈 후보는 "민심이 무섭다는 것을 깨달았다" 말하고 관사로 돌아갔다. 그는 정말 민심이 무섭다고 깨달았던 것일까? 자신의 패배를 예상했던 그 순간에만 그랬던 것 같다. 그때는 민심이 무서웠으나, 막상 이기고 나니 민심과 반대 방향으로 달려 나갔다. 그래서 누가 이기나 보자는 듯 시민과 힘겨루

기를 하는 모양으로, 시장 직을 내걸고 주민 투표까지 실시했다. 일단 당선만 되면 그 순간부터 현실 감각을 상실하는 것은 우리나라 정치인들의 서글픈 공통점이다.

보수정당의 창조적 파괴

오세훈 시장이 사퇴하고 2011년 10월 26일 서울시장 보궐선거가 실시됐다. 선거 결과를 볼 필요가 있겠나. 당시 한나라당은 누굴 내세워도 당선되기 어려운 선거였다. 야당 후보로 공천을 받은 사람이 곧장 서울시장이 되는 것이나 다름없는 선거였다. 그런데 당시 제1야당인 민주당도 한심하기는 마찬가지였다. 세상에 제도권 정당이, 그렇게 일방적인 선거에서, 후보 하나 자신 있게 내세우지 못하고 야권 후보를 단일화한다고 어물쩡하다가 무소속 박원순 씨에게 단일 후보자리를 내주었다.

서울시장 보궐선거가 끝나고 한나라당은 거의 망한 것이나 다름없는 분위기였다. 이듬해 봄에는 총선이 예정되어 있었고, 겨울에는 대선이 이어질 예정이었다. 다음에 재집권을 할 수 있겠느냐, 그에 앞서 총선에서 겨우 80석이나 건질 수 있겠느냐, 그런 두려움에 빠져있었다. 한편 야당은 단일화만 하면 모든 선거에서 이길 수 있겠다는 또 다른 환상에 빠져 기세등등했다. 그때 박근혜에게 전화가 왔다. 이 사태를 어떻게 해결할 수 있을지, 의견을 듣고 싶다는 말이었다.

그래서 서울 어느 호텔 비즈니스센터에서 박근혜를 만났다. "방법이 없다. 내가 당신이 대통령이 되도록 돕겠다고는 했는데, 그러려면 한나라당이 대대적으로 개편되지 않고서는 불가능하다. 지금 한나라당의 공식적인 체제를 무너뜨리고 비상체제를 만들어서 당신 책임 하에 총선을 치르는 방법밖에 없다. 그러지 않으면 희망이 없다." 이렇게 말해주었다.

일주일 후 박근혜에게서 또 전화가 왔다. 도저히 그렇게 못 하겠다는 것이다. 다른 사람들과 상의를 해봤는데 위험이 크다는 의견이 많았다고 한다. 혹시 그러다 사태를 수습하지 못하고 총선에서도 지면 모든 책임을 뒤집어 쓸 것이 두려웠던 것이다. 알았다고, 그걸 못하면 당신이 대통령 후보가 되어도 별다른 의미가 없을 것이라 말하고선 전화를 끊었다. 그리고는 한 달 정도 시간이 흘렀다. 참 신기하게도, 어쩌면 당연하게도, 한나라당 지도부가 스스로 무너져버렸다. 이대로 가다가는 공멸할 것이라고 직감했을 것이다. 최고위원들이 사퇴하여 지도부가 해체되면서 저절로 비상대책위가 만들어졌다. 그때야 박근혜에게서 다시 전화가 왔다. 이제 비상대책위가 만들어졌고 자신이 위원장이 되었으니 나더러 도와달라는 것이다.

사실 당시 나는 한나라당 비상대책위에 참여하지 않으려 했다. 2008년 국회의원 임기를 마쳤을 때, 그때 이미 정계를 은퇴했다고 생각하고 있었다. 그래서 전직 대통령들을 비롯한 정치권 선후배들을 찾아가 "이제 정치를 그만둘 것"이라면서 "좋지 않았던 과거의 일은 잊어버립시다"하고 인사까지 하였던 참이었다. 그런 이유로 박근혜에게도 "내가 직접 얼굴을 내밀고 도와줄 수는 없다"고 미리 말해 둔 바 있다. 뒤에서 조용히 돕는 역할만 하겠다고 말이다. 그런데 "지난번 선생님께서 비상대책위를 만들어야 한다고 말씀하셨지 않았느냐, 나라를 위해서 도와달라", 이렇게 말하는 것 아닌가. 거창하게 '나라'까지 들먹이니 끝내 거절하기 어려웠다.

2011년 12월 27일, 한나라당 비상대책위원회 첫 회의가 열렸다. 그 회의에서 나는 이렇게 말했다. "내가 여기 온 이유는 다른 뜻이 있어서가 아니라 한나라당이 바뀌어야 국민이 편할 수 있다는 생각에서 그렇다. 그러기 위해서는 한나라당이 창조적 파괴를 하고 경우에 따라서는 브랜드를 완전히 바꾸는 결단까지 내려야 할 것이다. 거기에 호응한다면 물심양면 돕겠다."

진짜 보수와 가짜 보수

2011년 무상급식 주민 투표, 서울시장 보궐선거, 한나라당 비상대책위, 그리고 이듬해 총선과 대선. 이때의 이야기를 자세히 전하는 이유는 정치인이 어떻게 변해가는지, 박근혜라는 인물을 통해 독자들에게 설명하기 위해서다. 필요할 때는 도움을 요청하다가 그 효용이 다하면 어떻게 태도가 돌변하는지, 또 권력을 잡고 나서는 어떠한 변화가 일어나는지 보여주는 분명한 사례다. 이는 내가 당한 두 번의 배신 가운데 첫 번째 배신이다. 나만 어리석었던 것이 아니라 국민도 함께 속고 배신을 당하게 만들었으니 역사 앞에 송구할 따름이다. 박근혜–문재인 정부로 이어지는 일련의 과정이 '어쨌든 일어날 수밖에 없었던 역사의 법칙과도 같은 일'이었다고 하더라도 말이다.

한나라당 비상대책위원회가 만들어지면서 나더러 정책분과위원장을 맡아달라고 해서 그렇게 하기로 했다. 한나라당은 '새누리당'으로 명칭을 바꾸기로 했다. 정책분과위원장으로서 총선 공약과 새누리당 정강 정책을 만들어달라기에 또 그렇게 하기로 했다.

당의 정강 정책이라는 것은 그 정당이 무엇을 지향하는지 정체성을 드러내는 대목이다. 한나라당이 새누리당으로 이름만 바뀐 것이 아니라 지향점 자체가 새롭게 바뀌었다는 사실을 보여주려면 정강 정책을 대대적으로 뜯어고치는 수밖에 없었다. 간판만 바뀌는 것이 아니라 '내용'도 바뀌어야 할 것 아닌가. 그런데 기존 한나라당의 정강 정책을 보니 '보수'라는 단어가 너무 많았다. 정강 정책에서 보수라는 용어를 모두 빼버리자고 했다. 언론 인터뷰에 그렇게 이야기했더니 당이 완전히 발칵 뒤집혔다. 보수정당이 어떻게 보수라는 용어를 뺄 수가 있느냐는 것이다.

실제 행동이 민주적이지 못한 사람이 스스로 민주주의자라고 아무리 강조해봤자 무슨 소용이 있을까? 보수주의도 마찬가지다. '보수'라는 말 자체는 아무런 소용없는 허명虛名이다. 거기에 어떤 내용을 담고 어떻게 실천하는지가 중요하다. 아무리 보수를 자처해봤자 보수답지 않으면 거짓 보수이고, 보수라는 용어를 한마디도 사용하지 않고서도 보수주의를 제대로 실천한다면 그것이 진짜 보수다. 독일의 기독교민주당^{CDU}을 보라. 보수정당이지만 스스로 보수를 앞세우지 않으면서 보수주의를 실천하고 좌파의 어젠다까지 선점하여 오히려 좌파를 무용지물로 만들고 있다. 그런데 그때 한나라당 사람들은 보수라는 용어를 정강 정책에서 빼버리면 마치 이 땅에서 보수가 당장 사라지기라도 할 것처럼 깜짝 놀랐다. 정강 정책을 만드는 책임자로서 이 부분에 있어서는 절대 양보하지 않겠다고 버텼다.

한동안 옥신각신했다. 보수라는 용어를 삭제하기로 했다가, 없던 일로 했다가, 또 삭제하기로 했다가, 유지하기로 했다가…… 박근혜까지 나서서 조금만 양보해줄 수 없겠냐고 부탁하기에 딱 한 구절에만 '보수'라는 용어를 사용하기로 하고 모두 없애버렸다. 당시 여론 조사에 따르면 보수 삭제에 찬성하는 여론이 과반을 넘었고, 반대하는 여론은 15% 정도였다. 50대 이상 연령층에서도 과반 이상이 찬성했다. 우리 국민이 쓸데없는 이념적인 용어를 얼마나 싫어하는지 여실히 보여주는 대목이다.

그런데 또 문제가 발생했다. 이번에는 새누리당 정강 정책에 내가 '경제민주화'를 집어넣으려고 하니 반대하는 사람들이 들고 일어났다. 당에서 이른바 경제전문가라는 사람들이 반대에 앞장섰는데, 경제민주화는 보수 이념과 맞지 않다느니, 사회주의 색채가 있다느니 하는 엉뚱한 이야기를 했다. 경제민주화는 헌법에 명시되어 있는데 그럼 우리나라 헌법이 사회주의 헌법이라는 말인가? 헌법 수호는 보수주의의 기본일진대 이 사람들은 우리나라 헌법조차 제대로 모르는 가짜 보수주의자들인 셈이다. 진정한 보수주의자라면 자본주의 시장경제 질서를 유지하기 위해 경제민주화에 찬동하지 않을 수 없을텐데 말이다.

그때에도 박근혜가 나서 조율을 시도했다. 보수 용어를 사용하는 문제에는 내가 어느 정도 양보했지만 경제민주화는 결코 양보할 수 없었다. "나를 여기로 부른 것은 헌법에 명시된 경제민주화를 이번에는 실천하려고 그런 것 아니냐, 그게 불필요하고 껄끄럽다고 생각한다면 그럼 나는 이만 나가는 것이 좋겠다." 배수진을 쳤다. 그런 과정을 거쳐 새누리당 정강 정책에 경제민주화가 들어가게 되었다. 의원총회 추인을 거쳐 전국 대의원대회에서도 이견 없이 받아들여졌다. 내 나름대로는 우리나라의 이른바 보수정당을 그렇게라도 해서 조금씩 바꿔나가는 과정이라고 생각했다.

원래 의도적으로 계획했던 바는 아니지만 '보수' 용어를 삭제하는 문제로 당내에서 논란을 거듭한 사건, 뒤이어 '경제민주화'를 정강 정책에 넣는 문제로 갑론을박 했던 사건, 이런 사건들이 언론에 크게 부각되면서 국민들은 한나라당을 잊었고 새롭게 생겨난 새누리당에 기대를 걸었다. 구시대를 털어내려는 생산적인 논의를 하고, 정말로 '창조적 파괴'를 하려나보다 하고 인식하게 되었다.

보수를 빼고, 경제민주화를 넣고, 그런 과정이 그리 간단하고 쉽지만은 않았다. 다만 어쨌든 그렇게 작은(작아 보이는) 변화만으로도 한나라당의 낡은 이미지는 상당 부분 떨쳐낼 수 있었다. 불과 몇 달 전 일어난 무상급식 주민 투표와 지방선거 참패로 생긴 한나라당 내부의 트라우마와 패배의식도 차츰 극복되기 시작했다. 정당의 이미지

는 한번 잃어버리면 되찾아오기 쉽지 않지만, 반대로 작은 노력으로
도 바뀔 수 있다. 국민은 냉정하고, 또 의외로 너그럽다. 문제는 그런
노력과 결단을 정치인들이 쉬이 하지 않는다는 사실이다. 용기와 지
혜, 창의성이 부족한 탓이다.

이겼지만 무거운 선거

정강 정책 작업을 끝내고 이번에는 새누리당 공천이 시작됐다. 경
제민주화는 말로 되는 일이 아니라 법으로 제도를 만드는 일이다.
그러려면 의회에서 경제민주화에 의지를 갖고 입법 활동을 할 수 있
는 국회의원이 필요하다. 당시에 나는 직접 정치 일선에 나서야겠다
는 생각을 전혀 하지 않고 있었다. 앞서 말한대로 2008년에 이미 정
치는 은퇴했다 생각하고 지내던 중이었다. 그래서 경제세력의 유혹
으로부터 자유롭고 학식과 덕망을 갖추었다고 평소 생각해온 인물
두 명을 비례대표 의원으로 추천했다. 처음엔 그들을 받아들일 것처
럼 하더니 공천이 진행되는 과정을 보니 모두 배제되고 말았다.

더구나 경제민주화에 적대적 입장을 취하는 사람들이 경제전문가
라면서 새누리당에 영입되기 시작했다. 알고 보니 전부 전경련과 관
계 있는 사람들, 미국식 신자유주의 이론을 우상처럼 떠받드는 사람
들이었다. 공천 마지막 날까지 옥신각신하면서 그 사람들을 모두 빼
기로 했는데 최종 결과를 보니 그대로 확정되어 버렸다. 혈혈단신
한나라당에 들어와 정강 정책을 바꾸고 입법 활동을 할 수 있는 의

원까지 당선시켜 놓으면 내가 할 소임은 어느 정도 달성했다고 생각했는데 마지막 결실에 실패한 것이다. 거기서 내가 '이 사람은 빼라, 이 사람을 넣어라' 하는 식으로 고집을 부리면 자칫 오해를 받을까봐 그냥 뒤로 물러났다. 새누리당에서 내가 할 수 있는 일은 더 이상 없겠다 싶어 비상대책위원에서 사퇴하겠다고 말하고 나왔다. 그 뒤로 당사에 출근하지 않았다.

2012년 4월 11일, 총선이 실시됐다. 새누리당은 152석을 얻었다. 국회 의석 과반을 넘어섰다. 불과 3개월 전만 하여도 100석을 얻느냐 마느냐 하던 선거에서 거의 기적과 가까운 결과를 만들어낸 것이다. 박근혜는 다시 '선거의 여왕'으로 떠올랐다. 3개월 전만 해도 이런 결과를 예상했던 사람은 아무도 없었다. 새누리당이 이길 것이라는 생각은 하고 있었지만 선거 결과에 나도 조금은 놀랐다. 그렇게까지 크게 이길 것이라고는 예상치 못했다. 박근혜라는 개인의 정치적 상품 가치와 함께 경제민주화라는 시대정신이 맞물리면서 이긴 셈이다. 우리 국민이 간절히 바라는 것이 무엇인지, 선거결과는 이겼음에도 마음은 솔직히 무거웠다. 민주당은 연합공천까지 하면서 대응했는데 완패했다. 3개월 만에 분위기가 정반대로 역전됐다.

24 내가 사람을 잘못 봤다
18대 대선과 박근혜 (1)

박근혜라는 이름을 처음 들은 것은 1973년이다. 내가 서강대 교수일 때 박근혜는 서강대 학생이었으니 '우리 대학에 대통령 딸이 재학 중'이라는 소문은 당연히 들어 알고 있었다. 그러나 얼굴은 본 적 없고, 이듬해에 박근혜가 졸업했다. 그 뒤로 박근혜에 대해 내가 알고 있는 정보는 일반 국민들이 알고 있는 정보의 깊이와 비슷하다. 대학을 졸업한 해에 어머니 육영수 여사가 총격으로 사망해 그때부터 퍼스트레이디 역할을 대신했고, 아버지 박정희 대통령마저 총격으로 사망한 뒤로는 결혼하지 않고 혼자 살고 있다고 말이다. 박근혜가 1998년 15대 국회부터 정치를 시작했으니 정치 현장에서 서로 마주칠 일도 없었다. 내가 2004년 17대 국회에 들어가서야 본회의장에서 인사 정도 주고받는 사이였다.

17대 국회에 있을 때, 어느 날 한나라당 김기춘 의원이 점심을 같이 먹자고 연락을 전했다. 김기춘 의원은 노태우 정부 때 법무부 장관을 해서 알던 사이였다. 갑작스레 왜 식사를 하자고 할까 의아했는데 "박근혜가 대통령이 되는데 도움을 주면 좋겠다"라는 이야기를 꺼냈다. 당시 나는 새천년민주당에 있었는데 야당 국회의원이 여당 대통령 후보가 되려는 사람을 돕는다는 것이 말이 되는가. 별 실없는 소리를 다 한다 생각하고 그냥 헤어졌다.

나중에 박근혜가 대통령에 당선되고 김기춘은 비서실장이 됐다. 박근혜는 탄핵되자 곧장 구속되었고 김기춘도 함께 구속됐다. 그들의 운명이 그렇게 될 것이라고 그때는 상상조차 못 했다.

허수아비를 데려다 놔도

2006년에 박근혜가 의원회관에 있는 내 사무실로 찾아왔다. 독일에 갈 일이 생겼는데 독일에서 뭘 보고 배우면 좋겠냐는 것이다. 당시 박근혜는 기민당 싱크탱크인 아데나워재단 초청으로 독일을 방문할 예정이었다. 그때 나는 한독의원협회 의장을 맡고 있었다. 독일을 방문하려는 의원들이 나를 찾아와 이것저것 사전 정보를 구하는 경우가 종종 있었는데, 그날이 박근혜라는 인물과 가까이에서 오랜 이야기를 나눈 첫 만남이라고 볼 수 있겠다.

그날 내가 박근혜에게 받은 인상은 생각보다 공손하고 상대방의 의견을 경청하려는 태도가 느껴진다는 점이었다. 그즈음 박근혜는 이명박과 함께 한나라당의 유력한 대선 후보였고 당 대표까지 맡고 있었다. 그럼에도 다른 의원들에게 볼 수 있는 권위의식 같은 것이

상대적으로 적어 보였다. 당시 독일은 앙겔라 메르켈이 독일 최초 여성 총리로 당선된 지 얼마 되지 않은 때였다. "내가 듣기로 당신이 대통령이 되려는 생각을 갖고 있다고 하던데, 독일에 가면 메르켈을 잘 벤치마킹하고 오시오." 이렇게 덕담 수준 이야기만 해주었던 것으로 기억한다.

그 뒤 2007년 한나라당 대통령 후보 경선에서 박근혜가 이명박에게 패했다. 당원 투표에서는 이겼는데 여론조사에서 졌다. 본인으로서는 굉장히 아쉬운 결과였을 것이다. 기존 우리나라 정당사에 보면 그런 경우 결과에 승복하지 않는 경우가 많은데 곧장 패배를 인정하고 심지어 선대위 고문까지 맡는 모습이 신선해 보였다. 패했을 때 태도에서 정치인의 수준을 어느 정도 가늠할 수 있다. 비록 당은 다르지만 위로할 겸 점심 식사를 같이 했다. 박근혜가 독일에 다녀온 소감도 들으면서 이야기를 나눴다. "지금부터 5년을 잘 준비하면 앞으로 더 좋은 대통령이 될 수 있을 것이오. 메르켈이 정치에 입문해서 총리가 되기까지 15년이 걸렸는데, 다음 대선 무렵이면 당신도 정치를 시작한지 우연찮게 15년이 됩니다. 메르켈의 길을 간다 생각하고 앞으로 더 많이 보고 배우는 기회를 만드세요." 그날은 이런 정도 덕담을 하였던 것으로 기억한다. 패배를 했는데도 크게 실망하지 않는 태도 역시 썩 괜찮아 보였다.

그리고 이명박이 당선됐다. 당시 대통령 선거는 '한나라당이 허수아비 인형을 후보로 세워 놓아도 당선될 것'이라는 말이 있을 정도였다. 이명박은 호남을 제외한 모든 지역에서 승리해서 거의 과반에 가까운 국민의 선택을 받았고, 무소속으로 출마한 이회창 후보의 득표수까지 합하면 보수 세력이 65% 정도 지지를 얻은 거의 일방적인 선거였다. 그만큼 전임 노무현 정부에 대한 국민의 실망과 분노가 대단했다. IMF를 극복하는 과정에 우리나라의 양극화 문제가 본격적으로 생겨났다. 소득격차가 심화되고 부익부 빈익빈 현상이 사회 표면에 드러나기 시작했다. 국민은 정치인들보다 그런 문제를 훨씬 빨리 체감한다. 그래서 서민적이고 소탈한 이미지를 갖고 있는 노무현에게 정권을 맡기면 양극화를 해소해줄 것이라 믿었다. 하지만 노무현이 '좌파 신자유주의'니 하는 엉뚱한 방향타를 잡았고, 부동산 정책은 냉온탕을 오가면서 극심한 혼란을 빚었으며, 양극화가 오히려 심화되는 경향을 보였다. 차라리 그렇다면 실물경제를 좀 아는 기업가 출신에게 대통령 직을 맡기는 편이 낫겠다 생각하고, 5년 전과는 정반대의 기대 심리가 작용해서 국민들은 이번엔 이명박을 선택했다.

이명박 정부 출범 후 2008년 봄 박근혜에게서 전화가 왔다. 일전 점심 대접에 답례를 하겠다고 했다. 그 자리에서 박근혜의 입을 통해 처음으로 "대통령이 되고 싶으니 도와 달라"는 말을 들었다.

나는 문득 대한민국 대통령 역사에 어떤 선례를 하나 남기는 것이 좋겠다고 생각했다. 그동안 우리나라 대통령을 보면 성공한 대통령이 한 명도 없다. 성공을 못한 정도가 아니라 하나같이 비극적인 최후를 맞았다. 권력욕이든 금전욕이든, 그 이유는 모두 '탐욕' 때문이었다. 초대 이승만 대통령은 나라를 세우고 전쟁의 위기를 극복했다는 업적만으로 충분했는데 권력에 대한 탐욕을 부리면서 무리한 개헌을 하고 부정선거까지 저질렀다가 완전히 망가졌다. 박정희 대통령은 경제개발을 했지만 역시 권력에 대한 탐욕이 많아 강압적으로 통치하며 장기집권을 꾀하다 부하의 총에 맞아 죽었다. 전두환, 노태우 대통령은 똑같이 돈 때문에 망했다. 김영삼, 김대중 대통령은 아들들이 판박이처럼 똑같이 돈 문제로 구속됐다. 노무현 대통령은 스스로 목숨을 끊었을 정도로 주위의 탐욕을 제어하지 못했다. 해외로 쫓겨나고, 총 맞고, 구속되고, 자살하고······. 온전한 대통령이 하나도 없다. 이명박은 기업인 시절부터 수단 방법 안 가리며 살아왔고 분식회계나 일삼던 사람인데 그런 인물이 대통령이 되었으니 내가 볼 땐 이명박의 앞날도 뻔했다. 제발 차기에는 탐욕이 없고 주변이 깨끗한 사람이 대통령이 되어 하나의 좋은 선례를 남겼으면 좋겠다고 생각했다.

박근혜는 일단 문제를 일으킬 조건 자체가 없는 사람으로 보였다. 형제들이 있지만 좀 매정하다 싶을 정도로 그들과 관계를 정리하고 있었고, 결혼을 하지 않아 남편이나 자식 또한 없었다. 그동안 지켜본 바로는 돈에 대한 욕심도 없어 보였고, 주변이 비교적 간단한 사람이었다. 이런 사람이 대통령이 되면 가족과 친인척 문제는 일단 걱정하지 않고 재벌이 유혹하는 손길만 잘 차단하면 되겠구나 하고 생각했다. 박근혜가 대통령 후보로 나서면 반드시 이길 것이라고 확신했다.

"경제민주화는 선생님이 상징"

　앞장에서 회고했던 것처럼 2012년 19대 총선 이후 박근혜와는 헤어졌다. 한나라당은 새누리당이 되었고, 비상대책위도 해체되었다. 당은 정상적인 대표 체제로 바뀌었다. 나는 더 이상 그들과 관계할 일이 없을 것이라 생각했고 한가로이 지내고 있었다.

　2012년 5월, 독일을 여행하고 있는데 새벽에 몇 번이나 전화가 왔다. 내가 어디에 있는지 일정을 알고 있는 사람이면 그 시간에 전화를 할 리 없었다. 계속 끊어버렸다. 그랬더니 문자메시지가 왔다. 박근혜가 나랑 연락을 시도하는데 전화를 받지 않는다며 행방을 묻고 있다는 제3자의 문자메시지였다. 박근혜는 이름이 뜨지 않는 전화번호를 줄곧 사용했다. 그러니 누가 전화를 거는 것인지 알 수 있는 도리가 있나. 지금이 몇 시인데 새벽에 전화를 거느냐고, 나랑 통화하고 싶으면 독일 시간으로 오전 10시 정도에 다시 전화를 하라고 전해 달라 했다. 한국 시간으로는 오후 6시쯤 해당하는 시간이다. 정확히 그 시간에 전화가 왔다. 박근혜였다. "갑자기 왜 저를 찾으십니까?"하고 물으니 "선생님이 저를 대통령으로 만들어주신다고 하지 않았습니까?"라는 말이 박근혜의 첫 마디였다. 또 도와달라는 것이다. 전화로 길게 이야기할 수 없으니 귀국하면 만나자 하고 전화를 끊었다. 그리고 보름 후 만났다. 서울 어느 호텔 비즈니스센터였다. 나더러 대통령 후보 경선위원장을 맡아달라며 본선까지 자기를 계속 도와달라는 것이다. "지난번 총선이 그렇게 끝났고, 판세를 보건대 당신이 대통령 후보가 되고 당선이 되는 것에도 큰 문제는 없을 것 같다. 그런데 왜 굳이 나를 찾느냐" 물었더니 "총선이 끝나고 결과를 분석해보니 '경제민주화'가 젊은 유권자들에게 큰 영향을 미친 것으로 나타났다"고 답했다. "우리는 박근혜도 싫고 새누리당도 싫지만 경제민주화를 한다고 하니까 한 번 믿어보기로 하고 찍어 준 것"이라고 말하는 청년들이 많았다는 이야기였다. "경제민주화는 저보다 선생님이 더 상징적이지 않습니까"하고 박근혜가 말했다.

그럼 상징성을 위해 또 나를 활용하는 건가? 박근혜는 아니라고 했다. 그때는 총선을 앞두고 사람들을 챙기려다 보니 그렇게 되었지만 대통령이 되면 반드시 경제민주화를 실천할 테니 대통령 선거 때까지만 자신을 도와달라고 했다. 그렇게 이야기하는데 안 믿을 수가 없지 않은가. 게다가 상대 후보인 문재인은 대단히 유약해 보이고, 어차피 본선에 나가면 박근혜가 이길 것이 분명해 보였다. 오히려 그러하니 정책과 공약 파트를 내가 책임져서 방향을 바로잡는 것이 좋겠다 싶었다. 그런 다짐을 받고 선거 캠프에 참여하기로 했다.

다시 새누리당에 가보니 한심했다. 예전에 내가 공천에 탈락시키려 했던 사람들이 모두 당의 요직에 있었다. 그 사람들이 가장 적극적으로 경제민주화에 반대하는 발언을 했다. 그런데 그 사람들이 또 한결 같이 박근혜의 가장 가까운 심복들이었다. 뭔가 만만찮은 일들이 기다리고 있겠구나 하는 각오를 단단히 했다.

가자마자 일이 생겼다. 당시 원내대표가 이른바 미국식 신자유주의를 추종하는 인물이었는데, 그가 자꾸 경제민주화에 반대하는 발언을 공개적으로 하길래 나도 언론 인터뷰에서 그를 '재벌의 앞장이 같은 사람'이라고 표현한 것이 화근이 되었다. "경제민주화가 그렇게 싫으면 새누리당 정강 정책을 만들 때 의원총회에서 반대를 했어야지 그때는 만장일치로 통과시켜놓고 왜 이제 와서 딴소리냐. 그리고 어떻게 원내대표라는 사람이 당의 정강 정책에 반대할 수 있느냐." 내가 이렇게 목소리를 높이니 박근혜의 입장이 좀 난처했나 보다. 애써 나를 데려왔는데 첫걸음부터 삐걱거리니 불안했을 것이다. 나, 원내대표, 박근혜, 이렇게 세 명이 만난 자리에서 박근혜가 원내대표에게 주의를 줬다. 앞으로는 경제민주화에 반대하는 발언을 하지 말라고 말이다. 그때는 그랬다.

"박근혜가 어디서 로비를 받은 모양"

2012년 7월 10일 박근혜가 대통령 후보 출마 선언을 했다. 출마선언문을 써서 나에게 가져왔는데 전부 뜯어고쳤다. 경제민주화를 선언문의 주요 포인트로 내세웠다. 경제민주화를 꼭 이루겠다고 국민 앞에 선언하게 만들었다. 그 뒤로 당내 경선이야 볼 것도 없었다. 박근혜에게 대적할 후보가 없었다. 후보자 지명을 수락하는 연설에도 경제민주화를 전면에 내세웠다.

그렇게 해서 본선이 다가오는데 또다시 새누리당 내부에서 경제민주화에 대해 부정적으로 이야기하는 사람들이 늘어나기 시작했다. 이 사람들은 대체 왜 그러는 것일까? 흔히 사람들은 경제세력의 농간을 '설마'하면서 가볍게 생각하는 경향이 있다. 천만에, 그들은 굉장히 치밀하고 집요하게 움직인다. 막강한 정보력을 갖고 있는 재벌의 눈으로 봤을 때에도 박근혜 당선은 당연한 시나리오였고, 그래서 그들은 이미 그때부터 후보자 측에 자기 사람들을 심어놓고 방해요소를 제거해나가는 준비를 차근차근 진행하고 있었다. 우리나라 역대 대선에서 당선이 유력한 선거캠프 어디에나 일어나는 일이다. 우리나라는 대통령 선거캠프가 거의 그대로 청와대로 옮겨가듯 개편되기 때문에 그때부터 사전작업을 탄탄히 해놓는 것이다. 특히 그때는 여야 대선 후보 모두가 경제민주화를 강조하고 있었으니 경제세력은 더욱 촉각을 곤두세웠을 것이다.

내가 박근혜 캠프에 직접 결합했던 이유는 설마 그가 낙선할까봐 그랬던 것이 아니다. 당선은 그리 염려하지 않았다. 1~2% 차이든 어쨌든 승리는 확실하다고 보았다. 당시 여러 인터뷰나 토론회에서 그렇게 말했다. 박근혜가 도와달라고 간절히 부탁했을 뿐 아니라, 어차피 박근혜가 당선될 바에는 경제민주화를 되돌릴 수 없는 정책으로 만들어놓는 것이 중요하다고 생각했다. 그래서 선거캠프에서 행복추진위원장을 맡아 정책 공약 전반을 관장하게 되었다. 경제세력이 농간을 부릴 것이란 사실을 충분히 예상하고 있었고, 박근혜에게도 사전에 그렇게 주의를 줬다. 한시도 긴장을 풀지 말고 조심하라고 말이다.

그런데 역시 내가 그런 역할을 맡게 되니 경제민주화에 반대하는 목소리가 계속 흘러나왔다. 선거 전에는 잡음이 있었어도 일단 선거

캠프가 만들어지면 혼연일체가 되는데, 선거캠프 시기에 그렇게 경제민주화에 저항하는 움직임이 있다는 것은 보통 심각한 문제가 아니었다. 그대로 방치하면 당선된 후에는 더욱 심각해질 것이 분명했다. 차제에 단도리를 해둬야겠다는 생각이 들었다. 그래서 박근혜에게 '의원총회에서 경제민주화를 다시 의결하라'고 권했다. 일체의 잡음이 없도록 말이다.

박근혜가 그렇게 하겠다고 했는데 차일피일 미루면서 의원총회를 열지 않았다. 경고를 주는 의미로 제주도로 여행을 떠났다. 공항에 가기 전 일부러 박근혜를 찾아가 "갔다 오면 좀 달라져 있기를 기대합니다"하고 이야기했는데 돌아와 보니 역시 그대로였다. 그 뒤로 얼마간 박근혜에게서 전화가 와도 받지 않고 침묵으로 경고 메시지를 대신했다. 급기야 박근혜가 직접 찾아와 "이미 의결된 경제민주화를 의총에서 재의결한다는 것이 모양새가 그리 좋아 보이지 않고, 경제민주화를 분명히 하겠다는 것은 제가 다시 약속합니다"라고 말했다. 그래도 명색이 대통령 후보자인데 너무 기를 꺾듯 몰아세우는 것도 좋지 않은 일인 것 같아 그때는 내가 한발 물러섰다. 일단 그를 믿어보기로 했다. 경제민주화에 도전하는 세력이 앞으로는 더욱 많아질 것이니 처신을 분명하게 하라고, 그것만 재차 숙지시켰다.

약속대로 10월 30일까지 공약을 만들어 박근혜 쪽으로 넘겨줬다. 그리고는 "공약을 만들었으니 후보자를 만나서 공약 내용을 구체적으로 설명하겠다"라고 말했다. 그때부터 갑자기 태도가 바뀌었다. '서면'으로 설명하라는 것이다. 당시 경제민주화와 관련된 공약에는 순환출자, 다중대표소송, 집중투표 등에 대한 복잡한 사안들이 많았다. 서면으로 적어줘 봤자 이해하지도 못할 것이며, 후보토론회나 정견 발표 자리에서 자세하게 이야기를 하려면 꼭 설명을 들어야 했다. 그런데 필요가 생길 때마다 찾아와 도움을 요청하던 사람이 '이제는 만날 필요 없다'는 식으로 하루아침에 그렇게 태도가 돌변한 것이다. 나중에 박근혜가 대통령이 되고 나서, 대통령의 외부 접촉과 일정을 좌지우지해 온 이른바 '문고리 3인방'이 화제가 됐는데 이미 그때부터 그들이 그렇게 농간을 부렸던 것 같다. 후보자가 안 만나주겠다는데 어떡하겠나. 뭔가 단단히 잘못되고 있다는 생각이 들었지만 일단 공약은 그대로 건네주었다.

며칠 후 눈에 띄는 사건이 하나 일어났다. 박근혜가 경제민주화 핵심정책 가운데 하나를 "하지 않겠다"고 선언해버린 것이다. 나랑 사전에 한마디 의논조차 없었다.

그 공약은 재벌의 순환출자에 대한 부분이었다. 알다시피 우리나라 재벌은 여러 계열사를 두고 그룹을 운영하고 있다. A회사가 B회사를 보증하고 B사가 C사, C사가 D사, D사가 E사를 보증하는 식으로 빙글빙글 돌아가며 보증을 서주고 있다. 그리하여 아주 작은 지분만으로 오너 일가가 거대 그룹 전부를 소유하는 구조를 만들어왔다. 이것을 그럴듯하게 '순환출자'라고 표현하는데, 그것을 해소하겠다는 공약이었다. 그런 순환출자를 앞으로 새로 생겨나는 것에 대해서만 금지할 것인지, 기존의 순환출자까지 단계적으로 해소하도록 할 것인지, 그에 대한 의견이 엇갈렸다. 나는 분명히 "기존 순환출자까지 해소하겠다"고 공약에 명시했다. 그것을 박근혜가 마음대로 "기존 출자는 인정하고 신규 출자만 금지하겠다"고 발표한 것이다. 이미 재벌이 구조화된 상황에서 신규출자만 금지하는 것이 대체 무슨 소용이 있는가. 정책의 핵심을 거세해버린 것이다.

그런데 내가 박근혜에게 그 공약에 대해 설명한 적이 없는데 박근혜가 어떻게 그것을 자기 버전으로 수정해서 발표한 것일까? 옆에서 누군가 어떤 이야기를 하지 않고서는 발생할 수 없는 일이다. 정책과 공약을 총책임지는 공식적인 사람 말고 또 다른 '비선'을 별도로 두고 있었다는 증거다.

방송 인터뷰를 하다가 기자가 그런 것에 대해 묻길래 "박근혜 후보가 어디선가 로비를 받은 모양"이라고 말했다. 박근혜가 그 말을 굉장히 불쾌하게 받아들였을 것이다. 나로서는 박근혜에 대한 최고 수준의 경고였다.

9인의 호위무사들

2012년 11월 11일이었다. 후보자 등록이 보름도 남지 않은 시기라 후보는 물론이고 캠프 전체가 눈코 뜰 새 없이 바쁠 때였다. 박근혜에게서 만나자고 연락이 왔다. 어느 호텔의 회의실에서 좀 보자고 딱딱한 목소리로 말했다.

나는 그때까지 박근혜를 여러 차례 만났지만 한 번도 배석자를 두고 만난 적이 없다. 늘 단독으로 만났다. 나는 그동안 대통령이 되겠다는 다른 여러 정치인들을 만날 때에도 거의 단독으로 만났다. 정치인이 자기 의견을 말하고 결정하는데 옆에서 누가 거들 필요가 뭐가 있겠나. (나중에 민주당 문재인 대표가 우리 집에 찾아올 때 꼭 배석자를 데리고 왔다. 주로 배석자가 이야기하고 본인은 거의 말을 하지 않았다. 상당히 특이한 정치인이라는 생각이 들었다.)

회의실에 먼저 도착하여 박근혜를 기다리고 있는데 깜짝 놀랐다. 당연히 박근혜 혼자 오려니 생각하고 있었는데 뒤에 여러 사람이 줄지어 쭉 따라 들어오는 것 아닌가. 당대표, 사무총장, 선거대책총괄본부장, 상황실장, 정책위원장, 경제자문……. 모두 아홉 명이었다. 선거를 앞두고 그토록 바쁜 시기에 핵심 보직에 있는 모든 참모를 끌어 모아 그렇게 데리고 오는 것만으로도 황당한 사건이었다. 테이블 한구석에 내가 앉고 박근혜를 포함해 10명이 나를 포위하는 듯한 모양새의 자리 배치가 곧장 만들어졌다. 거의 협박하는 분위기였다. 그러니까 '당신은 혼자고 우리는 여럿이다'라고 기세를 뽐내는 모양이랄까? 정치가 동네 건달들이 힘자랑하는 놀이터도 아닐진대 이건 대체 뭔가 하는 생각이 들었다. 어떻게 그렇게 무례한 발상을 할 수 있는 것인지……. 어처구니없었지만 내가 그런 일에 주눅들 사람도 아니었다. 정치 생활 몇 십 년 동안 산전수전 다 겪고 재벌들의 온갖 회유와 협박도 견뎌냈는데 이런 시위쯤이야 코웃음 칠 일이었다. (그때 박근혜와 함께 등장했던 그 사람들은 나중에 박근혜와 함께 구속되거나, 당에서 쫓겨나다시피 나가거나, 모두 좋지 않은 결말을 맞았다.)

박근혜를 호위하고 온 사람 가운데 한 명이 말했다. "우리 후보가 로비를 받았다고 말했는데, 그 증거를 대라." 나는 앞에 독자들에게 설명한 그대로 말했다. "내가 공약을 최종적으로 책임지면서 준비했는데 어떻게 나와 사전에 한마디 의논도 없이 핵심적인 공약 가운데 하나를 안 한다고 말할 수가 있느냐. 게다가 나는 그 공약에 대해 후보자에게 아직 설명을 하지도 않았다. 누군가 후보자에게 영향력을 행사한 것이 아니라면 어떻게 이런 일이 일어날 수 있느냐. 그 사람이 대체 누구냐?" 그리고 박근혜에게 말했다. "나는 당신이 대통령이 된다고한들 그 밑에서 자리를 얻을 생각이 없고, 그러려고 이런 일을 시작하지 않았다. 몇 차례 누누이 말하지 않았는가. 그래서 앞에 나서지 않고 뒤에서 돕겠다고 했던 것을 당신이 끌고 와서 자리에 앉혀 놓았는데 나를 이렇게 꼭두각시 취급할 거면 내가 그 자리에 있을 이유가 무엇인가. 나는 현직 대통령을 모실 때도 소신을 굽히면서 안 되는 걸 된다고 말한 적이 없고, 되는 걸 안 된다고 고집을 부린 적도 없다. 당신이 내가 싫다면, 나는 내 길을 가면 그만이다."

그 뒤로 박근혜가 10분쯤 이야기를 했는데 그가 그렇게 흥분하여 말하는 모습은 그때 처음 보았다. 뭐라고 중얼거리면서 혼잣말처럼 계속 이야기하는데 무슨 말인지 하나도 알아들을 수 없었다. 마지막에 일어나 문을 확 열고 나가면서 "사람을 잘못 봤다면서요!" 하고 소리를 크게 질렀다. TV방송에서 앵커가 박근혜에 대해 묻기에 "내가 사람을 잘못 본 것 같다"고 말한 적이 있다. 그게 기분이 나빴던 것이다. 그렇게 해서 박근혜랑 다시는 만나지 않을 것처럼 헤어졌다. 나는 더 이상 새누리당에 나갈 일이 없어졌다.

25 하루아침에 등장한 뚱딴지 창조경제
| 18대 대선과 박근혜(2)

2012년 11월 25일은 대통령 후보 등록일이었다. 그날 박근혜에게 전화가 왔다. 앞으로 평생 전화가 오지 않을 것이라 생각하고 있었는데 의외였다. "박사님, 책 잘 받았습니다. 이 책을 다시 읽어보고 생각을 좀 바꿀 테니 앞으로 계속 도와주시지요"하는 말이었다. 그 며칠 전 나는 《경제민주화란 무엇인가》라는 제목의 책을 냈다. 비록 결별하긴 했지만 그동안 인연을 모른 척 할 수는 없어 박근혜에게도 책 한 권을 보냈다. 그 책을 잘 받았다고 전화가 온 것이다. "이제 본격적인 선거운동 기간이니 건강 잘 챙기면서 열심히 하십시오"라고 덕담을 전하고 전화를 끊었다. 물론 선거캠프에는 나가지 않았다. 제발 얼굴이라도 한번 비춰달라고 캠프 쪽에서 여러 사람이 부탁했지만 내가 그쪽에 얼굴을 내밀면 언론에 어떻게 활용될지는 뻔한 일이었다.

그즈음 내가 어느 신문과 인터뷰를 했는데 "박근혜는 경제민주화를 모르는 사람이다"라고 큼지막하게 제목을 붙인 인터뷰 기사가 톱 뉴스로 실렸다. 문재인 후보를 지지하는 성향이 강한 신문이다 보니 그랬을 것이다. 박근혜 캠프 쪽에서는 발칵 뒤집혔다. 나와 가까운 사람들을 통해 '생각이 바뀐 거냐' 문의하는 전화가 여러 차례 걸려 왔다. 내가 생각이 바뀐 것이 아니라 박근혜 후보가 생각이 바뀌어야 할 것이라고, 그렇게 전해달라고 이야기했다.

쓸쓸한 일도 생겼다. 문재인 후보가 직접 나를 찾아왔다. 오래 알고 지내던 분의 소개로 밤늦게 그가 우리 집 문을 두드렸다. 그런데 박근혜 후보와 완전히 결별하고 자신을 도와주는 것이 어떻겠냐고 제안하는 것 아닌가. 나는 그 말을 듣고 약간의 모욕감마저 느꼈다. 정치 도의상 있을 수 없는 일이다. 사람이 살다보면 서로 의견이 달라질 수도 있지만, 그렇다고 다른 시기도 아니고 한창 선거운동을 하는 기간에, 다른 곳도 아니고 상대 후보 진영으로 돌아선다는 것이 말이 되는가. 인간적으로 그럴 수 없는 일이다. 게다가 나는 상황이 어떻든 박근혜 후보가 최종적으로 이길 것이라는 확신을 갖고 있었다. 문재인 후보가 박근혜보다 나아 보이지도 않았다. 그동안 내가 지켜본 바에 의하면 문재인 후보는 주변이 좀 복잡한 사람이었다. 그를 에워싸고 있는 그룹이 어떤 사람들인지는 삼척동자도 아는 사실이다. 문재인이 대통령이 되면 결국 그 사람들이 실질적으로 권력을 휘두르면서 심각한 문제를 일으킬 것이 뻔했다. 문재인은 뚜렷한 정치적 비전이나 소신이 없어 보이고, 여러모로 나라를 이끌만한 준비가 되어있지 않은 사람으로 보였다. 그의 제안은 당연히 거절했다.

토사구팽이 아니라 토사종팽

18대 대선의 가장 큰 이슈는 역시 경제민주화였다. 그동안 우리나라 선거에 여당과 야당이 서로 구호를 차별화하면서 이슈를 선도하려 노력하는 경우는 많았지만 모두가 똑같은 구호를 앞세우면서 그것을 자기 것으로 끌어오기 위해 애를 쓰는 선거는 아마 그때가 유일했을 것이다. 모두가 "내가 바로 경제민주화의 적임자"라고 국민에게 인정을 받기 위해 노력했다. 국민의 요구와 시대정신이 분명한 선거였다. 그만큼 이전 정부에서 얻은 실망이 컸던 것이다. 김대중 정부에 대해서는 그 시기에 발생한 양극화에 실망하고, 그리하여 노무현 정부에 기대를 걸어봤다가 크게 실망하고, 다시 이명박에게 기대를 걸었다가 또 실망하고……. 그러는 과정에 국민의 염원은 양극화 해소, 공정한 경제, 포용적 성장으로 집약되어 있었다. 그런 모든 바람은 '경제민주화'라는 간결한 용어로 수렴되었다.

대선 후보 1차 토론이 끝나고 2차 토론회 직전 서울 광화문 광장에서 주말 유세가 열렸다. 아침에 전화가 왔다. 박근혜 후보랑 합동 유세를 해달라는 부탁이었다. 못한다고 잘라 거절했더니 '마음을 돌려서 박근혜 후보를 적극적으로 지원해주면 안되겠느냐'고 나를 설득하려는 전화가 여기저기서 걸려왔다. 사람들의 전언인즉 '문재인 후보가 박근혜 후보를 쫓아오는 기세가 만만치 않다'는 것이다. 선거운동을 직접 경험해본 사람들은 공감하겠지만 선거운동 시기에는 1%의 가능성이라도 기대고 싶고, 단 1%의 노력이라도 소홀히 하고 싶지 않은 법이다. 나는 근소한 차이라도 박근혜가 이길 것이라고 예상하고 있었지만 만약 1% 차이로 떨어진다면……. 비상대책위를 만들어 총선에서 이길 수 있도록 돕고, 대통령 후보가 되는 모든 과정을 도운 것은 물론 공약까지 만들어준 사람으로서 안타까운 일이 아닐 수 없다. 그런 생각을 하고 있던 차에 박근혜 최측근 보좌관 가운데 한 명에게서 전화가 왔다. 직접 선거운동에 참여하는 것이 내키지 않으면 기자회견 형식으로라도 지지 의사를 표명해달라는 것이다. 상황이 그렇게까지 되었는데 마냥 제3자로 남는 것도 책임감 있는 태도는 아니다. 그래서 기자회견을 열었다.

　요즘은 인터넷을 통해 모든 것을 확인할 수 있으니 약간만 검색해보면 당시 기자회견의 상세한 내용 역시 찾을 수 있을 것이다. 앞에서 독자들에게 회고했던 것과 똑같은 내용으로 말했다. "경제민주화와 관련해 그동안 여러 잡음도 많았지만 지난 비대위 때 새누리당이 정강 정책으로 경제민주화를 채택했고 박근혜 후보가 출마 선언과 수락 연설에서도 이것을 반드시 실현하겠다고 약속했다. 정강 정책을 채택하는 과정에 박 후보가 결심하지 않았으면 경제민주화는 이번 대선을 앞두고 활발하게 논의되지도 못했을 것이다. 한나라의 대통령 되시는 분이 국민에게 약속한 사항을 그렇게 쉽게 저버릴 것이라고 생각하지는 않는다." 사실을 있는 그대로 전달하는 위주의 기자회견이었다. 박근혜와 의견 대립에 대해서는 "후보가 할 수 있는 범위 내에서 한다면 그 뜻에 따를 수밖에 없다"고 말했다. 이것도 사실이 그렇지 않은가. 이미 대통령 후보가 된 사람이 죽어도 하기 싫다는 일을 참모로서 팔을 비틀어 꺾듯 기어이 하도록 만들 수는 없는 일이다. 일단은 ㄱ의 판단에 맡겨놓는 수밖에.

당시 내가 박근혜에게 배신을 당한 것을 토사구팽兎死狗烹 고사성어에 빗대 '토사종팽'이라고 표현하는 사람들이 많았다. 그에 대해서도 기자들이 묻기에 "흔히 밖에서 '김종인이 팽당했다'고 이야기하는데, 이상만 갖고 정책을 수행한다는 것은 불가능하다. 늘 하는 이야기지만 정책 하는 사람이 도그마에 사로잡혀 그게 아니면 안 된다는 식의 생각을 하면 안 된다"라고 대답했다. "박근혜 후보가 미진한 부분은 당선된 후에 재조정할 수 있는 것이고, 가장 중요한 것은 후보의 실천 의지"라고 말했다. '후보의 실천 의지가 중요하다'는 말은 어쩌면 좀 원론적인 수준의 표현이지만, 당시로서는 내가 할 수 있는 최선의 지지 표명이었다.

이렇게 기자회견을 한 다음 날 대선 후보 2차 토론회가 열렸다. 역시 경제민주화가 화두였다. 문재인이 박근혜에게 "당신이 과연 경제민주화를 잘 할 수 있겠느냐" 공격하니까 박근혜가 "김종인 박사님도 내가 경제민주화를 제일 잘할 수 있을 거라고 말씀하시지 않았습니까"라고 답변하는 것으로 토론이 정리되어 버렸다. 그렇게 말하는 것이 가장 간단명료했을 것이다.

투표장으로 몰려간 노인들

그리하여 나는 박근혜 후보를 지지하는 입장으로 18대 대통령 선

350

거일을 기다리고 있었다. 직접 선거운동을 하지는 않아도 일종의 비판적 지지랄까, 외부에서 그런 입장을 견지하고 있었다. 그런데 선거 막판에 보니 문재인 후보가 추격하는 속도가 맹렬하다는 것을 느낄 수 있었다. 간단히 승부를 예측할 수 없을 정도였다. 공약을 책임졌던 사람으로서, 가만히 있을 수 없는 상황이었다. 선거캠프 쪽에 이야기해서 '65세 이상 노인에게 월 20만 원 기초연금을 지급한다'는 공약을 속히 발표하도록 했다. 원래 그 공약은 일종의 담보용이랄까, 당선을 확실하게 만들기 위해 마지막 순간에 꺼내놓을 공약으로 보류해두었던 것인데, 그 공약을 전면에 내세우라고 지시했다.

선거의 기본은 확고한 지지층이 투표장에 가도록 만드는 일이다. 일단은 그것이 우선이다. 박근혜 고정 지지층은 역시 60세 이상 노령층이었다. 그들이 박근혜를 지지했던 이유는 문재인과 민주당에 대한 반감과 함께 박정희 정부 시절 이룩한 산업화에 대한 향수 때문이었다. 그들은 박근혜를 지지함으로써 자신들의 세대가 결코 실패한 세대가 아니라는 사실을 후대들에게 증명해보이고 싶었던 것이다. 지금 우리나라의 번영을 이룩하는데 가장 애를 많이 쓰고 공헌한 세대가 바로 그들인데, 과거에는 연금제도가 충분하지 않았으니 그들 세대의 노후에 대한 사회적 지원은 다른 세대에 비할 바 없이 열악한 수준이었다. 그런 세대에게 기초연금을 지급하는 일은 국민복지나 사회통합, 안정의 차원에서 반드시 필요한 정책인데 "재원 조달은 어떻게 할 거냐"는 반대에 부딪혀 주요 공약으로 채택하지 못했던 것이다.

뒤에 다시 이야기하겠지만, 2016년 내가 민주당 비상대책위 대표로 총선을 치를 때에도 소득하위 70%에 해당하는 노인들에게 월 30만 원을 균등 지급하는 내용을 공약으로 채택했다. 그때도 '재원조달'을 이야기하는 사람들이 많았다. 정치인이 의지가 있고 그 일이 꼭 필요하다 싶으면 낭비되는 다른 재원을 줄여서 얼마든지 실현할 수 있는 방법이 많은데 그럴 때마다(어떤 당이든) 이렇게 재원을 앞세워 반대하는 사람들이 있었다. 사실은 의지 자체가 부족한 것이다.

원래 고령자들은 투표에 잘 참여하지 않는다. 살아갈 날이 얼마 남지 않았는데 투표는 해서 뭐하나, 하는 생각을 하면서 후대들의 투표행위를 그저 지켜보는 경향이 많다. 하지만 박근혜라는 아이콘의 등장, 그리고 노인의 생계와 직접 연결되는 기초연금 공약이 등장하니 진풍경이 벌어졌다. 2012년 12월 19일 대통령 선거는 오후가 되자 노인들이 줄지어 투표소로 달려가는 모습이 크게 화제가 됐다. 오전에는 노인들의 투표율이 그리 높지 않다가 투표 마감 무렵이 되자 모두 약속이나 한 것처럼 투표장으로 향했다. 오전에 노인들이 투표를 많이 하면 젊은층을 자극할까봐 그런 방식으로 전략적 투표행위를 했다는 분석까지 나올 정도였다.

선거 결과 박근혜는 대한민국 역사상 최초의 여성 대통령, 아버지에 이어 대통령직을 수행하는 최초의 부녀父女 대통령, 그리고 6공화국 헌법이 생기고 최초로 과반 이상을 획득한 대통령으로 당선되었다. 그때만 해도 나는 물론이고 국민 누구도 박근혜의 마지막이 그렇게 처참하게 될 것이라고는 상상조차 하지 못했다.

뚱딴지같은 창조경제

반세기 넘도록 선거를 지켜보고 선거를 치러본 경험에 따르면, 우리나라 야당은 주로 후보자를 엮거나 영입하는 게임이나 쇼^{show}와 같은 과정을 통해 선거를 치르려고 동분서주한다. 애초에 정면 승부하려 들지 않고 얕은 '수'에 의존하려 한다. 선거에 임한 정당에게 무엇보다 중요한 것은 유권자들의 마음을 얻는 일이다. 그러려면 유권자들이 무엇을 원하는지 정확하게 '읽는' 일이 우선이다. 유권자들의 요구와 정서를 가장 잘 포착하고 선명하게 대안을 제시한 정당은 짧은 시간이 주어졌더라도 금세 국민의 지지를 얻을 수 있다. 1985년 신민당이 그랬고, 2012년 새누리당이 그랬으며, 2016년 민주당도 그랬다. 선거 직전에 생겨났거나 선거 직전까지만 하여도 지리멸렬했던 정당이 시대정신을 잘 포착하여 승부를 단번에 뒤집은 것이다.

민주당은 2002년 대통령 선거에서 노무현-정몽준 단일화로 극적인 효과를 보았던 추억에 아직도 젖어 자꾸 단일화 같은 것에만 욕심을 낸다. 자기 정당 스스로 표를 얻을 자신이 없으니 기계적인 합산에만 골몰하는 선거 기술자들과 같은 모습을 보이는 것이다. 그런데 정치는 1+1=2가 아니다. 1+1이 3이 되고 4가 되기도 하지만 1+1이 그냥 1이 되어버리는 영역도 정치다. 2012년 대선도 그랬다. 문재인 측에서는 안철수 후보를 끌어들이면 시너지 효과 같은 것이 발생할 것이라 기대했는데, 애초에 시대정신이 무엇인지를 보여주지 못했으니 국민들에게는 정치꾼들의 이합집산 정도로밖에 보이지 않았다. 감동도 비전도 없는 야합이었다. 자신감이 없으니 그저 표를 매집하려는 뻔한 속셈이 보이는데, 국민이 그런 세력에게 표를 줄 정도로 우둔하지 않다.

여하튼 그렇게 해서 박근혜가 당선됐다. 그런데 인수위원회가 꾸려지는 과정을 보고 '이 정부도 실패하겠구나' 하고 한숨을 내쉴 수밖에 없었다. 인수위원장으로 헌법재판소 소장을 하던 분을 모셔왔다. 물론 개인적으로 존경하고 사회적으로도 덕망이 높은 분이지만 박근혜가 무슨 공약을 했는지조차 모르는 분이다. 그런 분을 인수위원장으로 모셨으니, 그간 선거를 준비하고 선거운동을 진행하는 과정에서 국민의 바람이 무엇이었는지, 그런 것들을 완전히 무시하고 새 출발을 하겠다는 말이나 다름없지 않은가. 선거 결과에 대한 배신이고 국민에 대한 배신이다. 역시나 인수위에서 5대 국정목표를 발표했는데 경제민주화라는 용어 자체가 흔적도 없이 사라졌다. 그리고 공약에서는 찾아볼 수 없던 이상한 용어들이 등장하기 시작했다. 선거가 끝나고 며칠도 지나지 않아 벌어진 일이다. 그러니까 박근혜에게 경제민주화는 그저 당선을 위한 구호, 순간을 모면하기 위한 장식용 외피에 불과했다는 말이다. 이게 비단 박근혜에게만 해당하는 말일까?

박근혜 정부에서 경제 분야 국정목표로 설정한 용어는 '창조경제'였다. 경제민주화를 없애버리고, 그럴싸한 다른 용어를 찾다가 뚱딴지같이 그런 이상한 용어를 만들어낸 것이다. 그 시국에 '창조'가 왜 나오는지, 억장이 무너지는 기분이었다. 경제학자 조지프 슘페터

354

Joseph Alois Schumpeter, 1883~1950가 1920년대 경제발전론에서 "기업의 창조와 혁신을 통해 자본주의가 발전해 왔다"고 이야기한 바 있다. 여기서 창조라는 것은 기업이 살아남기 위해 자기 스스로 선택하는 지향점인데 그것이 어떻게 국정목표가 될 수 있는가. 창조경제……. 이름부터 무언가 이상한 냄새가 풍겼다. 박근혜가 출발부터 실패한 대통령이 될 수밖에 없었던 이유다.

국정원 뺨치는 정보력

반복하건대, 대다수 국민들도 그렇지만 나 역시, 박근혜가 나중에 탄핵까지 당하리라고는 그때는 상상조차 하지 못했다. 박근혜 탄핵은 박근혜 개인에 대한 분노이기도 하지만 그동안 믿었던 대통령들에게 번번이 배신을 당해왔던 역사에 대한 탄핵이기도 하다. 속고 또 속은 국민의 배신감이 기어이 폭발한 것이다. 더 이상 속지 않겠다는, 정직하지 못한 대통령은 임기를 채울 필요조차 없다는, 준엄한 심판의 목소리였던 것이다.

박근혜 탄핵은 뿌리 깊은 정경유착의 고리에 대한 탄핵이기도 하다. 박근혜 대통령이 탄핵을 당한 이유는 여럿이지만 그중 결정적인 요인 가운데 하나는 삼성 재벌과의 결탁이다. 삼성이 이건희에서 이재용으로 후계자를 물려주는 과정에 정부와 모종의 결탁이 필요하게 되자 대통령을 움직일 수 있는 최측근을 찾아내 로비를 시도한 것이다. 당시에 언론은 그 사건을 흔히 '최순실 게이트'라고 불렀지만 나는 '삼성 게이트'라고 불러야 본질을 정확히 표현했다고 본다.

많은 국민들이 그 사건을 알고 분노했다. 그러나, 앞에서도 한번 언급했지만, 내가 정작 놀란 것은 삼성이 대통령에게 로비를 시도했다는 사실이 아니라 "대통령의 최측근 '최순실'이라는 여인을 삼성이 과연 어떻게 찾아냈을까?" 하는 부분이다.

박근혜 탄핵 사건이 시작되기 전까지 최순실이라는 이름은 언론에 거의 등장하지 않았다. 나도 적지 않은 시간동안 박근혜를 바로 옆에서 도왔지만 그의 존재를 알지 못했다. 박근혜가 대통령에 당선되고 나서 박근혜의 오랜 보좌관이었던 정윤회라는 인물이 상당 기간 언론의 주목을 받았는데, 그가 이른바 '십상시'를 거느리고 박근혜 정부를 쥐락펴락한다는 의혹이었다. 모든 언론이 오로지 정윤회에게만 촉각을 곤두세웠다. 정윤회가 박근혜 정부의 비선실세라고 착각했다. 그런 시기에도 삼성은 진정한 비선실세가 누구인지 분명히 알고 있었고, '원포인트 뇌물'을 최순실에게 갖다 주었다. 최순실의 허영심이 어느 정도인지, 무엇을 좋아하는지, 딸에 대한 애착이 어느 정도인지, 딸이 무슨 일을 하는지, 아주 정확히 파악하고 그것에 딱 맞춰서 로비를 전개한 것이다. 스포츠재단을 설립하는데 돈을 내고 비싼 승마용 말을 선물하는 등 오랜 경험을 통해 나름대로 노련한 로비 방법을 총동원했다. 삼성의 정보력과 로비 능력이 과연 이 정도다. 우리나라가 괜히 '삼성공화국'이라고 불리겠나. 어떤 언론도, 다른 어떤 재벌도, 세상 어떤 정보기관과 정치세력도 알지 못하던 것을 삼성은 제대로 파악하고 있었다. 그러니 서민정부, 참여

정부를 지향했던 노무현 정부도 종국에는 삼성경제연구소에서 생산하는 자료에나 의존하며 정책을 만들었던 것이다.

사람들은 흔히 재벌을 '돈'으로 사업하는 사람들이라고 알고 있지만, 재벌은 '정보는 곧 돈'이라는 사실을 아주 잘 알고 움직이는 사람들이다. 엄청난 비용을 들여 정보를 구축하고 사들인다. 정보기관의 수장을 직접 매수하기도 하고, 정보기관 퇴직자들을 채용하기도 하며, 별도의 정보수집 부서까지 두고 있다. 내가 청와대 경제수석을 하던 때에 정보기관이 나에 대한 뒷조사를 하다가 걸린 적이 몇 번 있다. 약점을 캐거나 회유 할 방법을 찾느라 그랬을 것인데, 그런 약점을 찾아 과연 누구에게 주려고 그랬던 것일까? 대체 누구의 사주를 받고 그랬을까? 오죽했으면 노태우 대통령이 "이놈들이 하지 말라는 짓을 자꾸 하네" 하면서 겸연쩍게 웃기도 했다. 우리나라 재벌의 행태가 이렇다. 박근혜는 그런 마수에 그대로 걸려들었다가, 그것이 발각되면서 국민에게 탄핵당한 것이다.

앞에서 '전자 산업만으로 욕심이 차지 않아 자동차 분야까지 진출하려던 기업'을 여러 차례 이야기한 바 있다. 독자들이 익히 눈치를 챘겠지만 그 기업이 바로 삼성이다. 어떻게든 자동차 산업에 진출해보려고 온갖 회유와 협박을 거듭하던 삼성은 25년 후에는 어떻게든 2세에게 기업을 공짜로 넘겨주려고 꼼수를 부리다 대통령이 탄핵되게 만들고 그들의 2세도 감옥에 가는 곤욕을 치렀다. 지독한 탐욕의 결과다.

그렇다면 그 뒤로 삼성은 달라졌을까? 나는 전혀 그렇지 않다고 생각한다. 절대 달라질 리 없다. 그들은 아직도 대한민국이라는 나라가 완전히 자기들 손바닥 안에 있다고 생각하며 살아가고 있을 것이다. 그런 사건을 겪으면서 오히려 '권력이란 것도 별 것 없네'하고 시시하게 여기게 되었을 것이다. 전임 대통령이 탄핵된 후에 당선된 후임 대통령 문재인마저 경제가 어렵다는 소리가 여기저기서 들리자 곧장 삼성에 허겁지겁 달려가 "우리 삼성에 감사한다"는 말씀이나 하고 있으니 말이다. 그날 청와대는 "대통령이 삼성을 '격려'해줬다"고 표현했지만 삼성은 결코 그렇게 받아들이지 않았을 것이다. 대통령과 악수하고 포옹한 그날 밤 그들은 어떤 표정으로 웃었을까?

26 망한다던 정당을 제1당으로
|20대 총선과 민주당 (1)

나도 참 기구한 인생을 살아왔구나, 가끔 이런 생각을 한다.

독립운동가이자 대법원장을 지낸 할아버지의 영향으로 어렸을 때부터 정치 현장을 바로 옆에서 지켜보며 자랐다. 출생은 자기 의지에 따른 선택이 아니니 이것은 어쩔 수 없는 일이다. 스무 살이 갓 지났을 무렵 할아버지가 통합야당을 만드는 일을 옆에서 도우며 정치의 더욱 깊은 내면을 적나라하게 들여다보았다. 나라를 운영하는 원리도 그때 나름대로 가늠할 수 있었다. 유학지로 선택한 국가가 독일이었고 거기서 보고 배웠던 것들이 한국에 돌아와 모두 인연의 고리처럼 연결되었다. 근로자 재형저축, 사회의료보험, 부가가치세 도입 과정 등에 참여했던 것은 신군부에 불려가는 계기가 되었다. 이어 청와대에서 대통령을 도와 경제 정책을 총괄하는 책임을 맡게 되었고, 그때 또 우연찮게 북방정책이 한창이라 한소수교와 한중수교 등 외교에도 일정 부분 관여하게 되었다. 대통령과 정치적 문제까지 의논하는 핵심 참모 역할을 했다. 그러다 옥살이를 하기도 했다. 민주당(새천년민주당)이 정책 정당을 표방하며 변화를 꾀할 때 비례대표로 영입되었고, 그 뒤로 정계를 은퇴하려 했지만 박근혜의 부탁을 받고 한나라당에 들어가 정강 정책을 바꾸고 새로운 정당을 만들려 시도했다. 박근혜가 대통령이 될 수 있도록 돕는 과정에 사이가 멀어졌는데, 또 문재인의 부탁을 받고 민주당(더불어민주당)에 들어가 다 쓰러져가는 정당을 일으켜 세우고 총선을 승리로 이끌었다. 재기한 민주당은 박근혜를 탄핵하는 주요 동인動因이 되었다. 어쩌면 내가 당선시킨 사람을 내가 탄핵시킨 꼴이다. 그러한 책임의 연장선에서, 기존의 여당도 야당도 아닌 제3지대를 만들어보겠다고 스스로 대통령 후보 출마까지 선언하기도 했지만 이루지 못한 정치 실험으로 끝났다.

보수정당 영속 집권론

박근혜를 끝으로, 정말 '정치는 이제 그만'이라는 생각으로 한가롭게 살아가고 있었는데 느닷없이 민주당 비상대책위 대표를 맡게 되었다. 그때의 상황을 소개하자면 이렇다.

당시 민주당은 완전히 쓰러져가는 정당이었다. 18대 대선에서 민주당은 패했다. 야권의 다른 유력한 후보였던 안철수 씨가 문재인 후보에게 양보를 해줬는데도 패했다. 선거의 책임을 놓고 민주당 내부에서 옥신각신 싸움이 계속됐고, 다른 정당과 합치면서 당의 명칭이 바뀌고, 비상대책위를 만들었다가 더욱 혼란에 빠지고, 문재인이 대표가 되자 비주류 의원들이 대거 탈당하여 새로운 정당을 만드는 등 자중지란의 연속이었다. 당에서 이탈한 현역 의원들은 주로 호남 지역에 기반을 둔 의원들이었다. 그동안 민주당의 전통적인 텃밭은 호남이었는데, 호남이 떨어져 나가니 노른자 없는 계란 모양이 되었다. 호남에서 민주당 지지율이 8%로 나타나는 여론조사 결과마저 있을 정도였다. 그만큼 호남 민심은 매서웠다. 민주당이 호남에 해준 것이 도대체 무엇이 있느냐 하는 호남 사람들의 원성이 하늘을 찌를 때였다. 노무현 정부 때 기존의 민주당을 깨고 열린우리당을 만들더니, 그 뒤로 10년 동안 정권을 잃어버리며 이합집산을 거듭하고 있는 지리멸렬함에 대한 반감도 컸다. 도무지 민주당으로는 승산이 없다는 회의감이 지배적이었다.

2016년 4월 13일에 총선이 예정되어 있었다. 총선을 고작 3개월 앞둔 시점에 민주당의 상황이 이랬다. 그때쯤이면 총선을 준비하는 체제로 당을 개편하고 후보자 공천도 시작해야 할 텐데 지독한 무기력증과 내부 분열에 빠져 아무 일도 하지 못하고 있었다. 놀이터에서 놀고 있는 어린이들에게 다가오는 총선 판세를 묻는다 하여도 새누리당이 압승할 것이라고 입을 모을 그런 상황이었다.

정치권에서는 '보수정당 영속永續 집권론'까지 등장했다. 우리나라는 보수 성향을 가진 국민이 많기 때문에 결국 새누리당이 일본의 자민당 같은 역할을 하게 되지 않겠느냐 하는 예상이었다. 일본은 총리가 여러 번 바뀌어도 집권 여당은 언제나 자민당이다. 자민당 내부에서 계파 간 경쟁만 있을 뿐이다. 새누리당도 그런 방식으로 장기간 정권을 이어나가게 될 것이라 내다보는 사람들이 있었다. 지금 돌아보면 황당한 생각이지만, 당시에는 분위기가 워낙 그렇다 보니 정치에 상당히 조예가 있다는 사람까지 그런 견해에 고개를 끄덕였다.

나는 그런 논리를 받아들이지 않는다. 한국의 유권자는 일본과 성격이 많이 다르다. 일본은 기본적으로 순응하는 국민들이다. 급격한 변화를 싫어한다. 반면 우리는 도전하는 국민들이다. 국민의 요구에 정치가 부응하지 않으면 주먹을 쥐고 길거리에 나가서라도 정치를 바꾸고 다듬어왔다. 한편 일본의 자민련은 외형은 보수당이지만 모든 색채의 사람들을 다 포괄하는 정당이다. 과거의 좌파, 우파, 중도가 모두 자민련이라는 울타리 안에 있다. 일본이라는 국가 자체가 이념적 색채가 짙지 않기 때문에 자민당을 기본으로 하되 정책의 유연성을 발휘해 왔다. 그에 반해 우리나라 보수정당은 이념적 편향성이 강해 다양한 정치세력을 포괄하기 쉽지 않다. 설령 새로운 범보수정당이 생긴다 해도 국민들이 장기 집권을 허용할 리 없다. 민자당이 '보수대연합'을 표방하며 그렇게 만들어졌다가 다시 분열해 한나라당을 거쳐 새누리당까지 오지 않았는가.

당시 박근혜 정부는 임기 반환점을 지나 곧 집권 4년차에 접어들고 있었다. 그동안 치적으로 보면 새누리당은 결코 총선에 승리하기 어려웠다. 야당이 정상적인 상태라면 말이다. 그러나 야당이 워낙 약골에 사분오열이다 보니 새누리당의 압승을 넘어 '보수정당 영속 집권'이라는 무례한 예견까지 거침없이 등장하는 그런 막장과도 같은 상황이었다. 그러한 때에 내가 굳이 민주당 비상대책위를 맡겠다는 것에 대해 주위에서 걱정을 많이 했다. 인생 말년에 집에서 책 읽고 글이나 쓰면서 자라나는 손주 바라보며 평온하게 살 것이지 왜 굳이 거친 가시밭길을 다시 가려 하느냐고 걱정하는 지인들의 목소리가 줄을 이었다. "지금 민주당에 들어가면 민주당이 공멸하면서 당신의 이력도 함께 망가지게 될 것"이라고 조언하는 지인마저 있었다. 누구도 내가 민주당에 들어가 그 정당을 다시 일으켜 세울 수 있을 것이라 예상하지 않았다.

내가 민주당에 막 들어갔을 때 기자들에게 이런 질문을 가장 많이 들었다. "다가오는 총선에서 몇 석이나 얻을 수 있을 것 같습니까?" 그것은 선거에 대한 내 책임의 선을 밝히라는 질문이기도 했다. 그럴 때 정치인들은 대체로 예상치를 낮게 잡는다. 자기 책임을 면하려고 말이다. 나는 "106석을 달성하지 못하면 책임을 지겠다"라고 말했다. 그 말에 모두 노골적으로 비웃었다. 당시 민주당 의석수가 106석이었다. 그중 비례대표가 23석으로, 지역구는 90석이 되지 않았다. 게다가 호남 알짜배기까지 다 빠져나간 상황에서 106석이라니, 사람들이 비웃는 것이 어쩌면 당연했다. 이른바 종편(종합편성채널)이라고 불리는 TV방송에 등장하는 패널들이 하나같이 내 목표를 조롱하며 "80석도 힘들 것"이라고 말했다. 어떤 정치전문가는 "60석이 안 될 수 있다"고 예측했다. 지극히 희망 섞인 기대를 하는 사람조차 100석을 바라봤다.

나는 그렇게 판단하지 않았다. 호남에 가보니 호남은 역시 희망이 없었다. 호남 민심은 안철수가 만든 국민의당에 완전히 쏠려 있다는 사실을 분명히 확인할 수 있었다. 호남에서 민주당이 한두 석이나 건질 수 있을까 의문이 들 정도였다. 그렇다면 호남은 애초에 포기하자. 대신 수도권에 집중하자. 그것이 내 생각이었다. 수도권을 모두 합치면 의석수가 122석 정도 된다. 거기서 주도권을 쥐고 승리를 쟁취하자고 말이다. 물론 이런 내 구상에 대해서도 모두 비웃었다.

수도권에 모든 선거운동 역량을 집중하도록 했다. 선거운동을 하면서도 누구든 사람을 인격적으로 비난한다든지 하는 말은 자제하고 온전히 경제문제에만 집중하도록 했다. 그때 총선에서 주로 강조한 것은 '포용적 성장'이었다. 그것을 총선 구호로 선택했다. 경제민주화를 하지 않으면 포용적 성장을 할 수 없다. 그래서 "포용적 성장을 전면에 내걸고 경제민주화를 실천하겠다"라고 말했다. "이번 선거에서 국민 여러분이 민주당을 선택해주시면, 경제민주화는 국회에서 법을 만들어 제도로써 확립해야 하니까, 먼저 국회에서 그렇게 제도를 확립하고, 이어지는 대선에서도 승리하면 포용적 성장의 길을 갈 수 있습니다." 이렇게 지지를 호소했다.

결과는? 민주당이 123석을 얻었다. 새누리당은 122석. 민주당이 자그마치 제1당이 되었다. 아무도 예상하지 못한 결과였다.

새누리당이 총선에 이겼더라면

웃지 못할 일도 있었다. 선거 전날 당에서 다급하게 연락이 왔다. 큰일 났다고 말이다. 선거일에는 보통 여야 정당 대표가 투표하는 광경을 차례대로 방송에서 보여준다. (당 대표 부부가 함께 투표하는 모습으로 연출되곤 한다.) 그런데 나는 이미 사전투표를 해버렸기 때문에 총선 당일에는 투표를 할 수 없었다. "방송을 안 찍으면 안 되냐"고 물으니까 다른 당과 균형을 맞추기 위해 뭐라도 하나 찍어야 한다는 것이다. 그렇다고 가짜로 투표를 할 수도 없는 노릇이고, 약간 난감한 상황이었다.

그래서 투표소 대신 할아버지 산소에 갔다. 선거 날 아침 할아버지 산소 앞에서 인사를 드리는 모습으로 투표 장면을 대체하기로 했다. 그런 광경이 화면을 타고 전국에 방영됐다. 종편에 출연하는 정치전문가라는 분들이 이런 해석을 내놓았다. "김종인이 중대 결심을 하려는 것 같다." 이번 선거에서 질 것이 뻔하니까 중대 결심을 하려고 조부 묘소 앞에서 먼저 결의를 다지는 것이라고 말이다. '꿈보다 해몽'이란 이럴 때 쓰는 말일까?

선거가 종료되는 오후 6시에 맞춰 당사에 나갔다. 선거 실무자들이 나를 보더니 흠칫 놀라는 표정이었다. "선거 상황실에 가시겠느냐"고 물었다. 당연히 가야지 왜 그러느냐고 말했더니 이 사람들은 '질 것이 뻔한데 뭐 하러 가느냐'는 눈빛이었다. "지면 진대로 패배를 선언해야지"하면서 상황실로 갔다. 6시가 되자마자 출구조사 결과가 발표됐다. 민주당이 제1당으로 나왔다. 환호성이 쏟아졌다. 다들 꿈인가 하면서 입을 다물지 못했다. 제1당이 다 무엇인가. 석 달 전만 하여도 '60석도 건지지 못할 것'이라는 정당이었다. 당이 무너지니 마니 하는 그런 정당이었다. 10년 동안 선거에서 제대로 승리 한번 못하다가 처음으로 깔끔한 승리를 거두니 자신들도 실감이 나지 않는 모양이었다.

선거 막바지에 이런 일도 있었다. 예전에 민주당 대표를 지낸 적 있는 정치인 S씨가 수도권에서 지원 유세를 해주겠다고 한다고 당 실무자들이 내게 전했다. "지원을 하겠다고 하면 그러면 되는 것이지 왜 그것을 나에게 묻느냐"고 물으니 "공식적으로 '지원 요청'을 하는 것이 좋겠다"는 것이다. 무슨 말인지 속뜻이 금세 이해됐다. 나는 정치를 오래 하면서도 정치인들의 이런 모습이 가장 싫다. 자기가 의지가 있으면 하면 되는 것이지 왜 굳이 거기에 폼을 잡으려고 하는 것일까? 거창한 형식을 갖추려고 한다. 그러니까 S씨는 자기 스스로 지원 유세를 자청하는 것보다 당에서 자꾸 요청하니 '구원자처럼' 나서서 유세에 참여하는 모양새를 갖추고 싶었던 것이다. 선거운동을 이끄는 입장에서 1%의 가능성이라도 붙잡아야 하니 그에게 전화를 했다. "지원해주십시오"하고 말이다. 그 사실을 기자들에게도 전했다.

그런데 이튿날이 되어도 S씨가 지원 유세에 참여하지 않았다. 전화를 해서 "왜 나오시지 않느냐"고 물으니 "여러모로 생각해봤는데 그냥 참여하지 않는 것이 좋겠다"고 말한다. "그럼 편안히 잘 쉬십시오" 하고 전화를 끊었다. 하루 사이 무슨 일이 있었기에 그럴까 하고 알아보니 S씨가 당의 주요 인물에게 선거 판세를 물어봤나 보다. 그가 S씨에게 "80석도 되지 않을 것"이라고 말했고, S씨 입장에서는 '지는 선거'에 괜히 끼어들어 패배의 이미지를 덧쓰기 싫었던 것 아닐까 싶다. 결국 선거에 크게 이겼으니, 그는 크게 아쉬웠을 것이다.

선거에 이기고 집에 돌아가니 아내가 "미처 하지 못했던 말"이라며 전한 이야기가 있다. 당 실무자들이 나도 모르게 아내를 찾아갔던 모양이다. 이번에 선거에 지면 내가 '정계 은퇴'를 공식 선언하는 수순이 맞을 것 같은데, 은퇴 선언문을 어떻게 작성하는 것이 좋을지 아내에게 물었다고 한다. 내가 중요한 정치적 결단을 내릴 때마다 아내의 의견을 묻고, 연설문을 작성할 때도 꼭 아내의 손을 거친다는 사실을 익히 알고 찾은 것이다. 참 엉뚱한 사람들이구나, 하는 생각이 들었다. 당 핵심 실무자들조차 선거 막판까지 승리를 자신하지 않은 선거, 패배를 예상하고 미리 연설문까지 준비하고 있던 그런 선거였다.

민주당이 제1당이 되자 관행에 따라 민주당이 국회의장직을 차지했다. 이 또한 누구도 예상하지 못한 일이었다. 민주당의 분위기는 180도 달라졌다. 이젠 '뭐든 할 수 있다'는 자신감이 승천했다. 안철수가 만든 국민의당이 38석을 차지해 야권은 과반을 훌쩍 넘었다.

이런 모든 일이 박근혜 정부에게는 커다란 충격이자 부담이 되었다. 그렇다면 선거 결과가 정치적으로 무엇을 의미하는지 빨리 파악하고 대대적인 변화를 시도했어야 하는데 국민들의 요구에 아무런 반응도 보이지 않다가 결국 최순실의 존재가 드러나더니 곧장 탄핵까지 이르게 되었다.

상상이지만, 그때 만약 민주당이 총선에 이기지 못했다면 어떤 일이 벌어졌을까 생각해보곤 한다. 선거 몇 개월 전 사람들이 예상했던 대로 새누리당은 180석쯤 얻고 야권을 다 합쳐 120석쯤 되었으면 어떤 일이 벌어졌을까 하고 말이다. 최순실 사건 같은 것이 드러났더라도 박근혜 정부는 여당 의석수를 믿고 꿈쩍도 하지 않았을 것이다. '총선 민심' 운운하며 정면 돌파했을 것이다. 박근혜는 그럭저럭 임기를 마무리했을 것이다. 나중에 드러난 그 많은 부정과 비리도 모두 덮어졌을 것이다. 의혹이 잠잠해지면 '성공한 대통령'으로 기록됐을지도 모른다. 인생사 새옹지마라는 말을 실감한다.

박근혜 탄핵 과정은 여러모로 되돌아볼 지점이 있는 것도 사실이지만, 과반이 넘는 지지를 받고 당선된 대통령, 임기가 1년밖에 남지 않은 대통령일지라도 국민이 분노하면 제도와 절차에 따라 얼마든 쫓아낼 수 있다는 사실을 헌정사에 분명히 보여줬다. 다음 대통령들이 긴장하며 살펴야 할 대목이다.

77세의 운명

그렇다면 갑자기 어떻게 해서 나는 민주당 비상대책위를 맡게 되었을까. 편년체 식으로 서술하자면 앞에 회고했던 내용보다 그것을 먼저 술회하는 것이 옳겠다. 하지만 그렇게 소개하면 회고의 초점이 특정한 개인에게 맞춰질 것 같아 일부러 순서를 바꿨다.

박근혜 정부가 출범하고 여러 제의가 있었다. 내가 새누리당 비상대책위원으로 활동했고 박근혜 후보 정책 공약까지 만들었지만 입각하거나 정부를 편들지 않고 비판의 목소리를 꾸준히 이어나가니 야권에서도 여러 제의가 있었다. 일절 응하지 않았다. 이제 다시는 정치권 전면에 나서는 일은 없으리라 다짐하고 한가로이 은퇴 생활을 즐기고 있었다. 2016년 1월 제주도에서 휴식을 취하고 있는데 여러 사람에게서 전화가 왔다. 주로 민주당에 있는 사람들이었다. 당이 완전히 부서지게 생겼으니 도와달라는 것이다. 신문을 보니 과연 상황이 과연 그래 보였다. 제주도까지 찾아와 직접 이야기하겠다는 사람마저 있었다. 다급한 마음에서 그랬겠지만 쉬려고 휴양지에 있는 사람을 두고 그곳까지 찾아오겠다니 무슨 예의인가 싶었다. 서울에 가면 보자고 하면서 전화를 끊었다.

서울에 돌아가니 국회부의장을 맡고 있던 민주당 의원이 찾아왔다. 민주당 중진들끼리 회의를 했는데 내가 와서 당을 수습해줬으면 좋겠다는 결론을 내렸다는 것이다. 그는 나더러 당시 민주당 대표를 맡고 있는 문재인 의원을 좀 만나 달라고 했다. 만날 용의가 있다고 했더니 그날 저녁 10시 우리 집에 문재인이 찾아왔다.

문재인은 수줍은 사람이었다. 밤중에 연달아 세 번이나 찾아왔는데 혼자 오는 법이 없었다. (매번 누군가와 함께 왔는데, 그들은 나중에 모두 문재인 정부의 요직을 맡았다.) 배석자가 주로 이야기하고 문재인은 거의 말을 하지 않다가 "도와주십시오"라는 말만 거듭했다. 박근혜는 경제민주화를 배반했지만 자신은 경제민주화를 꼭 이룰 테니 도와달라고 말했다. 나는 "정치인들의 말을 믿지 않는다, 정치인들은 그 순간을 헤쳐나가기 위해서 공수표를 남발하는 사람들이니 그들이 각서를 쓴다거나 확실히 보증한다는 말 따위는 전혀 믿지 않는다"고 분명히 말했다. 그는 그저 묵묵히 들으면서 "약속을 꼭 지키겠다"고만 했다.

다음날이 할아버지 기일이라 산소에 가야 했다. 새벽 2시가 되도록 그렇게 자리를 버티고 있기에 그런 사정을 이야기했더니 "날이 밝을 때까지 여기에 있다가 함께 산소에 가겠다"라고 말하기에 웃을 수밖에 없었다. 집념이라고 해야 할지, 고집이라고 해야 할지. 다음날 밤 10시가 되니 또다시 와서 같은 이야기를 반복했고, 일주일 후에 만나자고 했더니 그 다음날 또 와서는 역시 같은 이야기를 반복했다. "당장에 수습하지 않으면 당이 무너질 상황이니 15일까지 꼭 나와주시라"고 이제는 날짜까지 못 박으며 부탁했다. "15일에 나오지 못하겠으면 기자들에게 최소한 발표라도 하게 해달라"는 최후의 부탁까지 하는데 어떡하겠나. 저대로 호락호락 새누리당이 '영구 집권'하도록 내버려 둘 수는 없다는 책임감이 들었다.

할아버지께서 통합 야당을 만들겠다고 다시 정치 일선에 나섰던 당시 연세가 77세였다. 내가 민주당 비상대책위 대표로 다시 나서게 된 나이도 딱 77세. 인생이 참 묘하게 유전된다는 생각이 들었다.

2016년 1월 15일, 민주당 당사에 나가게 되었다.

27 근본을 바꾸지 못한 역사적 책임

|20대 총선과 민주당(2)

어떤 역사적 사건을 특정한 개인의 역할로만 해석할 수는 없다. 2016년 20대 총선에서 민주당이 의외로 큰 승리를 거두었던 일이 오롯이 나의 역할 때문이라고 결코 생각하지 않는다. 여러 필연과 우연이 겹쳐 만들어낸 결과다.

양극화 해소와 경제민주화라는 화두는 2012년 총선과 대선을 뜨겁게 달구고 2016년 총선에도 주요 이슈가 됐다. 2012년 총선에서 국민이 새누리당을 선택한 것은 보수정당이 경제민주화를 하겠다고 하니까 안정 속에 그런 변화가 가능할 수 있겠다는 믿음에서 비롯됐다. '한번 믿어보자'는 기대감이 크게 작용했다. 박근혜 정부가 탄생한 것도 그런 이유였다. 뒤이은 2016년 총선에 국민은 거꾸로 야당에 희망을 걸었다. 야당이 안정감을 보여준다면, 이번에는 야당에 경제민주화를 기대해볼 수 있겠다는 생각에 민주당을 지지한 것이다. 정치에서 기대와 실망은 동전의 양면과도 같다.

수권 정당의 안정감

민주당 비상대책위 대표를 맡아 내가 줄곧 주력한 것은 수권 정당다운 안정감을 보여주는 일이었다. 그래서 그저 '야당 체질'인 사람들, 막말이나 일삼고 가벼워 보이고 실력 없는 정치인을 공천에서 배제하는데 주력했다. 그런 방면에서 유명한 몇몇 정치인이 공천에 탈락하니 이슈가 되었고 그것이 언론을 통해 알려지면서 민주당을 새로운 시선을 바라보는 국민이 늘어나기 시작했다. 변화를 시도하는 정당, 구태를 털어내는 정당, 정권을 맡겨도 될 만한 든든한 정당이라고 말이다. 19대 총선을 앞두고 새누리당 정강 정책에 '보수'를 빼고 '경제민주화'를 집어넣으려는 과정에 발생한 내용이 오히려 도움이 되었다. 그런 상황이 이번에는 민주당에 재현된 것이다.

우선 이념적으로 안정감을 주는데 주력했다. 당시 북한이 4차 핵실험을 하고 장거리 미사일 발사 실험까지 연달아 실시하면서 국민의 안보 불안감이 적잖이 높을 때였다. 선거 시기에 그런 일이 발생하면 대체로 보수정당에 유리하게 작용한다. 그때 내가 수도권을 방어하는 전방 육군 부대를 방문해 "장병들이 국방 태세를 튼튼히 유지하고 그런 과정 속에 우리 경제가 더 도약적으로 발전하면 언젠가 북한 체제가 궤멸하고 통일의 날이 올 것이라 확신한다"고 이야기한 적이 있는데, 거기서 사용한 '북한 궤멸'이라는 용어가 주목을 받았다. 사실 언론에서 지나치게 일부분을 부각하긴 했지만, 민주당의 이미지를 바꾸기 위해 일부러 그렇게 말한 것은 아니다. 평소 내 소신을 밝힌 것뿐인데 야당 대표로서는 보기 드문 발언이라 언론이 대서특필했다. '북한 궤멸론'이라는 별칭까지 만들어져 한동안 회자됐다. 중장년층이 민주당을 지지하도록 마음을 돌리는데 적지 않은 도움이 되었다.

민주당이 무리한 야권통합을 시도하지 않은 것도 국민들에게는 또 한 편의 안정감을 주었다. 내가 당 대표를 맡은 후에도 민주당 내부와 야권 일부 사람들은 "후보 단일화를 하지 않고서는 새누리당을 이길 수 없다"면서 통합추진위까지 만들어 이른바 '연합공천'을 위해 애썼다. 이런 사람들은 정치적 판단 능력이 1987년에 멈춰있는 것 같다. 노태우를 상대로 3김이 분열해 패배했다는 30년 전 사고에서 여전히 벗어나지 못한 채 정치를 오로지 '단일 여권' 대 '분열된 야권'의 구도로만 보기 때문에 자신들의 주체를 강화할 생각을 하지 못한다. 그런 사고가 오히려 보수정당의 능력을 과대평가하면서 야당을 약화시키는 오류를 범하게 만들었다.

당시 '연합공천'은 정치공학적으로도 가능하지 않은 일이었다. 안철수를 위시한 국민의당은 민주당이 싫어서 떠난 사람들이었다. 그것도 불과 몇 개월 전 떠난 사람들이었다. 그런 사람들과 연합공천이라니, 상대가 응할 가능성도 없거니와, 아무리 한국 정치가 명분 없는 이합집산의 운동장이 되었기로 국민에게 이것을 어떻게 설명할 것인가? 이른바 진보정당이라 불리는 정의당과 연합공천을 추진하는 일도 그렇다. 정체성 자체가 서로 다른 정당과 오로지 당선을 위해 정치적 흥정을 하는 셈인데, 정책의 조화가 없는 그런 연합이 대체 어떤 의미를 갖는단 말인가. 그저 새누리당만 저지하면 끝이라는 말인가?

민주당과 야권 사람들이 지금껏 선거 때마다 그런 식의 통합에 매달리다 보니 수권 정당이 되기에 민주당은 지극히 유약해보였고, 국민의 시선으로는 '얼마나 능력이 없으면 저러나' 하는 수준으로밖에 보이지 않았다. 국민에게 동정표를 얻으려는 식으로 선거를 치러서는 안 된다. '든든하게 믿을 수 있는 세력'이라는 자신감을 보여주고 당당하게 표를 얻어야 한다. 물론 20대 총선을 치를 때 나는 야권통합에 대해 부정적으로 말하지는 않았다. 대신 '우리가 여기 있으니당신들이 이쪽으로 오라'는 식으로 대했다. 상대 정당이 보았을 때는 좀 오만해 보일지 몰라도 국민들의 시선으로는 자신감의 표현으로 보인다. 수도권에서 큰 승리를 거둔 것도 결과적으로는 이런 자신감에 대한 지지가 아니었을까 생각한다. 분명한 '대안 정당'이 보이면 국민은 그 정당에 표를 몰아준다.

이미 이긴 선거

필연적 요소도 있지만 일종의 우연적 요소도 20대 총선의 기적과 같은 승리를 가능하게 했다.

손자병법에 '입어불패지지立於不敗之地 부실적지패야不失敵之敗也'라는 구절이 있다. "패하지 않을 진지를 확보해놓고, 적이 실수하는 때를 놓치지 않는다"는 뜻이다. 자기 스스로를 강하게 만들어 놓고 있으면 적은 알아서 무너지게 되어 있다. 20대 총선도 그랬다. 새누리당은 알아서 무너졌다.

국민에게 믿음을 주지 못하고 새누리당에게 공격의 빌미나 제공하던 저질 정치인들을 정리하면서 민주당이 연일 화제를 모으고 있는 사이, 새누리당은 이른바 친박이니 진박이니 반박이니 하면서 공천주도권을 놓고 온통 집안 싸움질만 계속했다. 언론은 새누리당 공천 파동을 보도하였고, 국민은 그것에 진저리를 쳤다. 급기야 당 대표가 공천 결과를 인정할 수 없다면서 공천 서류에 직인을 찍지 않은 채 사라져버리는 막장드라마 같은 장면까지 연출됐다. 한쪽은 '감동 공천', 다른 한쪽은 '막장 공천'이라고 했다. 선거는 이미 그때 결론이 나 있던 셈이다.

내가 민주당 비상대책위 대표로 등장하자 새누리당이 맞불을 놓는다고 공천심사위원장으로 임명한 사람은 이른바 신자유주의 신봉자였다. 스스로 친親기업 성향을 자랑하면서 "기업을 옥죄는 정책을 해서는 안 된다"고 말하고 다니는 사람이었다. 내가 새누리당 정강 정책에 경제민주화를 넣으려고 할 때 "경제민주화라는 용어는 경제학 교과서에도 등장하지 않는다"고 비난했던 바로 그 사람이다. 도대체 무슨 인연인지, 4년 뒤 총선이라는 외나무다리에서 다시 만나게 되었다. 그런 사람이 새누리당 선거를 이끌게 되었으니, 역시 결론은 이미 나 있던 셈이다.

민주당이 포용적 성장과 경제민주화를 이야기할 때 새누리당은 '한국형 양적 완화' 같은 국민 정서와 한참 동떨어진 이야기만 했다.

이명박 때처럼 '기업하기 좋은 나라' 같은 공약이나 내세웠다.

이참에 언급하자면, 그때 민주당 지역구 국회의원을 더 많이 물갈이하려고 했는데 마땅한 대안이 없어 교체하지 못한 지역이 많았다. 온갖 거짓말과 폭력, 뒷거래를 일삼으며 한국 정치에 여러 해악을 끼친 국회의원이 자신의 지역구에 새로운 정치인이 등장하는 것을 억누르며 재선을 거듭하고 급기야 '중진', '원로'로까지 불리는 풍경을 보면서 민주당도 앞날이 한심하다는 것을 여실히 느꼈다. 그와 맞서겠다는 젊은 정치인이 있으면 힘껏 밀어주고 싶었는데 쉬이 찾질 못했다. 새로운 정치를 결의하는 신인들이 더욱 자신을 갖고 분발해줬으면 하는 바람이다.

지상 발령 최다 정치인

20대 총선을 치르면서 내가 비례대표 후보 명단에 포함되어있는 것을 비난하는 목소리가 있었다. 공천에 탈락하여 억울한 감정이 있던 사람들, 특정한 정치인을 지지하는 그룹의 사람들이 '셀프 공천'이라는 모욕적인 표현까지 만들어 그것을 흉봤다.

내가 모멸감을 느끼는 부분은 우선 이것이다. 밤늦게 우리 집까지 찾아와 "위기에 빠진 당을 구해달라" 부탁했던 사람, 선거 승리만을 위해 민주당에 가지는 않겠다고 하니까 "비례대표를 하시면서 당을 계속 맡아 달라"고 이야기했던 사람이 그런 일이 발생하자 전후 사정을 설명하지 않고 나 몰라라 입을 닫은 채 은근히 그 사태를 즐기는 태도를 취하는 것이다. 그것이 나를 더욱 슬프고 분노하게 만들었다. 애초에 정치인의 말을 온전히 믿지 않았지만, 들어오고 나갈 때의 태도가 다르다더니, 인간적인 배신감마저 느꼈다. 이런 건 정치 도의를 떠나 기본적인 인성의 문제다.

반세기 넘게 정치인으로 살면서 대한민국 정치 풍토를 바라보며 내가 쓴웃음을 짓는 대목이 있다. 우리나라 정치인들은 국회의원이나 장관이 무슨 대단한 벼슬인 줄 안다는 점이다. 그래서 사람을 대할 때, '나중에 자리나 하나 주면 되겠지' 하는 식으로 유혹하며 가볍게 처신한다. 실제로 거기에 깜빡 넘어가는 정치인들이 적잖다. 총리나 장관에 임명되었다는 소식을 들은 정치인이 가문의 영광이라는 듯 함빡 웃는 모습을 보면서 간혹 측은하다는 생각마저 들 때도 있다. 죽고 나면 없어지는 감투이고 살아있을 때도 고작 몇 년 유지하는 자리인데 왜 그리 안달하는 것일까?

앞에 술회했지만 1980년 대 국회 재무위원회에서 일하지 못하게 되었을 때 나는 그냥 국회를 떠나려고 했다. 지역구에서 선출된 것이 아니고 재정·조세 전문가로서 비례대표로 임명된 것인데, 자기 고유한 책임과 권한을 제대로 수행할 수 없는 비례대표라면 다음 순번에게 자리를 넘겨주는 것이 도리 아닌가. 의미 없는 명예직 국회의원 뱃지는 달아 뭐하겠는가. 정치인으로서 역사 앞에 부끄러워해야 할 일이란 바로 이런 것이다. 국민을 위해 할 일은 하지 않고 세금이나 축내는 일이다. 그럼에도 마치 불로소득의 직장을 얻으려는 것처럼 정치권을 기웃거리는 사람이 예나 지금이나 너무나 많다.

나처럼 지상紙上 발령을 많이 받은 정치인도 흔치 않을 것이다. 총리, 부총리, 재무장관은 물론 한국은행 총재까지, 정부 인사가 있을 때마다 '유력한 후보'라고 신문에 하도 이름이 많이 거론돼 '신문지 위의 발령'이라는 뜻으로 '지상 발령'이란 말까지 생겨났다. 내 의지와 상관없이 매번 그런 일이 일어나고, 글을 쓰고 있는 이 순간에도 그렇다. 심지어 내가 날선 비판을 계속하던 정부의 고위직에 '적임자'라고 이름이 오르내려 집에서 신문을 보다가 황당했던 적이 한두 번이 아니다.

그중 실제로 임명권자가 내게 의향을 물었던 적은 딱 한 번 있었다. 김대중 대통령 때 재경부 장관을 맡아달라는 제의를 받았다. (김대중 정부에서 비서실장 하마평에 오른다는 보도도 있었지만, 공식적인 제의가 있었던 것은 아니다.) 당시에는 부총리 제도가 없어 재경부 장관이 경제 정책을 총괄하는 책임자였다. 대통령 메신저 역할을 했던 사람이 제의를 전하기에 앞서 "'노'라고 대답하지는 말아주십시오"라고 미리 못을 박고 대화를 시작했다. 대통령의 제의를 거절하지 말라는 뜻이다. 그때 내가 '조건'으로 내건 사항이 "경제수석을 함께 교체해 달라"는 것이었다. 그게 소문이 나서 "오만하게 감히 대통령에게 조건을 내걸었다"고 비난하는 사람들이 있었다.

나는 이미 경제수석을 해본 경험이 있어 부총리와 경제수석의 호흡이 얼마나 중요한지 누구보다 잘 알고 있다. 내가 그저 자리나 탐하는 사람이었으면 부총리 제안을 받았을 때 파트너가 누가 되었든 '고맙습니다', '영광입니다' 하면서 수락했을 것이다. 그러다 나중에 경제팀과 호흡이 맞지 않아 삐걱거리면 어찌하란 말인가. 국민에게 고통을 주는 결과를 낳고 역사에 죄를 짓는 행위가 된다. '일'을 하려고 일할 수 있는 '조건'을 요구하는 것이 어찌 오만함일까. 나는 노태우 정부 시절 경제수석이 되면서도 할 수 있는 일과 할 수 없는 일을 서면으로 작성하여 대통령에게 일종의 조건을 내걸고 일을 시작한 바 있다. 제대로 일하지 못하고 그저 자리만 지킬 부총리라면 애초에 하지 않는 것이 크게는 국민에 대한 도리이며, 작게는 임명권자인 대통령에 대해서도 그게 도리가 아닐까.

나는 평생을 살면서 누구에게 자리를 달라고 청탁해보거나 자리를 얻기 위해 잘 보이려 노력해본 적이 없다. 지금껏 여러 대통령과 주요 정치인의 이른바 '멘토'라고 언론들이 떠들었지만 내 스스로 그들의 멘토라고 말해본 적도 없다. 면담을 청하면 누구든 만났지만 그들이 당선되고 나서 어떤 사례를 바란 적도 없다. 노태우 대통령이 후보가 되기 전부터 핵심 참모 역할을 했으나 당선이 되고 나서 어떤 자리를 요구하지 않았고, 입각이 되지 않자 한 점 아쉬움 없이 곧장 지역구 선거를 준비하러 떠났다. 노무현이 대통령으로 당선되고 나서도 그랬다. 그가 후보이던 시절 "대통령이 되면 김종인 같은 분을 총리로 모시겠다"고 수행기자들이 있는 자리에서 공개적으로 이야기할 정도였으나 내 스스로 그런 자리를 요구한 적 없다. 노무현이 당선되고 나서 "저희랑 코드가 맞지 않아 힘들겠네요"라고 말을 바꿨을 때에도, '정치인들이란 원래 그런 거지' 하면서 가볍게 넘어갔다. 일말의 기대도 하지 않았기 때문에 실망할 일 또한 없었다. 박근혜가 대통령 후보일 때, "이미 후보자가 된 마당에 박근혜와 화평하게 지내면 좋지 않냐"고 주위에서 충고해도 내 의견을 굽히지 않고 할 말을 했다. 옳지 않은 방향으로 가고 있는 것이 눈앞에 뻔히 보이는데 어떻게 그것을 지켜보고만 있을 수 있겠나. 박근혜가 당선되고 나서도, 알다시피, 무엇도 요구한 적 없고 어떤 자리도 취하지 않았다. 그래서 권력에 휩쓸리지 않고 지금껏 이렇게 무사하게 지내고 있는 것 같다.

2016년 총선이 끝나고 민주당은 이른바 친문親文(친문재인) 세력이 당권을 장악하고 급격히 그런 방향으로 분위기가 쏠렸다. 내가 그저 자리를 차지하려는 사람, 비례대표 국회의원 정도 탐내는 사람, 적당히 자리나 보존하려는 사람이었으면 그때 그 장단에 맞춰 춤추면서 글을 쓰고 있는 지금까지도 비례대표 임기를 이어가며 민주당의 원로로 추앙받고 흔히 말하는 '꽃길'을 걷고 있었을지 모른다. 그러나 나는 결단코 그런 삶을 추구하지 않았다.

2016년 총선을 내가 박근혜에 대한 개인적인 복수의 기회 정도로 생각했다면 비례대표로 다시 의회에 복귀할 필요조차 없었을 것이다. 총선이 끝나고 훌쩍 떠나버렸으면 흔히 말하는 '멋있는 퇴장'으로 불렸을지도 모른다. 하지만 나는 그런 선택을 하지 않았다. 나는 선거기술자가 아니다. 비상시국에 민주당을 맡았던 것은 사태만 수습하려는 것이 아니라 민주당을 계속 책임지고 바꿔나가겠다는 나름의 각오를 갖고 있었기 때문이다. 그런 다짐을 받고 비상대책위 대표가 되었던 것이고, 정치 일선에 다시 뛰어들게 되었다. 새누리당 비상대책위 시절에 내가 추천한 사람을 의회에 진출시켜 경제민주화 입법을 추진하려다가 좌절된 경험이 있어, 민주당에 와서 이왕 이렇게 된 바에는 이제 어떻게든 내 손으로 제도와 정책을 만들어 나가야겠다는 결심을 하게 되었다. 그래서 선거를 앞두고 당을 이끌어 나가는 대표자의 고유한 권한이자 책임이라는 생각에 상징적 의미를 갖는 비례대표 최고순위에 내 이름을 올리도록 했다. 비난을 받지 않고 적당히 상황을 넘길 요량이었으면 당선 안정권 어딘가에 은근슬쩍 이름을 끼워넣을 수도 있었겠지만, 오히려 그것이 자리를 탐하는 사술邪術이고 정직하지 못한 태도라고 판단했다.

2016년 총선을 앞두고 민주당 대표를 맡았던 것도, 지금 사람들은 선거의 결과를 알고 있으니 당연한 선택이라 생각할지 모르지만, 결과를 알 수 없던 나로서는 일생일대의 모험에 가까운 결정이었다. 인생에 큰 오점을 남길 수 있다며 만류하는 지인들이 많았다. 그래도 이대로 민주당이 무너져버리면 야당은 완전히 '호남당' 하나만 남은 채 전멸해버리고 일각에서 말하는 '보수정당 영속 집권'이 시도될 수도 있겠다 걱정하여 그것만은 막아야겠다는 생각에서 민주당의 상징색인 파란 넥타이를 매고 당사로 출근했다.

당시 내게는 여러 선택 지점이 있었다. 그즈음 정치 상황으로 보아서는 안철수가 이끄는 국민의당으로 가는 편이 훨씬 수월한 선택이었다. 내가 '안철수의 정치 멘토'라고 언론이 줄곧 호들갑을 떨었던 데다, 실제 그런 부탁과 제의가 많이 들어왔다. 20대 총선을 앞두고 다시 새누리당에 들어갈 수도 있었다. 그리하여 '박근혜 정부의 경제민주화 의지는 변치 않았다'고 홍보하는 나팔수 역할을 할 수도 있었을 것이다. 그렇게 함으로써 선거 결과에 영향을 미칠 수도 있었고, 정치적인 대가를 얻을 수도 있었다. 물론 상상만 해도 너절한 행동이지만, 우리나라 정치권에 그런 사람이 어디 한둘인가. 그럼에도 나는 최악의 선택지인 민주당으로 향했다. 당시 상황으로는 불길 속을 맨몸으로 뛰어드는, 쉽지 않은 결정이었다. 그런 정당이 나에게 '셀프 공천' 모욕이라니, 물에 빠진 사람 살려줬더니 보따리 내놓으라는 정도가 아니라 숫제 파렴치범 취급하는 모양 아닌가. 그래서 나는 "19대 총선과 대선에서는 정치인이 변해가는 모습을 보았고, 20대 총선에서는 정당이 변해가는 모습을 보았다"고 말하곤 한다.

그동안 여러 정치인과 정당의 명멸을 보았다. 어려울 때 도와달라 하소연하다 정치적으로 재기하면 본인이 잘해서 그랬다는 식으로 태도가 돌변하는 정치인을 여럿 만났다. 그들의 '마지막'이 어떤 모습인지 이제는 잘 알고 있다. 당이 위기일 때는 무릎까지 꿇으면서 도와달라 호소하다 막상 선거가 끝나면 국민은 아랑곳 않고 호의호식하고, 다음 선거에서 또 도와달라 호소하는 염치없는 정당도 여럿 보았다. 그들의 '마지막'이 어떤 모습일지 이제 국민들도 잘 알고 있다.

영원한 권력은 없다

어쩌면 나는 국민 앞에 두 번 사과해야 한다. 하나는 박근혜 정부가 태어날 수 있도록 했던 일이고, 다른 하나는 문재인 정부가 태어날 수 있도록 했던 일이다. 모두 국민의 선택이었지만, 국민이 그런 선택을 할 수밖에 없는 '조건'을 만들어준 책임이 크다고 통감한다.

2017년 3월 10일, 대통령 박근혜 탄핵 소추안이 헌법재판소 재판관 전원일치로 인용되었다. 박근혜는 헌정사상 최초로 탄핵으로 쫓겨난 대통령이 되었다. 우리는 박근혜가 채 1년밖에 임기를 남기지 않은 시점에서 탄핵을 당한 사실에 더욱 주목해야 한다. 과거 정부의 사례를 보면 친인척의 직접적인 부정과 비리가 대통령 임기 중에 발각되어도 그렇게 탄핵까지 이어진 경우는 없었다. 그만큼 국민들의 정치의식이 높아진 것이고, 20대 총선에서 새누리당이 사분오열하고 민주당을 비롯한 야권이 과반 의석을 차지하며 정치적 자신감이 배가한 동력이 복합적으로 작용했다. 그것이 탄핵을 '만들어냈다'. 물론 그렇다고 박근혜의 죄가 가볍다는 말은 아니다.

원래대로라면 1년 뒤에 임기를 다음 대통령에게 물려주고 저택에서 편안히 여생을 즐기며 전직 대통령 예우를 받고 살아야 할 사람이 지금 감옥에 있는 것은 그리 아름다운 현실은 아니다. 이 안타까운 사건은 우리 헌정사에 또 다른 오점으로 남았다. 정권이 바뀌자 이명박 대통령까지 감옥에 갔다. 역대 대통령 두 명이 동시에 감옥에 있는 것도 참으로 부끄러운 일이다. 대한민국에는 온전한 대통령이 그야말로 한 명도 없게 되었다. 언제까지 이런 비극을 되풀이할 것인가. 수차례 똑같은 고장을 되풀이 하는 자동차를 두고 언제까지 이것을 '운전사'의 문제라고만 탓할 것인가.

2017년 5월 9일, 19대 대통령 선거가 실시됐다. 대통령이 쫓겨난

지 두 달밖에 되지 않은, 그야말로 압도적인 정치 분위기에서 실시된 선거다. 민주당 문재인 후보는 41%를 얻었다. 사실 이명박, 박근혜가 당선되었을 때 얻은 표보다 적었다. 실질적으로 보면 4파전으로 치러졌던 1987년 대선을 제외하고는 문재인은 역대 어느 대통령보다 적은 득표율을 보여준 것이다. 국민의당 안철수 후보가 21%를 얻어 범야권이 63%를 얻었다고 평가하는 사람도 있지만, 과연 그렇게 해석할 수 있는 것일까? 기어이 문재인을 선택하지 않은 유권자들은 어떤 뜻을 갖고 있었던 것일까? 게다가 부끄러워 얼굴도 들지 못해야 할 새누리당이 자유한국당으로 간판을 바꾼 상태에서 후보를 내밀어 24%나 되는 적지 않은 표를 얻었다. 이러한 결과는 또 어떤 의미를 갖고 있을까? 깊이 생각해봐야 할 일이다.

선거가 끝나면 그 의미를 제대로 읽어야 한다고 이 책을 통해 여러 차례 강조했다. '영원한 권력은 없다'는 교훈을 경험으로 증언했다. 이 책이 처음부터 끝까지 그것에 대해 서술했다고 요약해도 과언이 아니다. 정치인이 선거 결과에 너무 도취되거나 반대로 결과를 무시하면 그런 정치는 결코 성공할 수 없다. 그런데 지금 정부는 19대 대선 결과를 완전히 잘못 읽고 있는 것 처럼 보인다. 마치 천하를 손에 넣은 것처럼 판단하고 행동하는 중이다.

도대체 언제까지 근본을 바꾸지 않고 국민이 최악 또는 차악의 선택만 반복하도록 정치를 끌고 나가려는 것인지, 짧지 않은 정치 인생에 대한 회고를 이렇게 회색빛 진단과 전망으로 끝내야 한다는 사실에 유감을 표하며 다시 한 번 깊은 책임감을 느낀다. 오늘도 역사

앞에 큰 죄를 짓고 살아가는 기분이다. 국민 모두가 한국 정치의 '창조적 파괴', '파괴적 혁신'을 결심해야 하는 시점이다.

정치의 근본을 바꿔야
국민이 산다

1.

비스마르크는 황제가 아니다. 독재를 일삼았거나 꼭두각시 왕을 섭정한 것도 아니다. 바스마르크는 내내 '총리'를 지낸 사람으로, 황제의 명령 한 마디면 언제든 해임될 수 있는 직위에 있었다. 그럼에도 20년 동안 총리 자리를 지켰고, 지금 역사가들은 독일제국 초반부 역사를 대체로 '비스마르크 시대'라고 부른다. 황제의 이름을 빌려 '빌헬름 1세 시대'라고 부르는 경우는 거의 없다. 그만큼 비스마르크의 업적이 독보적이고 인상적인 탓이다.

비스마르크도 대단하지만, 사실은 빌헬름 1세 역시 대단한 인물이다. 완고하고 신념이 강해 황제의 말조차 잘 듣지 않는 비스마르크를 내내 옆에 두고 썼기 때문이다. 빌헬름 1세의 아들인 프리드리히 3세가 "왜 저런 자를 옆에 두고 계시냐"면서 내쫓자고 할 때에도 "나도 비스마르크가 다소 무례하다는 건 알지만 저런 사람이 있으니까 지금 우리나라가 잘 되고 있는 거야" 하며 다독였다. 빌헬름 1세는 91세까지 살았다. 당시로서는 초超장수한 셈이다. 그것도 비스마르크에게 행운이었다.

그런 믿음에 보답하려는 듯, 비스마르크는 불황과 혼돈 속에서도 프로이센을 안정적으로 이끌었고, 능숙한 동맹 외교와 튼튼한 군사력으로 통일까지 이루어 빌헬름 1세를 독일제국 초대 황제로 만들어주었다. 빌헬름 1세에 이어 프리드리히 3세 역시, 비스마르크와 정치적 견해가 크게 달랐음에도, 그를 총리로 계속 쓸 수밖에 없었다. 안타깝게도 프리드리히 3세가 재위 99일 만에 사망하자 젊은 아들이 황제 자리에 올랐는데, 곧장 비스마르크를 해고하고 정치·외교 구도를 역주행하면서 그것이 1차 세계대전으로 치닫는 원인이 되었다.

미국으로 시선을 옮겨보자. 비록 워터게이트 사건으로 불명예스럽게 퇴진하긴 했지만 미국 역사상 총명하고 지략에 능한 대통령을 꼽으라면 많은 사람이 리처드 닉슨을 꼽는다. 닉슨 대통령 하면 떠오르면 인물은 역시 국무장관 헨리 키신저인데, 키신저는 사실 처음에는 닉슨 측근이 아니었다. 닉슨이 출마했을 때 상대편 후보 넬슨 록펠러의 총참모장 역할을 했던 사람이 바로 키신저다. 선거 캠페인 당시 키신저는 닉슨에 대해 "저런 사람이 대통령이 되면 미국은 3류 국가로 전락할 것"이라고 맹비난하기도 했다. 그럼에도 닉슨이 당선되고 가장 먼저 찾아간 사람이 키신저였다. "미합중국을 위해 도와달라"고 부탁했다. 미국에서는 '미국을 위해'라는 말이면 거절할 수 없는 부탁이 된다. 그때부터 새로운 역사가 만들어지기 시작했다.

비스마르크와 빌헬름 1세, 닉슨과 키신저의 사례를 보면서 누구든 그런 생각을 할 것이다. 왜 우리나라에는 이러한 상생과 타협의 정치 드라마가 만들어지지 못하는 걸까?

2.

2016년 12월 9일. 박근혜 대통령에 대한 탄핵소추안이 국회에서 가결되는 현장에서 만감이 교차했다. 촛불시위를 계속한 국민의 분노가 동력이었지만, 민주당이 제1당이 되어 국회의장까지 맡은 정치 역학이 있었기에 가능한 일이기도 했다. 박근혜가 탄핵받아 마땅한 행위를 하긴 했으나, 언제까지 우리나라 정치는 이런 참담하고 부끄러운 과정을 반복해야 하는 걸까, 착잡한 회의감마저 느꼈다.

그리하여 만들어진 이른바 '장미 대선'에 나는 대통령 후보로 나서겠다고 선언했다. 그때 내 나이가 이미 팔십 가까이 되었다. 권력에 대한 욕심 같은 것을 부릴 만한 나이가 아니다. 임기가 보장된 국회의원 자리마저 내려놓고 그렇게 나선 것은 더 이상 비극이 되풀이되지 않도록 하겠다는 마지막 사명과 책임감 때문이었다.

우리는 그동안 문제가 발생하면 그것을 '사람'의 문제로 삼았다. 우리나라 국민들은 많은 일을 '사람의 책임'으로 되돌리는데 굉장히 오랫동안 익숙해져 있다. 그러나 계속해서 급발진하고, 미끄러지고, 전복되고, 화재가 발생하는 차량을 두고 언제까지 그것을 운전자의 잘못이라고만 말할 건가. 그것은 분명 차량의 결함이다. 결함도 보통 결함이 아니라 심각한 결함이다. 하지만 여전히 어리숙한 정치인들은 "내가 하면 잘 할 수 있다"는 고집만 부리고 있다. 특히 '이번엔 내가 대통령이 될 것'이라고 자신하는 정치인은 절대로 시스템을 고치려 들지 않는다. 속된 말로 '나까지는 해먹겠다'는 식으로 버틴다. 그러한 고집과 욕심 앞에 나의 노력은 허망하게 실패했다.

누군가 대통령이 되면 그 세력이 모든 것을 가져가는 승자독식의 정치구조를 근본적으로 바꾸지 않으면 박근혜의 비극은 되풀이되고 또 되풀이될 것이다. 지금껏 우리나라 대통령 가운데 멀쩡하게 임기를 마치거나 퇴임 후가 편안했던 대통령이 단 한 명이라도 있었던가. 모두가 쫓겨나거나, 총에 맞아 죽거나, 가족과 측근의 비리 때문에 망신을 당하거나, 스스로 목숨을 끊거나, 수사기관과 법정에 불려가거나, 감옥에 가거나······. 영원한 권력이란 없는 법이다. 글을 쓰고 있는 이 순간 재임하고 있는 대통령도 돌아가는 형국을 보면 편안하게 임기를 마칠 가능성이 극히 낮아 보인다.

그럼에도 그런 대통령 자리가 뭐가 그리 좋다고 오늘도 너도나도 대통령을 해보겠다고 손을 번쩍 치켜든다. 몇 년의 임기 동안 집중되는 권력의 달콤함이 너무도 좋은 탓이다. 타서 죽을지도 모르는 불빛이 좋다고 달려드는 불나비 같은 정치다. 그러한 순간적인 달콤함과 화려함을 쟁취하기 위해 한국의 정치인들은 '대통령 중심제'라는 낡은 시스템을 근본적으로 바꾸려는 시도는 결코 하지 않는다. 물러나면 끝장이라는 태도로 언제나 극렬한 대치를 계속하는 중이다. 오직 그런 점에 있어 우리나라 정치인들은 여야를 뛰어넘어 하나가 되어있다.

3.

노태우 정부가 임기를 마치고 이른바 문민정부가 들어선지 30년이라는 시간이 흘렀다. 그동안 대통령이 6번 바뀌었다. 보수 정권 15년, 진보 정권 15년. 그 30년 동안 우리나라에 근본적으로 바뀐 것이 무엇이 있는가. 그저 과거에 만들어놓은 기반을 밑천 삼아 보완하고 관리하며 소비하는 수준이다.

지금 우리 사회의 제반 불합리와 부조리는 많은 부분 정치에서 비롯됐다고 다들 입을 모은다. 그럼에도 정치인들은 겉으로는 혁신을 말하면서도, 현 상태를 유지 관리하는 '지속적 혁신Continuous innovation' 수준에만 머물지 시스템의 근본을 바꾸는 '파괴적 혁신 Distructive innovation'은 시도조차 해보지 않는다. 아니 꿈도 꾸지 않는다. 30년간 계속된 정치적 요지부동이다. 이렇듯 불안정한 지속이 언제까지 가능할 것이라 믿는가.

나는 현직에 있을 때 "지금 일하면 성과는 몇 년 후에 나온다"고 항상 강조했다. 하지만 오늘까지도 우리나라 정치인들은 당장 성과가 보이는 일에 집착하고 인기 위주의 정책에만 편승한다. 그것은 비단 정치인 개인의 잘못만은 아니다. 우리나라 정치 시스템의 성격 자체가 '몇 년 후에 성과가 나오는' 기다림을 참지 못하는 구조로 되어있기 때문이다. 정권이 바뀌면 모든 정책이 뒤집어지고 무無에서 다시 시작하다시피 하는 나라에서 무슨 정책의 연속성이 있겠으며, 늘 여야가 치열한 대치를 계속하면서 한 번의 성과와 실수로 모든 것을 얻거나 잃을 수 있는 상황에서 어떻게 소신 있는 정책이 가능하겠는가.

지속을 위한 파괴가 필요한 시점이다. 정치에도 창조적 파괴, 파괴적 혁신이 필요한 시점이다. 제왕적 대통령제를 바꿔야 한다. 그래야 대한민국이 산다. 50년 정치인생을 통틀어 말하는 대답이다.

4.
막스 베버는 정치인의 자질로 세 가지를 꼽았다. 열정, 책임, 안목(균형감각). 내가 보건대 우리나라 정치인 가운데 열정을 가진 사람은 많지만 책임감을 느끼는 사람은 상대적으로 적다. 안목이 있는 사람은 정말 찾기 어렵다. 안목이 없으니 측근에게만 기대어 정치를 하려 드는데, 권력의 측근이란 가장 빨리 부패하기 마련이다.

정치인뿐 아니라 국민에게도 그러한 자질이 필요하지 않을까. 열정과 책임, 그리고 안목. 생업을 접어두고 엄동설한에 촛불을 들고 거리에 뛰어나가는 우리 국민의 열정은 세계 제일에 가깝다. 그렇다면 자꾸 되풀이되는 정치의 비극에 국민의 책임은 과연 없는 것일까? '대통령을 잘 뽑으면 된다'는 책임과 안목도 중요하지만 이제는 **근본적인 문제**를 고민할 때가 되지 않았을까. 국민의 의식과 판단에도 '창조적 파괴'가 필요하고 '각성의 대전환'이 요구되는 시점이다. 우리나라 정치, 더 이상 이대로는 안 된다.

현실에서 나의 노력은 실패했고 중단되었지만 현명한 국민의 힘으로 언젠가 '근본'이 바뀌는 날이 있을 것이라 믿는다. 뼈아픈 역사의 기회비용은 이제 그만 치르고 변혁의 그날이 빨리 오게 되길 두 손 모아 기도한다.

영원한 권력은 없다

2020년 3월 25일 초판 1쇄 발행
2020년 4월 10일 초판 4쇄 발행

지은이 | 김종인
발행인 | 윤호권
책임편집 | 이영인
마케팅 | 조용호 정재영 이재성 임슬기 문무현 서영광 이영섭 박보영

발행처 | (주)시공사
출판등록 | 1989년 5월 10일(제3-248호)
브랜드 | 시공사

주소 | 서울시 서초구 사임당로 82(우편번호 06641)
전화 | 편집(02)2046-2864·마케팅(02)2046-2881
팩스 | 편집·마케팅(02)585-1755
홈페이지 | www.sigongsa.com

ISBN 978-89-527-5879-8   03340

이 도서의 국립중앙도서관 출판예정도서목록(CIP)은 서지정보유통지원시스템 홈페이지(http://
seoji.nl.go.kr)와 국가자료공동목록시스템(http://www.nl.go.kr/kolisnet)에서 이용하실 수 있
습니다.(CIP제어번호: 2020009335)